KB154736

이기동 교수의
철학 첫 단추 끼우기

한국철학사

(상) 이기동

韓國

哲學史

上

春秋 도서 행촌
출판

저자와의 협약에 따라 인지를 생략합니다.

한국철학사 (상)

초판	2023년 3월 2일
지은이	이기동
펴낸이	이영순
편집인	박종도
펴낸곳	도서출판 행촌
출판등록	2019년 3월 27일
제작	좋은기업 위드
주소	02633 서울특별시 동대문구 천호대로 393, 403호 (장안동, 용헌빌딩)
전화	02) 2244-3376
팩스	02) 2242-0629
e-mail	cereals709@hanmail.net
값	20,000원
ISBN	

이기동 교수의
K철학 첫 단추 끼우기

한국철학사(상)

이기동(성균관대학교 명예교수)

서언

한국인 중에도 한국에는 고유한 철학사상이 없다고 말하는 사람들이 상당히 많다. 한국의 불교는 인도에서 온 철학이고, 한국의 유학이나 한국의 노장철학은 중국에서 온 철학사상이며, 한국의 기독교는 이스라엘에서 온 철학이므로, 한국 고유의 철학이나 사상이 있다면 무속 신앙 정도라고 말하기도 한다.

지금 세상에는 한류라고 하는 문화 열풍이 불고 있다. 한국인이 제작한 드라마나 영화가 세계적인 관심사가 되고, 한국인의 노래를 세계인들이 따라 부르는 정도까지 되었다. 한국인이 추는 춤을 세계인들이 따라 추기도 하고, 한국인들이 하던 놀이를 세계인들이 따라 하기도 한다. 한류 문화 열풍이 일어난 이유에는 여러 가지가 있겠으나, 그 중의 하나로 한국문화의 깊이와 한국인의 정을 들 수 있다.

고유한 철학이 없는 나라에서 세상을 놀라게 할 문화가 나올 수 있을까? 철학이 없는 나라에서 높은 수준의 문화를 창조하는 것은 불가능하다. 그렇다면 오늘날의 한류 문화를 창조하는 원천으로서의 한국철학은 무엇인가? 한국인의 마음 바탕에 흐르고 있는 한국인의 철학은 어떤 것일까?

최치원 선생은 '한국에는 심오하고 오묘한 현묘지도(玄妙之道)가 있다.'라고 했다. '한국의 현묘지도는 유학·불교·노장철학을 포함한다.'라고도 했다. 최치원 선생이 살았던 신라 시대에 유행했던 철학은 유학·불교·노장철학이 전부였으므로, 한국의 도가 유학·불교·노장철학을 포함한다는 말은 세계의 모든 철학을 포함한다는 것을 뜻한다.

한국의 현묘지도가 유학·불교·노장철학을 포함한다는 말은 한국의 현묘지도가 유학·불교·노장철학이 나온 뒤에 유학·불교·노장철학을 종합했음을 뜻하는 것이 아니다. 한국의 현묘지도는 유학·불교·노장철학 등이 성립할 수 있는 바탕임을 말하는 것이다.

사람들이 찾아낸 진리의 내용을 사람들이 만든 음식에 비유한다면, 최치원 선생이 말한 한국의 현묘지도는 좋은 음식을 만들어낼 수 있는 식자재임을 의미한다. 사람의 몸이 음식을 먹어야 살 수 있듯이, 사람의 마음은 철학을 가져야 살 수 있으므로, 철학을 음식에 비유할 수 있다. 유학·불교·노장철학 등을 사람이 먹고 사는 음식에 비유한다면, 공자, 석가모니, 노자, 장자 등은 사람들에게 먹고 살 음식을 제공한 요리사들에 비유할 수 있다. 요리사들이 음식을 만들기 위해서는 먼저 식자재가 있어야 한다. 요리사들의 요리 솜씨는 각각 다르지만, 좋은 음식을 만들기 위한 공통의 조건은 좋은 식자재를 찾아내는 것이다. 유학·불교·노장철학 등을 좋은 음식에 비유한다면, 그 음식들에는 모두 좋은 식자재가 사용되었을 것임이 확실하다. 이렇게 정리하고 보면, 한국의 현묘지도가 유학·불교·노장철학 등을 포함한다는 말은 한국의 현묘지도가 유학·불교·노장철학 등을 만들어내는 공통의 바탕이 되었다는 뜻으로 이해할 수 있다. 그렇다면 한국의 현묘지도는 과거의 진리를 포함할 뿐만 아니라, 앞으로 등장할 진리의 내용도 포함한다고 할 수 있다. 최치원 선생이 오늘날에 살았더라면, 한국의 현묘지도는 기독교를 위시한 세상의 모든 가르침을 포함한다고 했을 것이고, 앞으로 나올 진리도 포함한다고 했을 것이다.

최치원 선생은 한국에 모든 철학을 포괄하는 현묘지도가 있다고만 말했고, 그 내용에 관해서는 말하지 않았다. 그 이유는 최치원 선생이 말한 것처럼, 현묘지도의 자세한 내용이 선사에 남아 있었기 때문이다. 그러나 안타깝게도 오늘날에는 한국철학을 알 수 있는 고대의 자료가 거의 남아 있지 않다. 고대의 자료가 남아 있지 않은 가장 큰 이유는 우리 스스로가 그 자료들을 인멸했다. 조선 시대 태종 대왕 때 우리나라에 전해오는 고대의 자료를 대거 수거해서 불태웠다. 불타지 않고 남아 있던 자료는 세조 대왕 때 샅샅이 수거해서 불태웠고, 예종 때는 한국 고대의 자료를 가지고 있는 사람을 사형에 처했으므로, 한국 고대의 자료들은 보존될 수 없었다.

그나마 전해오는 아주 귀한 자료들도 우리는 일제가 설치해 놓은 덫에 걸려 우리 스스로가 부정하고 있다. 단군조선에 관한 기록은 중국의 역사 자료에 수없이 남아 있고, 조선왕조실록 등을 위시한 우리의 자료에도 많이 남아 있으나, 일본인의 연구 결과에 의존하여 우리 스스로가 부정하고 있다. 한국철학사 연구가 아직도 제대로 출발하지 못하고 있는 이유는 이 때문이다.

근래에 들어와 류승국 교수가 갑골학 연구를 바탕으로 한국 고대 철학을 연구하여, 〈유학 사상 형성의 연원적 탐구 : 인방(人方) 문화와 관련하여, 갑골학을 중심으로〉라는 제목의 박사학위논문을 발표하고, 단군 시대의 역사성을 증명했지만, 이 귀한 연구를 문하생들과 후학들이 제대로 이어가지 못하고 있다. 안타까운 일이다.

이제 늦은 감이 있지만, 한국철학사 연구를 다시 시작해야 한다. 한국철학사 연구를 제대로 출발하지 않으면, 모처럼 기회를 맞이한 한류 문화 열풍이 탄력을 받기 어렵고, 정치·교육·경제·문화 등 전 분야의 발전을 기대하기 어렵다. 철학은 역사를 끌고 가는 견인차이고, 역사는 정치·교육·경제·문화 등 전 분야를 발전할 수 있게 하는 바탕이 되기 때문에 그러하다. 최치원 선생이 말한 것처럼, 한국철학은 심오하고 오묘하므로, 한국철학사 전체의 연구를 완성한다는 것은 매우 어렵다. 이에 우선 한국철학사의 출발점이 되는 한국 고대의 철학만 우선 정리하여 출간하기로 한다. 아직 미진한 점이 많을 것이다. 독자 여러분의 도움과 질정을 기다린다. 한국철학사를 연구하도록 지원해주신 태평양화학 서경배 회장님께 이 지면을 통해 심심한 감사의 말씀을 드린다.

2022년 가을
오륜동 우거에서 이기동 씀

서언 5

서설 I 한국철학의 중요성 15

서설 II 한국철학 연구의 침체 원인 58

제 1 편 한국철학의 원형

제1장 『천부경』의 하나 철학 111

  제1절 하나인 본질 112

  제2절 천지인 삼극의 분화 119

  제3절 삼극의 본질과 작용 122

    제1항 삼극의 본질 122

    제2항 삼극의 움직임 124

  제4절 만물의 존재 원리 133

  제5절 본질의 불변성 137

  제6절 본질의 완전성 138

  제7절 본질의 영원성 143

제2장 「삼일신고」의 삼위일체 철학 145

  제1절 하나인 본질로서의 하늘 145

  제2절 신(神) 147

  제3절 천국 154

  제4절 세계와 창조주 158

제5절 하늘과 만물의 세 요소 159

제6절 사람과 만물의 차이 168

제7절 사람의 고통과 그 원인 173

제8절 고통 극복의 방법 180

제3장 초대 단군의 깨우침 191

제1절 천인일체의 삶 191

　제1항 인생의 목표인 하늘 192

　제2항 하늘의 존재 원리 193

　제3항 하늘과 하나 되는 삶 194

　제4항 지상천국 건설 194

제2절 효도의 본질 197

　제1항 하늘과 하나 되는 실천 방법 198

　제2항 정치는 효도의 확장 200

제3절 가정의 가치 201

　제1항 가정의 의미 201

　제2항 가정의 중요성 203

　제3항 사랑의 의미 204

제4절 화합 208

　제1항 한마음 사랑 209

　제2항 가정과 국가의 일체 210

제5절 나라를 유지하는 비법 212

　제1항 본마음을 해치지 말라 213

　제2항 남을 상하게 하지 말라 214

　제3항 만물을 사랑하라 214

　제4항 넘어지는 자를 붙잡아 주라 215

　제5항 약자를 능멸하지 말고, 구해주라 216

　제6항 비천한 자를 무시하지 말라 216

　제7항 충돌하지 말라 218

　제8항 근본적인 해결책은 한마음을 회복하는 것 221

제6절 천일일체와 만물일체 222

제4장 을보륵(乙普勒)의 철학과 교육 224

제1절 신과 인간의 관계 224

제2절 왕과 인간의 관계 226

제3절 교육 방법과 교육의 효과 228

　제1항 교육자 선발 229

　제2항 교육 목표 230

제4절 을보록의 철학 233

　제1항 사람 개개인의 궁극 목표 : 지아구독(知我求獨) 234

　제2항 지상 최고의 철학 : 공아존물(空我存物) 235

제5절 정치의 정의와 내용 238

제6절 정치의 방법 243

제7절 정치의 효과 244

제 2 편 한국철학의 전개와 단군조선의 쇠퇴

제1장 한국철학의 특징 249

제1절 본질에서의 불리불탈 249

제1항 불리불탈의 철학 249

제2항 불리불탈의 정치 250

제2절 본질에서의 이탈 253

제3절 본질로의 회귀 255

제1항 수련 256

제2항 정치 269

제3항 교육 273

제4항 문화 예술 274

제4절 본질로서의 삶 276

제1항 사랑의 실천 276

제2항 무위자연의 삶 277

제3항 창의력이 넘치는 삶 279

제4항 안전하고 안락한 삶 279

제2장 한국철학의 난제들 280
　제1절 한마음 회복의 어려움 280
　제2절 외침에 대한 방비의 허술 281
　제3절 자기중심주의에 빠지기 쉬움 283
　　제1항 의타심 283
　　제2항 획일주의 285
　　제3항 편협한 '우리 주의' 285
　　제4항 분열로 인한 자멸 286

제3장 한국천학의 전개 287

제4장 단군조선의 쇠퇴 290
　제1절 문화 중심국 단군조선 290

제 3 편 한국철학의 미래 가치
　제1장 남북통일의 철학적 바탕 299
　제2장 세계평화와 홍익인간 302

맺는말 306

한국철학의 중요성

1. 현대문화의 출발과 성립

오늘날 우리는 발달한 물질문명 덕분에 편리하고 윤택하게 살고 있다. 과거 어느 시대에도 이처럼 편리하고, 이처럼 풍요로웠을 때는 없었다. 사람들은 옛날의 왕들보다도 더 진귀하고 맛있는 음식을 먹고, 더 따뜻하고 화려한 옷을 입으며, 더 호화로운 집에서 편리한 생활을 만끽하고 있다. 교통과 통신의 발달로 지구가 한 나라처럼 되었고, IT 기술의 발달로, 세상이 손바닥 안으로 들어왔다. 어떻게 이런 세상을 맞이했을까?

세상이 이처럼 발달하게 된 원인은 서구에서 일어났던 르네상스 운동으로 거슬러 올라간다. 르네상스 운동은 중세의 기독교를 부정하고, 희랍의 문예를 부흥시키자고 하는 문예부흥 운동이었다. 르네상스 운동이 일어난 까닭은 중세 말기에 자행되었던 기독교의 부패 때문이었다.

(1) 중세 교회의 부패

중세 말기에 이르러 욕심 많은 사람이 교회를 장악하여 악행을 자행했다. 부패한 교황이 국왕들의 자주권을 박탈하고 정치 권력을 장악하여 전횡을 일삼았다. 권력자들은 자기들의 이익을 위해 반대하는 사람들을 마녀사냥 했고, 면죄부를 강압적으로 판매하여 이익을 챙기기도 했으며, 십자군을 결성하여 이슬람 세계의 사람들을 무참하게 살육했다. 이러한 일들로 인해 사람들은 교회를 부정하고 고대 그리스 문예를 부흥하는 르네상스 운동을 일으켰다.

(2) 르네상스 운동의 내용

르네상스 운동의 핵심은 하나님으로부터의 해방이다. 중세 때의 정치인들이 하나님을 앞세워 사람들을 심하게 압박했으므로, 사람들은 하나님으로부터 해방을 추구했다. 그것은 마치 부모에게 심하게 시달린 자녀가 부모로부터 해방되기 위해 가출하는 것과 같은 것이다.

하나님으로부터 해방되면, 그 순간부터 사람들은 자유를 만끽한다. 자유를 만끽할수록 사람들은 금욕적인 삶에서 벗어나 욕구를 충족하기 위해 적극적으로 나선다. 『데카메론』처럼 성적 쾌락을 묘사한 소설이 나오기도 하고, 나체화를 그리는 미술품이 등장하기도 하며, 육체미를 자랑하는 조각상이 등장하기도 한다. 교회에 대한 부정적인 시각이 팽배하여 천주교 성직자를 조롱하는 분위기가 일반화하기도 하면서 종교개혁이 일어났다. 천국행 면죄부 판매의 폐해를 극복하기 위해 칼뱅은 예정설을 주장했고, 그것이 막스 베버의 주장처럼 자본주의 발달의 근거가 되었다.

(3) 삶의 방식 전환과 불안

1) 삶의 방식 전환

사람이 가출하기 전에는 나의 존재를 증명할 필요가 없고 삶의 방법을 다른 데서 찾을 필요가 없다. 나는 부모의 자녀이다. 형제들 또한 우리 부모의 자녀이다. 따라서 나는 형제들과 서로 사랑하고 서로 용서하며 살면 된다. 그러나 가출하여 가정을 벗어나면 달라진다. 나는 누구인지 증명할 수 없다. 남들 또한 누구인지 알 수 없다. 사람들은 형제자매가 아니므로, 서로 사랑하고 용서하며 사는 것은 참되지 않다. 르네상스 운동 이후 교회를 등지고 하느님을 부정한 뒤에 사람들의 삶 또한 이와 같다. 하나님 안에서 살 때는 사람의 정의(定義)와 사람의 삶의 방식이 정해져 있다. '나는 하나님의 아들 또는 딸이다.' '남들도 하나님의 아들 또는 딸이므로, 사람들은 모두 형제자매이다.' '그러므로 사람들은 서로 사랑하고 용서하며 살아야 한다.'

그러나 교회를 등지고 하나님을 부정하게 되면, '나는 누구인가?'라는 물음이 생긴다. '나는 누구인가?' '아무리 생각해도 알 수가 없다. 생각하고 있다는 이 사실 외에는 어떤 근거도 찾을 수 없다.' 그래서 내린 결론이 데카르트의 '나는 생각한다. 고로 나는 존재한다.'라는 명제이다. 데카르트가 신의 존재를 증명했다고 해서 신의 아들로 살고자 한 것은 아니었다. 데카르트가 신의 존재를 증명한 까닭은 신을 완전히 부정할 수 있는 분위기가 아니었기 때문이다.

2) 개인주의의 성립과 불안 정서

내가 하나님의 자녀임을 자처하지 않으면 남들도 하나님의 자녀일 수 없으므로, 인간관계는 남남의 관계이다. 서구의 개인주의는 이렇게 하여 성립한다. 한국인들에게는 아직도 인간관계를 남남의 관계로 보는 정서가 없으므로, 한국에는 개인주의가 성립하지 않는다. 남들이 나와 완전히 다르다는 것을 실감하면, 남들이 나에게 무슨 해코지를 가할지 모르므로, 남들을 만나면 불안과 공포가 엄습해와야 하지만, 한국인들에게는 아직도 남들에 대한 불안과 공포가 없다. 남과 내가 완전히 다르다면, 나는 남을 죽이지 않을지라도, 남은 나를 죽일지 모르므로, 남들에게 두려운 마음이 들 수밖에 없다. 또 남과 내가 완전히 남남이라면 내 것을 챙기기 위해 남과 다투어야 하므로, 사람의 마음은 내 것을 챙기기 위한 욕심으로 가득해진다. 불안한 사람들 틈에서 내 것을 많이 챙기는 최고의 방법은 죽이고 빼앗는 것이다. 죽이고 빼앗는 삶이 일상화될수록 사람들은 무기를 개발하고 과학을 발달시킨다. 르네상스 운동 이래 서구에서 과학이 발달하고 무기가 급속하게 개발된 것은 사람들의 이러한 의식의 변화에 기인한다.

3) 절대왕정과 사회계약론

죽이고 빼앗는 삶이 일상화되면 인간 사회는 사람들의 투쟁 장소로 바뀐다. 이 세상이 투쟁 장소로 바뀌면 세상은 사람이 살 수 없는 장소가 된다. 사람이 살 수 없는 세상이 되면 나도 살 수 없다. 그러므로 이 세상은 최소한 나는 살 수 있는 세상이 되어야 한다. 내가 살 수 있는 세상이 되기 위해서는 결국 남도 살 수 있는 세상이 되어야 한다. 이 세상을 사람이 살 수 있는 장소로 바꾸기 위해서는 강력한 지도자가 강력한 힘을 가지고 세상을 안정시키는 것과 사람이 싸우지 않기 위한 계약을 맺어서 철저하게 지키도록 하는 두 가지 경우뿐이다. 이러한 내용을 홉스(1588~1679)는 『리바이어던』이라는 저서에서 자세하게 언급한다. 홉스는 우선 자연 상태를 두고 '만인에 대한 만인의 투쟁' 상태라고 묘사한다. 이러한 자연 상태를 극복하여 인간이 살 수 있는 사회를 만들기 위해 홉스는 강력한 왕의 출현을 위해 왕에게 자유를 위탁해야 함을 제시하고, 사람들이 싸우지 않도록 법과 규범을 만들어 지키도록 약속할 필요성을 설파했다. 홉스의 설명을 많은 사람이 공감했으므로, 홉스의 이론을 바탕으로 절대왕정이 출현하고 루소의 사회계약론이 성립했다.

4) 유럽의 세계 지배

강력한 왕의 다스림과 법과 규범을 지켜서 취한 안정은 국가라는 테두리 안에서만 가능하다. 국가의 밖은 여전히 죽이고 빼앗는 것이 일상인 세상이다. 유럽인들은 아메리카 대륙과 호주에 가서 원주민을 거의 다 죽이고 그 땅과 그 땅의 보물들을 빼앗았다. 사람을 죽이고 빼앗는 일이 즐거울 수만은 없다. 유럽인들은 사람들을 신나게 죽이고 빼앗는 방법을 찾았다. 그것은 약육강식의 자연법칙을 따르는 것이었다. 그들은 교회의 가르침이 잘못이었다는 것을 알았다. 교회에서는 처녀가 아이를 낳았다고 주장하고, 지구가 도는 것이 아니라 하늘이 돈다고 가르쳤다. 그러므로 유럽인들은 교회의 가르침보다 지구가 돈다고 가르친 과학자의 말을 따라야 한다고 생각했다. 과학자가 발견한 자연법칙에는 약육강식의 생존 법칙이 들어 있다. 자연계에서 살아가는 생물들의 생존 법칙은 모두 약육강식이다. 약한 자는 강한 자의 먹잇감이 된다.

사슴은 사자에게 잡아먹힌다. 먹히는 사슴은 사자에게 죄를 지은 적이 없다. 죄가 있다면 오직 약한 죄밖에 없다. 약육강식의 자연법칙을 알게 된 유럽인들은 아메리카와 호주의 원주민들을 동물 사냥하듯 신나게 죽이고 그들의 것을 빼앗았다. 그들은 그들의 행위가 약육강식의 자연법칙이므로 정당하다고 생각했다.

5) 시민혁명

유럽인들이 유럽 밖으로 나가 죽이고 빼앗는 방법으로 온 세상을 도륙한 뒤에 유럽으로 돌아갔을 때, 유럽에서는 여전히 절대왕정이 진행되고 있었다. 절대왕정은 혼란한 사회를 안정시켜 달라는 국민의 요청으로 성립된 제도이었다. 절대왕정이 강력한 힘으로 사회를 안정시키고 난 뒤에는 절대왕정이 있어야 할 이유가 없어진다. 그러므로 사회가 안정된 뒤에는 왕이 절대 권력을 내려놓아야 하지만, 강력한 왕권을 획득한 왕은 절대 권력을 내려놓지 않았다. 왕은 강력한 힘으로 세금을 걷어 자기들 개인의 욕심을 채우기 위해 탕진했다. 이에 과거 왕에게 자유를 넘겨주었던 시민들이 반발하고, 왕은 반발하는 시민들을 탄압했다. 왕과 시민 사이에서도 약육강식의 자연법칙이 작용했다. 약자가 된 시민들이 살아남는 방법은 힘을 뭉쳐 강자가 되는 것이다. 시민들은 힘을 합해 왕을 몰아내는 시민혁명을 일으켰다. 프랑스에서 시민혁명이 일어난 이래 절대왕정은 무너지고 시민사회가 되었다.

6) 산업혁명

르네상스 운동 이후 과학기술이 급격히 발달하자 사회 전반적인 변화가 일어났다. 기술의 발달은 생산 방식의 변화를 일으켜 그 이전까지의 농업 중심사회를 공업 중심사회로 변모시켰다. 1760년대에 영국에서 일어나 유럽 전역으로 확산한 공업화를 1차 산업혁명이라 부른다. 산업혁명 이후 유럽에는 공장이 지어지고, 도시가 발달하여 농촌 인구가 대량 도시로 이동했다. 산업혁명에 성공한 유럽에서는 여러 가지 변화가 일어났는데, 그 중 가장 큰 변화 중의 하나는 유럽이 막강한 기술과 생산능력을 바탕으로 전 세계의 산업을 장악하여, 대부분의 나라를 식민지로 삼았다는 사실이고, 다른 하나는 공장에서 일하는 노동자 계급 중심으로 새로운 약자가 생겨나 좌우 갈등을 일으키게 되었다는 사실이다.

7) 사회진화론과 제국주의

산업혁명에 성공한 유럽인들은 유럽 이외의 전 지역에 진출하여 경쟁적으로 식민지를 쟁취하기 위한 각축을 벌이고, 그들의 식민지 지배를 합리화하는 이론으로 사회진화론이라는 학설을 수립했다. 사회진화론은 우월한 인종이 열등한 인종을 지배한다는 이론으로 약육강식의 자연법칙을 확장한 이론이다.

영국의 철학자이며 사회학자인 허버트 스펜서(1820~1903)는 빈부격차의 심화는 사회진화 과정에서 불가피한 것이고, 기업의 활동을 규제하는 것은 종(種)의 자연적 진화를 막는 것이며, 가난한 사람들에게 도움을 주는 것은 인류의 진보를 방해하는 것이라고 주장했다. 스펜스의 사회진화론은 1880년대에 미국으로 수출되어 윌리엄 섬너(1840~1910)의 '부자 옹호론'으로 나타나기도 하고, 일본으로 수출되어 후쿠자와 유키치의 『문명론의 개략』(1875년 간행)으로 정리됨으로써 조선 침략의 이론적 근거가 되기도 했다.

8) 노동자 계급의 등장과 좌우의 갈등

18세기 말엽에서 시작하여 영국에서 일어난 산업상의 변화를 산업혁명이라 부른다. 산업혁명을 거치면서 공업화가 급속도로 진행되고, 그에 따라 노동자라는 새로운 계급이 생겨났다. 노동자 계급은 산업 자본가와 달리 약자일 수밖에 없다. 노동자가 살 수 있는 길은 역시 뭉치는 것이다. 노동자가 노동조합을 설립하여 힘을 합해 자본가에게 대항함으로써 노동자와 자본가가 첨예하게 대립하였다. 노동자 계급이 좌파, 자본가가 우파, 노동자 계급이 진보, 자본가가 보수가 되어, 좌우의 대립, 진보 보수의 대립이 전 세계를 휩쓸며 많은 갈등을 일으키고 있다. 그 중에 가장 큰 피해를 보고 있는 나라가 한국이다. 한국은 좌우 갈등으로 남북이 분단되어 있고, 남한 또한 좌우 갈등으로 몸살을 앓고 있다.

9) 공존의 방법 모색

갈등이 첨예해질수록 투쟁이 격화된다. 투쟁해서 이길 수 있는 가장 확실한 방법은 투쟁 상대를 죽이는 것이다. 개인주의가 발달하면서 커지기 시작한 사람에 대한 불안을 해소할 수 있는 최고의 방법은 상대를 죽이는 것이다. 유럽인들은 남북 아메리카와 호주 등지에서 사람을 많이 죽였고, 1, 2차 세계 대전을 일으켜 사람을 많이 죽였다. 이는 불안한 마음을 해소하기 위한 목적과 욕심을 채우기 위한 목적이 동시에 작용했기 때문이다.

사람을 죽이지 않고 함께 살아도 불안하지 않은 집단이 있다. 가장 대표적인 집단이 가족이다. 따라서 함께 어울려 사는 사람끼리 가족이라는 의식을 가지면 불안하지 않을 수 있으므로, 어울리는 사람 중에서 부모 역할에 어울리는 사람에게 부모 역할을 하게 하고, 자녀 역할에 어울리는 사람에게 자녀 역할을 하게 함으로써 안심할 수 있는 인간관계를 만들 수 있다. 다른 사람을 죽이는 방법은 유럽인이 주로 했던 방법이라면, 사람들을 가족관계로 만드는 방법은 일본인이 주로 했던 방법이다. 일본에서는 부모 역할을 하는 사람을 부모에 해당하는 글자인 친(親)과 역할 분담을 의미하는 글자인 분(分)을 합쳐서 친분(親分: 오야붕)이라 하고, 자녀 역할을 하는 사람을 자녀에 해당하는 글자인 자(子)와 분(分)을 합쳐서 자분(子分 : 코붕)이라 한다.

그러나 투쟁 상대를 죽일 수도 없고, 가족관계로 만들 수도 없다면 불안은 극에 달한다. 이를 해소하는 방법은 사람들이 협상을 통해 공존의 방법을 찾아내는 것이다. 협상은 생명을 보장받기 위한 일이므로 협상에 임할 때는 진지해야 한다. 사람들이 협상해서 만들어낸 공존의 방법은 모두가 다 지켜야 하는 규칙과 법을 만드는 것이다. 사람이 일단 규칙과 법을 만들면, 사람이 만든 그 규칙과 법을 모든 사람이 반드시 지켜야 한다. 그렇지 않으면 사람들이 불안해서 살 수 없다.

10) 현대인의 삶의 내용

현대인이 목표로 삼는 것은 거의 욕심을 채우는 것이다. 다만 욕심을 채우되 법과 규칙을 지키면서 채우는 것을 원칙으로 한다. 이것이 흔히 말하는 페어플레이이다. 현대인의 삶에서는 욕심을 채우는 것이 본질이다. 법과 규칙을 지키기 위해 욕심을 절제하는 것은 욕심 채우고 싶은 마음과 충돌하므로, 법과 규칙을 지키는 데는 인내가 필요하다. 법과 규칙을 어길수록 욕심을 많이 채울 수 있다면 법과 규칙을 어기고 싶어지지만, 법과 규칙을 어기면 처벌을 받게 되므로, 사람들은 법과 규칙을 지키는 것과 안 지키는 것 사이에서 갈등하게 된다. 만약 법과 규칙을 어겨도 처벌받지 않을 수 있다면, 욕심을 채우기 위해 법과 규칙을 어기는 사람들이 많을 것이다. 욕심을 가장 빨리 채우는 방법은 남이 가진 재물, 권력, 명예 등을 빼앗거나 훔치는 것이고, 다음으로는 도박이라는 수단을 통해 남의 돈을 취하는 것이다. 그러나 이러한 행위를 하면 법과 규칙에 저촉되어 처벌받을 것 같지만, 법과 규칙을 어기더라도 안 들키면 되고, 들키더라도 증거만 없으면 처벌받지 않는다. 법과 규칙을 어기면서 욕심을 마구 채우는 사람들이 법과 규칙을 지키면서 채우는 사람들과의 경쟁에서 이기는 경우가 많으므로, 사람들은 법과 규칙을 안 들키고 어기는 방법과 증거를 남기지 않고 어기는 방법을 추구할 것이고, 경찰서의 수사관들은 그런 범법자들을 처벌하기 위해 전력투구할 것이므로 세상이 복잡해진다.

노름판을 차려놓고 도박을 하더라도 발각되지만 않으면 처벌받지 않으므로, 도박하는 사람은 계속 나오고, 수사관들은 그들을 단속하느라 여념이 없다. 그런데 합법적으로 차려놓은 도박판도 있다. 허가받아 경영하는 카지노가 그렇고, 주식 시장 또한 도박판으로 변해가고 있다. 도박판에서는 판돈을 많이 가진 사람이 이기게 마련이다. 주식 투자자는 점점 부익부 빈익빈의 양극화 현상에서 벗어나기 어렵다.

현대인의 삶이 복잡해질수록 현대인의 삶을 연구하는 학문이 복잡해진다. 법을 지키지 않는 사람이 많아질수록 법학의 내용이 복잡해지고, 욕심 채우는 길이 다양할수록 학문 분야도 다양해진다.

11) 현대인의 학문

현대인의 관심은 거의 몸을 챙기는 것, 욕심을 채우는 것, 사회의 질서를 바로잡는 것 등으로 집중되고, 현대인의 학문 분야 또한 이 세 가지 범주로 압축된다. 자연과학, 의학, 약학, 식품공학, 의상학, 건축학 등이 몸을 챙기는 것에 주력하는 학문이고, 경제학, 경영학 등이 욕심을 채우는 것에 주력하는 학문이며, 법학, 윤리학, 교육학, 사회학, 정치학 등이 사회의 질서를 바로잡는 것에 주력하는 학문이다. 철학 문화 예술 등은 몸을 챙기는 것과 마음을 챙기는 것을 두루 포괄하지만, 몸 챙기는 것이 바탕이 되어 있다.

서구인이 전 세계를 지배하면서 서구인의 학문이 전 세계로 퍼졌다. 현대인이 추구하는 학문은 서구에서 발달한 서구의 학문이다. 서구 학문의 바탕에는 약육강식, 생존경쟁의 자연법칙 등이 깔려 있다. 자연의 생태계에서 보면 약육강식은 확실한 자연법칙으로 보인다. 사슴은 사자에게 잡아먹힌다. 사슴이 사자에게 죄를 지은 것이 아니다. 죄라면 오직 약한 것밖에 없다. 자연계는 오직 강자만이 살아남는 것으로 보인다. 그러나 이렇게 보는 것은 자연법칙을 잘못 본 것이다. 『중용』 제30장에 다음의 말이 있다.

만물이 아울러 자라면서 서로 해치지 않는다.[1]

사슴이 사자에게 잡아먹히는 장면을 보면 만물이 아울러 자라면서 서로 해치지 않는다는 말을 이해하기 어렵지만, 깊이 새겨보고 제대로 통찰하면 그 심오한 뜻을 이해할 수 있다.

사슴은 초원의 풀을 뜯어 먹고 산다. 초원의 풀이 사슴 서른 마리가 뜯어 먹고 살기에 적당하다고 하더라도 사슴의 수는 서른 마리에 그치지 않고 자꾸 불어난다. 그러다가 보면 결국 풀이 부족하여 모든 사슴이 다 죽고 만다. 이때 사자가 나타나 서른 마리 정도 남겨 두고 나머지를 잡아먹는다. 사자가 그런 것을 계산해서 그렇게 하는 것은 아니지만, 자연히 그렇게 된다. 사슴 한 마리가 사자에게 잡아먹히는 장면만 보면 세상이 아비규환의 지옥으로 보이지만, 사슴 전체를 보면 사슴은 사자 덕에 생명을 이어가고, 사자는 사슴 덕에 생명을 이어간다는 사실을 알 수 있다. 아울러 자라면서 상대를 해치지 않는 것이다. 전체적으로 보면 자연은 큰 조화를 이루고 있다. 이러한 사실에서 보면 약육강식을 자연법칙으로 본 서구의 자연관은 자연현상 일부만 보고, 전체를 보지 못한 데서 나온 오류다. 약육강식의 자연법칙을 바탕으로 해서 성립한 서구의 학문은 오류 위에 세워진 허구이다. 서구 학문에서 주장하는 이론들은 부분적으로는 옳은 것 같지만, 전체적으로는 옳지 않다. 오늘날 사람들은 서구에서 발달한 학문을 근거로 해서 살고 있다. 현대인의 삶을 위해 만들어진 제도 역시 서구의 학문을 바탕으로 해서 성립

---

1) 萬物竝育 而不相害(『中庸』 제30장)

한 것이다. 현대의 정치제도, 교육제도 등을 위시한 사회 전 분야에서 사람들은 서구의 방식을 취하고 있다. 서구의 학문이 오류하고 하면, 서구의 학문을 바탕으로 만들어진 사회의 여러 제도 또한 잘못된 것이다. 잘못된 학문과 잘못된 제도를 바탕으로 해서 사는 현대인의 삶이 행복할 수 없다.

2. 현대인의 불행

많은 현대인은 문명의 이기를 한껏 누리고 사는 지금의 삶을 과거 어느 때보다도 행복한 삶을 누리고 있다고 생각하고 만족하기도 한다. 분명 그러한 면이 있다. 과거 어느 때보다도 현대인들은 좋은 옷을 입고 좋은 집에서 좋은 음식을 먹고 산다. 교통이 발달하여 세계 곳곳을 여행하기도 한다. 안방에서 세계에서 일어나는 일들을 샅샅이 알 수도 있다. 의료 시설이 발달하여 인간의 수명이 놀라울 정도로 길어졌다. 그러나 이와 반대로 세상이 각박해지고 인간의 마음이 우울해졌다. 과거 어느 때보다도 자살률이 높다. 물질적으로 풍요해질수록 정신적으로는 오히려 불행의 늪에 빠져들고 있다.

(1) 천박한 욕심쟁이로 전락한다.

현대문화는 욕심을 채우는 문화이기 때문에 현대인들의 삶은 욕심을 점점 더 키우는 방향으로 나아간다. 그래서 현대인들은 과거에 유례를 찾을 수 없을 정도로 욕심 많은 욕심쟁이로 전락하고 말았다.

현대인들의 삶은 점점 더 말초적 욕구를 추구하는 방향으로 나아간
다. 현대의 과학기술은 현대인들의 말초신경을 자극하는 온갖 방법들
을 자꾸 만들어낸다. 사람들이 말초신경을 자극하는 욕구에 한 번 빠져
들면 빠져나오기 어렵다. 게임이나 오락에 중독되어 일생을 망치는 사
람도 있고, 도박, 성(性), 알코올, 니코틴 등에 중독되어 일생을 망치는
사람도 있다. 이러한 사례는 점점 더 늘어나는 추세다.

　이제는 과거에 있었던 풍류나 멋을 찾기 어렵다. 옛날 사람들의 인심
은 훈훈했다. 길 가던 나그네가 잘 데가 없고 먹을 것이 없으면 남의 집
에 들어가 하룻밤 묵어갈 수도 있었다. 그러나 지금은 사정이 달라졌
다. 길가는 나그네에게 잠자리를 제공하는 사람을 찾기란 쉽지 않을 것
이다. 현대인들은 이제 대부분 돈의 노예가 되었고, 물질의 노예가 된
것 같다. 주인이 던져 주는 꽁치를 얻어먹기 위해 온갖 재주를 부리는
물개처럼, 현대인들은 돈을 얻기 위해 온갖 짓들을 서슴지 않고 한다.
돈의 노예가 되면 삶이 곧 돈을 위한 수단이 된다. 노예로서 살아가는
사람은 노예의 상태에서 벗어나기 전에는 그 삶이 비참한 것인지 모르
고 거기에 적응하며 산다. 노예의 상태에서 벗어나야 비로소 자신이 얼
마나 비참한 삶을 살았는지 알게 된다.

　사람들은 깔끔하고 예쁜 고급 옷을 입고, 맛있는 고급 음식을 먹으
며, 아름다운 집에 살면서 몸을 깨끗하게 보존하지만, 마음은 각박하
다. 현대인들은 언제나 긴장해야 한다. 조금이라도 긴장을 늦추면 다른
사람에게 당하고 만다. 나에게 좋은 일이 있으면 축하해주는 사람보다
는 시기하고 질투하는 사람이 더 많다. 그래서 사람들은 다른 사람들과
어울리는 것을 싫어하는 경향이 생겨났다. 다른 사람들과 어울리기보

다는 차라리 반려동물을 데리고 노는 것이 더 좋다. 반려동물은 언제나 주인을 좋아해 준다. 반려동물의 티 없는 모습을 바라보기만 해도 기분이 좋아진다. 오늘날 반려동물에 관한 산업이 급격하게 발전하고 있는 이유가 바로 여기에 있다.

(2) 가진 자의 횡포에서 벗어나기 어렵다

다수의 사람은 욕심 채우는 것을 행복으로 여긴다. 욕심은 채우면 채울수록 커지기 때문에 가진 자들일수록 더 많은 것을 갖기 위해 온갖 수단과 방법을 동원한다. 일반 서민들은 그 때문에 가진 자의 횡포에서 벗어나기 어렵다. 도시의 주택값이 천정부지로 뛰어오르고, 고가의 의복, 장신구, 음식 등의 값이 고공행진을 하는 까닭은 욕심에 눈먼 사람들을 가진 자가 조종하기 때문이다.

욕심이 많아질수록 사람들은 욕심의 노예가 되기 쉽다. 돈에 대한 욕심이 많은 사람은 돈 가진 사람의 부림을 당할 수밖에 없고, 권력에 대한 욕심이 많은 사람은 권력 가진 사람의 부림을 당할 수밖에 없다. 욕심이 많아질수록 사람들은 가진 자의 횡포에서 벗어나기 어렵다.

가진 자들이 욕심을 추구하는 방식은 채우고 싶은 것을 약자에게서 빼앗는 것이다. 개인 간의 재산 다툼이나 국가 간의 영토분쟁은 거의 강자가 약자의 것을 빼앗으려는 데서 출발한다. 그 빼앗는 방식은 여러 가지가 있다. 힘으로 억누를 수 있을 때는 힘으로 눌러 빼앗지만, 그렇지 않을 때는 법과 규칙을 악용하여 빼앗는다. 현대인의 삶의 방식에서는 약자들이 가진 자의 횡포에서 벗어나기 어렵다.

(3) 근본적인 평화를 구축할 수 없다

현대인의 삶의 방식에서는 근본적인 평화를 구축할 수 없다. 현대인들의 가치관에서 나타나는 삶의 방식은 첫째 남을 죽이고 빼앗는 것, 둘째 약자를 종속물로 만들어놓고 부리면서 빼앗는 것, 셋째 규칙과 법을 만들어 지키는 것으로 압축된다. 사람들은 이 중에서 셋째의 방식에서 평화를 기대하지만, 세 번째 방식은 첫 번째 방식과 두 번째 방식이 불가능할 때 부득이해서 찾아낸 방식이기 때문에, 아무리 좋은 방법을 만들어내었다 하더라도 한쪽에서 상대를 죽이고 빼앗을 자신이 있거나 종속물로 만들 수 있는 능력을 갖추면 지켜지지 않는다. 독일의 히틀러가 일으킨 세계 대전도 그 때문이고, 미국의 부시 전 대통령이 국제연합의 결의를 무시하고 이라크 침공을 감행한 것도 그 때문이다. 그러므로 현대인들이 구축해 놓은 평화는 힘의 균형이 깨지지 않을 때만 기대할 수 있는 불안한 것이므로, 현대의 국가들은 평화조약을 잘 맺었다 하더라도 무기 개발에 주력할 수밖에 없다.

(4) 스트레스에서 벗어나기 어렵다

삶의 내용이 경쟁이라면 삶은 근본적으로 긴장을 동반한다. 경쟁에서 낙오되는 순간 파멸하고 말기 때문에 긴장은 늦출 수 없는 것이다. 세상은 총을 들지 않고 싸우는 전쟁터라는 말이 있을 정도다. 전쟁터 같은 세상에서 긴장하는 삶은 엄청난 스트레스를 동반한다. 이러한 의미에서 본다면 현대인들의 스트레스는 숙명적이다.

수년 전 미국 하버드 대학의 의학부에서 21세기의 3대 사망 원인으로 우울증, 심장병, 교통사고를 지목한 적이 있다. 이 세 가지 중에서 우울증과 심장병의 원인은 모두 스트레스가 그 주범이다.

경쟁을 해서 이길 수 있는 가장 좋은 방법은 경쟁자가 적은 분야 중에서 적성에 맞는 것을 찾아내어 그것에만 열중하는 것이다. 그러한 삶의 방식이 프로정신이다. 프로가 되는 것은 현대인들에게 요구되는 가장 현명한 삶의 방식이다. 프로정신이 투철한 사람일수록 잘 살아갈 수 있다.

프로정신이 투철한 사람일수록 다른 분야의 사람들과 소통하기 어렵고 어울리기 어렵다. 프로정신이 투철한 사람일수록 한 가지만 되풀이하는 로봇처럼 되어버린다. 인간의 삶이 로봇 같은 삶으로 전락했을 때나타나는 폐해 또한 심각하다. 여유가 생겨 자신의 삶을 돌아보면 로봇처럼 같은 일만 되풀이하고 있는 자신을 용납하기 어려워진다. 로봇 같은 삶에서 벗어나기 위해 여가를 즐기기도 하고, 여행을 다니기도 해보지만, 결국 로봇의 여가이고 로봇의 여행일 뿐이다. 그러한 삶에서는 존엄한 인간의 가치를 찾을 수 없다. 자신의 기계적인 삶에 회의가 들면 안정된 삶을 유지하기 어렵다.

(5) 욕구불만의 고통을 감당하기 어렵다

현대인은 끊임없이 욕심 채우기를 추구한다. 욕심 채우기의 삶에서 나타나는 결과는 욕심을 못 채우는 경우와 채우는 경우의 두 가지뿐이다. 욕심을 못 채우는 경우는 바로 욕구불만의 고통에 빠진다. 아무리 노력해도 욕심을 채울 수 없을 때는 고통의 늪에서 벗어나지 못한다.

욕심을 못 채운 사람은 욕심을 채우는 것을 행복으로 생각하지만, 그렇지 않다. 욕심은 채울수록 커지므로 욕심은 영원히 채울 수 없다. 만약 1억을 버는 것을 목표로 세운 사람이 1억을 벌었다고 가정해보자. 그는 잠시 행복에 잠긴다. 그러나 그것은 잠시뿐이다. 1억을 가지는 순간 욕심이 커져서 10억을 갖고 싶어진다. 10억이 갖고 싶어지면 9억이 모자란다. 9억이 모자라면 욕구불만이 그만큼 커지고, 욕구불만이 커지면 고통 또한 그만큼 커진다. 고통을 극복하기 위해서는 9억을 벌어야 하지만, 9억을 벌려면 더 큰 힘이 든다. 10억을 목표로 열심히 노력하여 10억을 채우면 욕심이 다시 커져서 100억을 갖고 싶어진다. 이처럼 사람의 욕심은 끝없이 커진다. 사람은 커지는 욕심을 채우기 위해 동분서주하는 사람도 있고, 더는 욕심 채우기를 체념한 채 자기의 성공에 안주하며 자위하는 사람도 있고, 욕심을 채우지 못해 고통에서 못 벗어나는 사람도 있지만, 아무도 진정한 행복을 누리는 사람은 없다. 욕심 채우기로 일관되는 현대인의 삶은 고통으로 끝날 수밖에 없다. 현대인들은 불행하다.

(6) 분리에서 오는 고통을 감당하기 어렵다

현대인들은 인간존재를 각각 구별되는 개체적 존재로 보기 때문에 많은 문제가 생긴다. 현대인들은 숙명적으로 고독하고 왜소하고 얄팍하다.

1) 고독함

현대인들은 고독하다. 현대인들은 모두가 각각 독립된 개체인 것으로 알고 살아간다. 그러므로 현대인들은, 남과 함께 있어도 근본적으로 하나가 되지 못하기 때문에, 원초적으로 고독하다. 현대인들은 남과 분리되어 있다. 비록 남녀가 결혼하여 한 집에 살아도 두 개체가 협의하여 한 집에서 사는 것일 뿐, 하나가 되는 것은 아니다. 완전히 하나가 되는 것은 융합이다. 융합은 융합하기 이전의 개체의 상태로 돌아갈 수 없지만, 결합은 그렇지 않다. 결합은 개체로 존재하면서 계약에 따라 함께 묶어놓은 것일 뿐이다. 현대인들의 만남은 결합의 상태를 넘어가지 않는다. 결합의 경우는 아무리 견고하게 묶어놓아도 도로 풀 가능성이 있다. 그러므로 현대인들은 남녀가 결혼하여 한집에 살아도 이혼할 가능성을 언제나 가지고 있다. 현대인의 고독은 숙명적이다.

현대인들은 따돌리기 경쟁을 한다. 고독한 현대인들은 외로움에서 벗어나기 위해 곧잘 모임을 만든다. 여러 가지 모임을 만들어 함께 어울리는 것은 고독에서 벗어나는 방법이다. 그러나 아무리 모임을 만들어 함께 어울려도 원초적으로 개체이므로 그 안에서 역시 경쟁한다. 모임이 원활하게 되기 위해서는 그 안에서 불필요한 구성원을 도태시키기도 한다. 그러므로 모임의 구성원들은 자기가 소외당하지 않기 위해 남을 소외시킨다. 이러한 이유로 인해 현대인들은 모임 속에 있으면서도 그 안에서 끊임없이 남을 따돌리기 위해 안간힘을 쓴다. 현대인들은 긴장을 늦출 수 없다.

2) 왜소함

현대인들은 초라하다. 개체로 살아가는 현대인은 원초적으로 초라하다. 10명이 있으면 '나'는 10분의 1에 해당하고, 100명이 있으면 '나'는 100분의 1에 해당한다. 지구상에 70억 명이 산다면 지구상에서의 '나'는 70억 분의 1에 해당할 뿐이다. 70억 분의 1, 그것은 거의 제로에 가깝다. 나도 제로이지만, 너도 제로다. 모든 사람은 다 제로다. 제로에 가까운 존재에게는 존엄성을 찾아볼 수 없다. 사람을 죽이는 것은 제로를 없애는 것이므로 문제 될 것이 없다. 생명을 경시하고 장난삼아 저지르는 살인사건이 곳곳에서 일어나고 있는 까닭도 이러한 이유 때문이다.

현대인들은 왜소하므로 자기의 판단을 잃어버리고 남의 판단에 끌려다닌다. 현대는 많은 정보가 홍수처럼 쏟아진다. 정보의 홍수 속에서 살다 보면 하나하나의 정보를 곰곰이 따져볼 여유가 없으므로 남의 판단에 끌려가느라 자기의 판단을 상실한다. 지방에 여행을 가서 식사할 일이 있어도 남들이 맛집으로 정해놓은 식당을 찾아가고, 남들이 좋은 숙소로 정해놓은 곳에서 잔다. 남들이 명품으로 정해놓은 옷을 입으려 하고, 남들이 좋은 곳으로 정해놓은 마을에서 살려고 한다. 현대인들은 남들의 평가에 끌려가며 살다가 자신의 삶을 놓치고 만다.

3) 얄팍함

현대인들은 왜소하므로 얄팍할 수밖에 없다. 현대인들은 깊이 뿌리박고 있는 나무처럼 굳건하게 살아가기 어렵다. 현대인들은 뿌리를 상실하고 부평초처럼 살아간다. 어떠한 것에 매달리거나 의지하지 않고는 살기 어렵다. 그래서 현대인들은 영웅을 만든다. 영웅을 만들어놓고 거기에 매달림으로써 비로소 안정을 취한다. 현대인이 만든 영웅의 종류는 다양하다. 소설가, 시인, 가수, 배우, 운동선수 등등 다양한 방면에 이루 헤아릴 수 없을 정도로 많은 영웅을 배출시킨다. 현대인의 영웅들은 우상이다. 현대인들은 우상을 만들어 숭배해야 자신을 안정시킬 수 있다.

많은 현대인이 매달리고 있는 우상들 자신도 역시 부평초이기는 마찬가지다. 우상들은 매달릴 대상을 찾기가 어려우므로 더욱 고독하고 더욱 불행할 수 있다. 인기 가수들도 공연이 끝난 뒤의 공허감을 극복하지 못해 고통받기도 한다.

부평초는 약간의 바람만 불어도 제자리를 지키지 못하고 흔들린다. 부평초처럼 사는 현대인들 역시 많이 흔들린다. 남에게 싫은 소리 하나 들어도 견디기 어렵고, 비난하는 소리 하나 들어도 견디지 못하고 괴로워한다. 현대인들은 늘 남으로부터 충격을 받는다.

4) 재해에 노출됨

욕심 채우기로 일관되는 현대인의 삶은 자연을 오염시키고 환경을 파괴한다. 현대인들에게는 양심이란 개념이 들어갈 여지가 없다. 현대인들은 욕심을 채울 수 있는 일이라면 무엇이든지 한다. 지금은 자연이 많이 오염되었고 환경이 크게 파괴되었다. 환경파괴가 이대로 계속 진행되면 지구환경이 사람이 살 수 없는 환경으로 변모할 수도 있다.

환경단체들의 환경 보호 운동은 성공하기 어렵다. 왜냐하면 환경을 보호하는 환경보호단체의 목적은 환경을 보호해야 사람이 사는 데 유리하기 때문이다. 이처럼 이해득실을 따져서 환경을 보호한다면, 손해가 된다고 판단할 때는 환경을 보호하지 않을 것이다. 예를 들어 어떤 공장의 경영자가 자기 공장의 폐수를 정수하지 않고 그냥 방류하면 환경이 오염되어 장래에 사람이 살 수 없는 환경이 될 수도 있다고 생각할 수 있지만, 그것은 먼 훗날의 일로 생각되고, 폐수를 그냥 방류하지 않으면 당장 공장의 문을 닫아야 한다고 판단하면, 적발되지 않도록 몰래 폐수를 버릴 것이다. 이해타산을 따져서 환경을 보호하려는 환경운동단체의 방식은 출발선상에서 이미 실패할 수밖에 없는 숙명을 가지고 있다.

현대인들은 세계 대전으로 희생될 수 있는 위험에 노출되어 있다. 현대의 과학기술은 지구를 폭파할 만큼 가공할 무기를 개발했다. 만약 현대인들이 전쟁을 일삼다가 세계 대전으로 확산하기라도 한다면 그 재앙이 어느 정도인지는 상상하기 어렵다.

5) 속고 속으며 사는 한평생이다.

엄청난 고통을 짊어지고도 현대인들이 그럭저럭 살아가는 이유는 속기 때문이다. 현대인들의 삶은 속고 속으며 보내는 한평생이다.

욕심을 채우는 과정은 끝이 없다. 마치 무한히 높은 산의 정상을 향해 오르는 과정과 같다. 산의 정상을 향해 오르다 보면 눈앞에 산의 봉우리가 보인다. 그 봉우리를 산의 정상으로 착각하고 열심히 올라가 그 봉우리에 도달하고 나면, 그 봉우리 너머에 더 높은 산의 봉우리가 보인다. 한번 속았다. 다시 마음을 가다듬고 높은 산의 봉우리를 향해 있는 힘 다해 오른다. 그러나 그 봉우리에 오르고 나면 다시 그 너머에 더 큰 산의 봉우리가 보인다. 또 속았다. 최후의 정상을 향해서 가다 보면 계속 속고 속는다. 인생의 여정도 그렇다. 사람이 욕심을 다 채우는 것을 목표로 삼아 가다가 보면 인생길이 산 넘어 산이다.

인생길에 전개되는 다양한 산들 때문에 인생에는 크게 두 가지의 양상이 나타난다. 하나는 험한 산길을 오르지 못해 좌절하고 포기하는 경우이고, 다른 하나는 눈앞에 있는 산에만 오르면 행복이 약속되는 것으로 착각하고 속고 속으면서 열심히 오르기를 시도하는 경우이다. 열심히 산을 오르는 사람들은 좌절해버린 사람들을 업신여기지만, 좌절한 사람 중에는 열심히 산을 오르는 사람들의 속고 속는 과정을 예측하고, 그 부질없음을 조소하는 사람도 있다.

그러나 불행하기는 둘 다 마찬가지다.

6) 현대인은 불쌍하고 억울하다.

오늘날 사람들은 욕심 채우는 삶으로 일관한다. 욕심은 원래 없었다. 사람은 원래 본심만으로 살았다. 그랬는데 도중에 욕심이 들어와 본심을 밀어내고 대신 그 자리를 차지하고 있다. 욕심은 잠시도 쉬지 않고 채워달라고 아우성을 친다. 사람은 자기의 욕심을 자기의 본심으로 착각하고 욕심 채우기 위해 동분서주한다. 이는 뻐꾸기 새끼를 기르는 뱁새의 신세와 같다.

뱁새가 뱁새의 둥지에 알을 낳으면 뻐꾸기가 날아와 그 위에 자기의 알을 낳는다. 뻐꾸기의 알이 부화한 뒤에는 남아 있는 뱁새의 알과 알에서 부화한 뱁새의 새끼를 다 떨어뜨려서 죽이고 혼자 둥지를 차지하고 있으면서 어미 뱁새에게 먹이를 달라고 울어댄다. 뻐꾸기 새끼를 자기 새끼인 줄 착각한 어미 뱁새가 뻐꾸기 새끼에게 줄 벌레를 잡느라 동분서주하는 사이 뻐꾸기 새끼는 무럭무럭 자란다. 어미 뱁새가 지쳐서 쉬려고 하면 불쑥 커진 뻐꾸기 새끼는 벌레를 더 잡아 오라고 아우성친다. 어미 뱁새는 쉴 틈이 없다. 어미 뱁새가 지칠 대로 지쳐버린 어느 날 다 자란 뻐꾸기 새끼는 뒤도 돌아보지 않고 날아가 버린다. 어미 뱁새는 날아가는 뻐꾸기 새끼를 물끄러미 바라본다. 어미 뱁새는 그간에 무엇을 한 것인가. 자기 새끼들을 다 죽여버린 철천지원수에게 지극 정성으로 봉사했다. 참으로 불쌍하고 억울하다. 그러나 정작 어미 뱁새는 자기가 불쌍하다는 것을 모른다. 자기의 삶이 억울한 삶이란 것도 모른다.

불쌍한 것은 어미 뱁새만이 아니다. 사람이 불쌍하다. 사람의 마음속에 들어와 있는 욕심은 외부에서 침입하여 자기의 본심을 밀어내고, 대신 그 자리를 차지하고 있는 철천지원수이다. 그런데도 사람들은 욕심을 채우기 위해 동분서주한다. 일억을 채우라고 욕심이 아우성치면 통장에 일억을 채우기 위해 사람들은 지칠 대로 지친다. 그럭저럭 일억을 채우면 불쑥 커진 욕심은 이번엔 10억을 채우라고 아우성친다. 사람들은 이제 10억을 채우느라 파김치가 된다. 그러다가 쓰러질 지경이 되면 통장이 뻐꾸기 새끼처럼 허공으로 날아간다. 그러면서도 사람들은 자기가 불쌍하다는 것을 모른다. 삶이 억울하다는 것도 모른다.

7) 생로병사의 숙명적 고통에서 벗어나지 못한다.

현대인은 생로병사의 과정에서 벗어날 수 없는 숙명적인 존재가 되고 말았다. 태어나는 것은 따지지 않더라도 늙음과 병듦과 죽음은 확실히 고통이다. 늙음은 청춘을 상실한 데서 오는 슬픔이고, 병듦은 건강을 상실한 데서 오는 고통이며, 죽음은 자기의 모든 것을 상실하는 데서 오는 절망이다. 이러한 고통은 가난한 시절에는 실감하기 어렵다. 하루하루의 끼니 걱정 때문에 먼 훗날에 찾아올 늙음의 문제나 죽음의 문제를 생각할 여유가 없기 때문이다. 그러나 풍요로워지고 나면 사람들은 먼 훗날의 일을 생각할 수 있는 여유가 생긴다. 그렇게 되면 먼 훗날 늙고 병들어 죽어 없어질 자신의 모습을 생각하고 숙명적인 슬픔에 빠져들지 않을 수 없다.

현대인들은 이러한 고통에서 벗어나기 위해 안간힘을 쓴다. 이를 위해 현대인들이 택하는 방법은 대개 다음의 몇 가지가 있다.

첫째는 체념하는 것이다. 나만 그런 것이 아니라, 남도 다 그러하므로 별수가 없는 것이라고 체념하고 살아가는 경우가 그러하다.

둘째는 후회하지 않을 수 있도록 충실한 삶을 살고자 노력하는 것이다. 추억 만들기를 열심히 하고, 여행을 열심히 다니며, 각종의 문화생활을 알뜰히 누리는 경우이다.

셋째는 사후에도 남들에게 기억될 수 있도록 무엇인가를 남기려고 하거나 자녀들에게 집착하는 것이다. 기념비를 만들거나 다른 어떤 기념이 될 만한 것을 남기기도 한다.

넷째는 사이비종교에 귀의하는 경우이다. 종교의 힘에 의지하여 죽음을 맞이한 뒤에도 영혼의 삶이 계속 이어지기를 추구한다.

그러나 현대인들은 아무리 노력해도 생로병사의 숙명에서 오는 고통을 근본적으로 감당하기는 어렵다. 아무리 체념하며 살아도 절망적인 죽음의 고통을 피할 수 없다. 아무리 만족한 삶을 산다고 하더라도 지나고 나면 그만이고, 사후에 기념이 될 것을 남기더라도 그것 역시 한시적인 것에 지나지 않는다. 섣불리 종교에 귀의하여 사후의 부활을 추구하더라도, 그것은 죽은 뒤에라야 확인할 수 있는 것이기 때문에 불안하기는 마찬가지다.

그러므로 아무리 안간힘을 써도 죽어서 없어지는 자신의 허무한 인생을 보상받기는 어렵다. 현대인들은 근본적인 불행에서 헤어나기 어렵다.

8) 허무주의와 쾌락주의가 만연한다.

몸 중심의 철학은 가난했을 때는 강력한 힘을 발휘하지만, 풍요로워진 뒤에 대두되는 허무주의를 막을 수 없다. 훗날에 다가올 자신의 '죽음'을 예상하고, 또 그 훗날이 금방 다가온다는 것을 깨달으면, 죽어 없어지는 자신의 삶이 허무하고 초라해지는 것을 피할 길이 없다.

사람이 자신의 삶에 대해 허무함을 느끼면, 더는 착실하게 살아야 할 이유를 찾지 못한다. 그럴수록 사람들은 쾌락에 빠지거나 방탕하게 된다. 마약이나 술에 중독되기도 하고, 성을 탐닉하기도 한다. 허무주의에 빠지고 쾌락주의가 만연하는 사회에서는 규칙이나 예법이 무시된다. 규칙을 지키며 사는 것이나 어기며 사는 것이나 죽고 난 뒤에는 차이가 없다고 생각하기 때문이다. 허무주의에 빠지면 사람들은 참고 견디지 않는다. 그렇게 되면 전쟁이 다발적으로 일어나면서 인류문화는 종말을 고하게 된다. 이러한 위기 국면에 현대는 노출되고 있다

3. 현대인의 위기

사람들이 욕심을 채우는 것으로 일관하면, 개인적으로 불행의 늪에 빠지고, 세상이 혼란해지며, 자연환경이 파괴되어 사람들이 살 수 없는 세상으로 바뀔 것이다. 거기다가 전쟁이 다발적으로 일어나면 지구촌

의 사람들은 위기를 맞이할 수밖에 없다.

(1) 인성파괴

지구촌의 위기는 인성파괴로부터 시작한다. 사람의 본심은 한마음이고, 한마음은 모두가 다 함께 가지고 있는 하늘마음이다. 사람이 본심을 잃지 않으면 사람을 사랑하고, 만물을 아끼며, 질서 있고 따뜻한 세상을 만들어서 산다. 그러나 사람이 본심을 잃어버리고 욕심을 채우며 살면 많은 문제가 생겨난다. 남들과 무한히 경쟁하고, 욕심을 채우기 위해 만물을 이용하며, 세상을 아비규환의 지옥으로 만든다. 그럴수록 세상은 점점 망가진다.

(2) 환경 오염

사람이 욕심을 채울 목표로 살면 많은 문제가 생기지만, 그 중에서도 가장 먼저 들 수 있는 것이 환경 오염이다. 탄소 연료를 과다하게 사용하여 공기가 오염되고, 농약을 과다하게 살포하여 지하수와 토양이 오염되며, 유전자조작으로 인해 해로운 먹거리가 양산되고, 도시화로 인해 쓰레기와 폐수 문제가 심각해진다. 공기와 물과 토양이 오염되고, 플라스틱의 남용으로 육지와 바다가 오염되며, 사람의 먹거리마저 오염되면, 사람의 몸이 치명상을 입는다. 불치병 환자가 급격하게 늘어나고, 역병이 수시로 돌아 사람의 생명을 위협한다.

(3) 자연 파괴

최근에는 밀림 지역에서 농경지를 개간하기 위해 원시림을 남벌하고 있다. 나무를 남벌하여 산소가 차츰 부족해지다가 사람이 살 수 있는 임계치를 지나면, 사람이 일시에 사망하는 날이 올 수도 있다. 농약 살포 등으로 인해 환경이 오염되고 벌들이 사라져도, 사람이 살 수 없는 환경이 된다. 지구 온난화가 지속되어 해수의 온도가 올라가면 심각한 자연재해에 직면할 수도 있다. 지구가 더는 사람이 살 수 없는 행성이 되어간다. 사람들은 화성으로 이사 가기 위해 화성 연구에 심혈을 기울이는 듯하다.

(4) 전쟁의 위험

지구를 파괴할 만큼 가공한 핵무기가 이미 개발되어 있다. 3차 세계대전이 발발한다면 지구 전체가 초토화될 수도 있다. 과거의 역사에서 보더라도 물질주의 시대의 말기는 전쟁으로 인해 사람들이 피투성이가 된 채 마감했다. 물질주의를 상징하는 『주역』의 괘는 곤괘(坤卦)이다. 물질주의의 마지막 단계인 곤괘의 상육(上六)에는 다음과 같은 설명이 있다.

용들이 들판에서 싸우면 피가 흘러 하늘과 땅에 그득해진다.[2]

물질주의의 말기가 되면 사람들은 법과 규칙을 지키지 않고 무리하게 전쟁을 일으키다가 피투성이가 되곤 한다. 로마 초기가 그랬고, 중국 한나라 말기에서부터 위진 남북조의 혼란기까지가 그랬다. 지금의

---

2) 龍戰于野 其血玄黃(『周易』 坤卦 上六)

역사는 물질주의의 말기에 해당한다. 지금 만약 법과 규칙을 어기고 전쟁을 일으키다가 3차 세계 대전으로 확산하면 지구가 피바다로 바뀌어 인류가 살 수 없을 정도로 심각한 타격을 입을 것이다.

4. 현대인의 불행을 극복하는 방법은 있는가?

인류가 절멸하지 않고 인류 역사가 이어지려면 어떻게 해야 할까? 미래의 역사가 어떻게 전개되어야 역사가 이어질 수 있을까? 과거의 역사 흐름을 살펴보면 미래의 역사 흐름을 예측할 수 있다.

(1) 역사는 흐른다.
모든 흐름은 순환하며 진행한다. 밤과 낮의 흐름도 순환하며 진행하고, 사계절의 흐름도 순환하며 진행한다. 흐름의 법칙은 음양이다. 모든 흐름은 음이 되었다 양이 되었다 하면서 진행한다. 『주역』「계사전」에는 이를 다음과 같이 기록하고 있다.

한번 음이 되었다가 한번 양이 되었다가 하면서 흐르는 것이 길이다.[3]

밤과 낮이 흐르는 원리도 음양의 법칙이고, 사계절이 순환하는 원리

---

3) 一陰一陽之謂道(『周易』 繫辭傳 上)

도 음양의 법칙이다. 밤이 음이고 낮이 양이므로, 밤낮의 흐름은 밤이 되었다가 낮이 되었다가 하면서 흐른다. 봄이 양이고 가을이 음이므로, 사계절의 흐름은 봄이 되었다가 가을이 되었다가 하면서 흐른다. 그래서 일 년을 춘추로 표현한다. 여름과 겨울은 독립된 계절이 아니다. 여름은 봄에서 가을로 가는 변환기이고, 겨울은 가을에서 봄으로 가는 변환기일 뿐이다. 변환기에는 혼란이 일어난다. 여름은 봄에서 가을로 방향을 바꾸기 위한 혼란기이고, 겨울은 가을에서 봄으로 방향을 바꾸기 위한 혼란기이다.

인류의 역사도 음의 시기와 양의 시기로 순환하며 흐른다. 사람의 두 요소는 몸과 마음이다. 사람의 삶은 몸을 챙겼다가 마음을 챙겼다가 하면서 진행된다. 몸이 음이고 마음이 양이다. 인류의 역사는 몸을 주로 챙기는 시대와 마음을 주로 챙기는 시대로 순환하며 흐른다. 역사 흐름의 사이클은 천년을 넘어갈 정도로 길다. 몸을 주로 챙기는 시대의 말기가 되면 긴 혼란기를 거쳐 마음을 주로 챙기는 시대를 맞이하고, 마음을 주로 챙기는 시대의 말기가 되면 역시 긴 혼란기를 거쳐 몸을 주로 챙기는 시대를 맞이한다.

서양의 역사에서 보면 과거 로마 시대 초기에 몸을 주로 챙기는 물질주의 시대가 있었고, 그 혼란을 예수의 정신주의 철학으로 극복했다. 중국의 역사에서 보면 주나라, 진나라, 한나라를 거치는 시기가 물질주의 시대였고, 한나라 말기에서 위진남북조 시대에 일어난 물질주의 말기의 혼란은 석가모니의 정신철학으로 극복했다.

서양의 혼란을 해결한 예수의 사상과 중국의 혼란을 해결한 석가모니의 사상은 외래사상이었다. 로마의 전통사상인 희랍 사상에도 플라톤 사상 같은 뛰어난 정신철학이 있었고, 중국의 전통사상에도 공자와 맹자 사상 같은 뛰어난 정신철학이 있었지만, 그것이 물질주의의 폐단을 극복하는 역할을 하지 못한 까닭은 그 철학이 이미 물질주의 철학에 흡수되어버렸기 때문이다. 플라톤 철학은 이미 아리스토텔레스의 철학에 녹아들어 빛이 바랬고, 공자와 맹자의 철학은 순자의 철학에 녹아들어 빛이 바랬다.

지금 세계의 역사는 서양의 역사에 합류되었고, 지금의 서양 역사는 물질주의의 말기에 접어들었다. 그렇다면 이를 해결할 수 있는 정신철학은 외래사상인 동양의 철학에서 찾을 수 있을 것이다.

이미 칼 커스타프 융은 서양 문화의 한계를 지적하고, 동양 사상에서 그 해답을 찾을 수 있다는 취지의 글을, 라마나 마하리쉬의 저서 『나는 누구인가?』의 서문에서 남긴 적이 있다.

정치·사회 그리고 학문의 영역에서 뭔가를 얻어서 소유하려는 숨 막힐 듯한 충동이 서구인들의 영혼으로부터 확실하고 물불 가리지 않는 정열을 요구하는데, 이는 이제 동양으로도 퍼져나가 간과할 수 없는 결과를 낳을 기세이다. 이미 인도뿐만 아니라 중국에서도, 과거 그 안에서 영적인 삶이 영위되고 꽃피었던 많은 것들이 상실되었다. 서구의 외향적인 문화가 많은 악습을 척결할 수 있음은 사실이고 또 그것은 바람직하며 이로운 일이지만, 지금까지의 경험이 보여 주듯이 이 과정은 영적인 문화의 상실이라는 비싼 대가를 치르고 진행된다. 잘 정돈된 위생적인 집에서 사는 것이 더 편하다는 사실은 두말할 나위가 없다. 그러나 그것이 그 집에 사는 사람이 누구인가에 대한 질문에 해답을 주지는 못하며, 그 집에 사는 사람의 영혼도 마찬가지의 질서와 청결을 누릴 수 있는지는 의문이다. 일단 인간이 외적 대상을 추구하게 되면 우리의 경험이 보여 주듯이 그는 결코 단순한 생활필수품만으로는 만족하지 못하고 더욱더 많은 것을 갈구하게 되며, 그의 치우친 성향 탓으로 항상 외적인 대상만을 추구한다. 그는 외면적으로 아무리 성공해도 내면에서는 마찬가지라는 사실을 완전히 망각하고, 자기 주위 사람들은 두 대의 자동차를 가지고 있는데 자기에게는 한 대밖에 없다는 데 대해서 불만을 느낀다. 인간의 외면적 삶은 분명히 나아질 수도 있고 미화(美化)될 수도 있지만, 내면에서 그만큼 나아지거나 미화되지 않으면 소용이 없다. 물론 생활필수품을 모두 갖춘다는 것은 행복의 기초이며, 그것이 평가절하 되어서는 안 된다. 그러나 내면에서는 그러한 것들을 넘어서서 어떠한 외면적 대상으로도 만족할 수 없는 요구를 들고 나온다.

그리고 이 세상의 〈멋진 것들〉에 대한 추구로 인해 그 목소리가 작게 들리면 들릴수록 내면에서는 설명할 수 없는, 또한 이해할 수 없는 불행이 야기되며, 그러한 삶의 조건 속에서 전혀 다른 어떤 것을 기대하게 된다. 외면적 대상만의 추구는 치유될 수 없는 고통을 낳는다. 왜냐하면 자기 자신의 본능으로 인하여 얼마나 고통당할 수 있는지를 아무도 모르기 때문이다. 자신의 만족할 수 없는 탐욕에 놀라는 사람은 없으며 그것을 당연한 자신의 권리라고 생각한다. 또한 인간은 영혼의 갈증이 채워지지 않으면 결국 가장 심각한 불균형이 초래된다는 사실을 깨닫지 못한다. 이것이 바로 서구인들을 병들게 하는 요인인데 이러한 자신들의 탐욕이 온 세상을 오염시킬 때까지 멈추지 않는다.

따라서 만약 동양의 지혜와 신비주의가 그것을 자체의 독특한 언어로 말하게 되면 우리에게 많은 이야기를 들려줄 것이다. 그것은 우리가 우리 문화 속에 비슷한 형태로 가지고 있는 것, 그러나 이미 잊어버린 것을 우리에게 상기시켜 줄 것이며 우리가 중요하지 않다고 옆으로 밀어놓은 우리 내면의 운명에 우리의 주의를 돌려놓을 것이다.[4]

융의 우려대로 동양인 스스로가 이미 많은 동양적 진리를 외면하고 있다. 그렇다 하더라도 동양적 진리는 완전히 사라지지 않고 아직도 남아 있다. 그렇다면 남아 있는 그 동양적 진리가 지금의 문제를 해결할 수 있을 것인가?

(2) 기존 종교의 문제점

동양의 대표적 가르침에는 기독교·불교·유학 등이 있다. 기독교의 가르침은 이미 서구문화에 녹아들었으므로 이미 외래사상이 아니다. 그렇다 하더라도 기독교의 가르침까지를 포함한, 기독교·불교·유학 등에서 물질주의에서 오는 오늘날의 폐단을 극복할 가능성을 찾기는 어려울 듯하다. 기독교·불교·유학에는 뛰어난 정신철학이 들어 있다. 기독교에는 예수의 정신철학이 들어 있고, 불교에는 석가모니의 정신철학이 들어 있으며, 유학에는 공자의 정신철학이 들어 있다. 그러나 기독교에는 예수의 정신철학과 상반되는 철학이 이미 핵심 속에 들어 있고, 불교에는 석가모니의 정신철학과 상반되는 철학이 이미 핵심 속에 들어 있으며, 유학에도 공자의 정신철학과 상반되는 철학이 이미 핵심 속에

---

4) 라마나 마하리쉬 지음, 이호준 옮김, 2011년 청·하 간행 『나는 누구인가』의 칼 커스타프 융 서문

들어 있어서, 그것들을 제거하고 본래의 순수한 정신철학은 도려내기가 어렵기 때문이다.

　유학에 국한하여 살펴본다면, 유학의 핵심 윤리인 삼강(三綱)은 공자의 윤리 사상과 상반된다. 삼강은 임금이 신하의 벼리라고 하는 군위신강(君爲臣綱), 아버지는 아들의 벼리라는 부위자강(父爲子綱), 남편은 아내의 벼리라는 부위부강(夫爲婦綱)이다. 삼강은 유학의 핵심 윤리로 자리 잡고 있지만, 실은 한나라 때 동중서가 만든 윤리로 공자의 윤리 사상과 내용이 상반된다. 벼리란 고기 잡는 그물의 굵은 밧줄이다. 그물에는 굵은 밧줄이 있고, 그 굵은 밧줄에 가는 줄이 촘촘하게 연결되어 있다. 굵은 밧줄이 끊어진 그물은 그물의 역할을 할 수 없다. 따라서 굵은 밧줄이 끊어질 위기에 처하면 가는 줄을 잘라서라도 굵은 밧줄이 끊어지지 않도록 묶어야 한다. 이 이론에서 보면 임금의 목숨이 위태로워지면 신하는 목숨을 바쳐서라도 임금을 살려야 하고, 아버지의 목숨이 위태로워지면 자녀는 목숨을 바쳐서라도 아버지를 살려야 하며, 남편의 목숨이 위태로워지면 부인은 목숨을 바쳐서라도 남편을 살려야 한다는 이론이 성립한다. 삼강의 윤리는 공자의 사상과 반대이지만, 유학 윤리의 핵심으로 자리 잡고 있다.

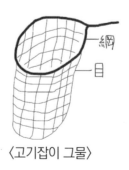

〈고기잡이 그물〉

유학 윤리의 핵심 중에 "몸과 몸에 난 털, 피부 등은 부모에게 받은 것이므로 훼손하지 않는 것이 효도의 시작이고, 출세하여 도를 행함으로써 후세에 이름을 날리고 부모까지 유명하게 하는 것이 효의 완성이다."라고 하는 효도 사상이 들어 있지만, 이 내용 또한 한나라 때 만들어진 이론으로 공자의 사상과 상반된다. 유학의 전체 내용을 수신·제가·치국·평천하로 압축하지만, 이와 같은 내용은 유학의 경전에 들어 있지 않다. 오직 『대학』에 신수(身修), 가제(家齊), 국치(國治), 천하평(天下平)이 들어 있을 뿐이다. 수신·제가·치국·평천하는 평천하를 향해 나아가는 실천강령이고, 최종 목적인 평천하에 무게가 실려 있지만, 신수, 가제, 국치, 천하평의 내용은 몸이 닦이면 저절로 집이 화목해지고, 저절로 나라가 다스려지며, 저절로 천하가 평화로워지는 것이 되므로, 신수(身修)에 무게가 실려 있어 뜻이 반대이다. 충신은 두 임금을 섬기지 않는다는 의미의, 충신불사이군(忠臣不事二君)도 유학의 핵심 윤리처럼 되어 있지만, 공자의 사상과 상반된다. 이처럼 유학에 들어 있는 핵심 중에 공자의 사상과 상반되는 것이 많이 들었으므로, 유학의 가르침으로 오늘날 만연하고 있는 물질주의의 폐단을 극복하기는 어려울 것이다. 이런 점은 기독교와 불교에도 예외가 아니다.

만약 어떤 사람이 나타나 기독교의 가르침에서 예수의 사상을 오롯이 도려내고, 불교의 가르침에서 석가모니의 사상을 오롯이 도려내고, 유학에서 공자의 사상을 오롯이 도려낼 수 있다 하더라도, 그 내용을 가지고는 오늘날에 만연하고 있는 물질주의의 폐단을 극복하기 어려울 것이다. 왜냐하면 그들의 정신철학은 당시의 문제들을 해결한 해결책이기 때문이다. 오늘날의 문제는 당시의 문제와 같지 않으므로, 당시의 문제를 해결한 해결책으로 오늘날의 문제를 해결할 수는 없다.

그렇다면 공자, 석가모니, 예수 등의 구세주가 오늘날에 다시 나타나 오늘날의 문제를 해결하는 해결책을 직접 찾아내는 것 외에는 방법이 없는 것일까? 그렇다면 우리는 그들이 다시 나타나기를 기도하는 것 외에는 대안이 없을 것이다.

(3) 구세주의 등장

구세주의 등장을 기도하는 것 외에 아무런 대안이 없다면 너무 막막하고 막연하다. 옛 구세주들이 나타나지 않더라도, 옛 구세주들이 당시의 문제들을 해결하는 해결책을 내놓은 것처럼, 우리가 오늘날의 문제들을 해결할 수 있는 해결책을 찾아낼 수는 없는 것일까? 만약 있다면 그 방법은 무엇일까? 우리는 먼저 옛 구세주들이 해결책을 찾아낸 원리부터 알아야 한다.

옛 구세주들은 모두 자연의 섭리를 터득한 사람들이다. 자연은 아무렇게나 존재하는 것이 아니다. 자연은 모든 존재의 본질이며, 만물을 유지하는 원동력으로서 일정한 방향성을 가진 거대한 흐름이다. 모든 존재의 참모습은 자연과 하나가 되었을 때의 모습이다. 옛 구세주들은 자연과 하나 된 사람들이고, 사람들에게 자연과 하나가 되도록 깨우친 사람들이다. 그들은 자연의 섭리를 하느님, 하나님. 한울님, 신(神), 상제(上帝), 천(天), 도(道) 등으로 표현했다. 『노자』에는 다음의 말이 있다.

*사람은 땅을 본받고, 땅은 하늘을 본받으며, 하늘은 도를 본받고, 도
는 자연을 본받는다.*[5]

자연의 섭리가 본질이다. 사람이 본질을 찾아가는 과정을 노자는 땅,
하늘, 도, 자연으로 표현했다. 모든 존재는 자연과 연결되어 존재하므
로, 자연에서 약간씩 이탈하기도 하지만, 완전히 이탈할 수는 없다. 완
전히 이탈하면 존재할 수 없다. 모든 존재가 존재한다는 사실은 자연에
서 완전히 이탈하지 않았음을 의미한다. 자연과 하나인 존재가 완전한
존재이다. 생명체가 자연에서 이탈하면 이탈한 만큼 삶이 고달파진다.
생명체 중에 자연에서 가장 많이 이탈한 존재가 사람이다. 사람은 생명
체 중에서 가장 많이 고통을 느낀다. 오늘날 사람들이 과거의 사람들보
다 고통이 더 많은 까닭은 자연에서 더 많이 이탈했기 때문이다.

구세주들의 역할은 사람들의 고통을 해결해주는 것이었다. 고통을
해결하는 방법은 본질인 자연성을 회복하는 것이다. 오늘날의 문제를
해결하는 방법 또한 자연성을 회복하는 것으로 귀결된다. 옛 구세주들
은 자연의 섭리를 터득하여 자연성을 회복한 사람들이므로, 우리가 오
늘날의 문제를 해결하기 위해서는 먼저 자연의 섭리를 터득하는 데서
시작해야 한다. 그러나 자연의 섭리를 터득하는 것은 너무 어렵고, 자
연성을 회복하는 방법 또한 매우 어려우므로 난관에 부딪힐 수밖에 없
다. 만약 자연의 섭리를 설명해 놓은 자료가 있다면 그 자료를 활용하
여 첫 번째 난관을 무난히 통과할 수 있을 것이다. 만약 자연의 섭리를

---

5) 人法地 地法天 天法道 道法自然(『老子』 제25장)

설명해 놓은 자료가 있다면, 옛 구세주들이 만들어낸 해결책들은 옛 구세주들이 그 자료를 활용했건 아니건 간에 그 자료에서 벗어나 있지 않을 것이다.

최치원 선생은 옛 한국에 현묘한 도가 있다고 했다.

나라에 현묘한 도가 있으니, 풍류라 한다. 가르침을 일으키는 근원이다. 그 내용은 선사(仙史)에 자세하게 기록되어 있다. 실로 그 안에 유불도의 세 가르침을 포함하는 것으로, 모든 생명체에 접하여 참되게 바꾼다. 이를테면 집에 들어와서는 부모에게 효도하고 밖에 나가서는 나라에 충성하는 것은 노나라 사구였던 공자의 뜻이고, 무위의 일에 처하고 말 없는 가르침을 행하는 것은 주나라 주사였던 노자의 핵심 사상이며, 모든 악을 짓지 않고 모든 선을 받들어 행하는 것은 천축국의 태자였던 석가모니가 교화한 내용이다.[6]

옛 한국에 있던 현묘한 도가 유학·불교·도가철학을 포함한다는 말은 유학·불교·도가철학이 세상에 나온 뒤에 그 내용을 종합하여 완성했음을 뜻하는 것이 아니다. 옛 한국에 있던 현묘한 도는 유학·불교·도가철학이 세상에 나오기 전부터 있었다. 유학·불교·도가철학이 세상에 나오기 전부터 있던 현묘한 도가 유학·불교·도가철학을 포함한다는 말은 옛 한국의 현묘한 도가 유학·불교·도가철학의 바탕임을 뜻하는 것이다. 유

---

6) 國有玄妙之道 曰風流 設敎之源 備詳仙史 實乃包含三敎 接化群生 且如 入則孝於家 出則忠於國 魯司寇之旨也 處無爲之事 行不言之敎 周柱史之宗也 諸惡莫作 諸善奉行 竺乾太子之化也『삼국사기』「新羅本紀」〈眞興王 37年條〉

학을 완성한 공자와 불교를 완성한 석가모니와 도가철학을 창시한 노자가 옛 한국의 현묘한 도를 참고했건 안 했건 간에, 그들이 자연의 섭리를 터득하여 그들의 사상을 완성했다면 옛 한국에 있던 현묘한 도에서 벗어나지 않는다. 최치원 선생이 옛 한국의 현묘한 도가 유학·불교·도가철학을 포함한다고 한 말은 그런 뜻이다. 그러하므로 최치원 선생이 오늘에 계신다면 기독교를 위시한 여러 가르침도 모두 옛 한국의 현묘한 도에 포함된다고 말했을 것이다.

최치원 선생이 말한 그 현묘한 도가 오늘날에 전해진다면 우리가 오늘날에 필요한 해결책을 만드는 데 매우 좋은 자료가 될 것이다. 우리가 옛 한국의 현묘한 도를 참고하면 옛 성현들처럼 처절한 노력을 기울이지 않더라도, 오늘에 맞는 구체적인 해결책을 어렵지 않게 찾아낼 수 있을 것이다.

5. 한국 고대 사상의 중요성

최치원 선생이 말한 옛 한국의 현묘한 도가 무엇일까? 현묘한 도를 찾는 간절한 심정이 되어 주위를 바라볼 때, 비바람 속에서 꺼질 듯 꺼질 듯하면서 꺼지지 않고 깜빡거리며 전해오고 있는 등불 같은 귀중한 자료가 있다. 바로 『환단고기』이다. 『환단고기』에 들어있는 『천부경』과 「삼일신고」의 내용은 심오하고 오묘하다. 우리는 『환단고기』를 철저하게 분석할 필요가 있다. 『천부경』과 「삼일신고」의 내용을 잘 음미해보면 그 내용이 옛 한국의 현묘한 도라는 결론을 내는 데 주저할 수 없다. 최치원 선생이 『천부경』과 「삼일신고」의 내용을 공개하지 않은 까닭은 당시 『선사(仙史)』에 기록되어 있었기 때문이다. 만약 최치원 선생이 『선사』에 있는 내용을 자세히 기록했다면 최치원 선생의 기록도 사라졌을 것이다.

　『천부경』과 『삼일신고』의 내용이 옛 한국의 현묘한 도인지 아닌지에 대해 논란할 필요는 없다. 『천부경』과 『삼일신고』의 내용이 자연의 섭리를 설명한 자료라는 확신이 들기만 하면, 그 자체로 너무나 귀중한 자료임이 확실하기 때문이다.

　『천부경』은 하나에서 시작하고 하나에서 끝난다.

하나에서 시작하지만, 시작하는 것이 없다. ··· 하나는 마치지만 마치는 것이 없다. 하나인 본질 그 자체이므로.[7]

　『천부경』은 하나인 본질을 끝까지 놓치지 않는다. 하나에서 시작하지만 시작함이 없고, 하나에서 마치지만 마침이 없다는 설명은 석가모니가 말하는 불생불멸 이론의 바탕이 되고, 하나는 마치지만 마침이 없다는 설명은 예수가 말하는 영생 이론의 바탕이 된다.

　형체 있는 모든 것은 각각 독립된 개체로 보이지만, 본질에서 보면 모두 하나인 본질 그 자체이다. 한국인들은 예로부터 본질을 중시했다. 본질은 눈에 보이지 않지만, 없는 것이 아니다. 본질은 나무의 뿌리와 같다. 나무에는 줄기와 가지와 수많은 잎이 있지만, 모두 뿌리에서 시

---

7)　一始無始一 ··· 一終無終一

작되었고 여전히 뿌리에서 벗어나지 않는다. 한국인들은 지금도 족보를 만든다. 본질을 중시하는 특징이 나타나는 한 단면이다. 이러한 특징은 한국인의 언어습관에서도 나타난다. 본질에서는 나와 네가 하나이므로, 나와 너를 구별할 수 없다. 나와 너를 구별할 수 없으므로, '나'라는 말과 '너'라는 말을 쓰기보다 '우리'라는 말을 많이 쓴다. 친구에게 말을 할 때, '내 집에 가자'라고 하기보다는 '우리 집에 가자'라고 하고, '내 어머니'라고 하기보다는 '우리 어머니'라고 말을 한다. 연인이 사랑하는 사람에게 사랑한다고 말할 때, 'I love you'에 해당하는 말을, '나는 당신을 사랑합니다.'라고 말하지 않고, '사랑합니다.'라고만 말한다. '내가 너를 사랑합니다.'라고 하는 말에는 '나'와 '네'가 분리되어 있음이 전제되어 있지만, 그냥 '사랑합니다.'라고 하는 말에는 애초에 나와 너의 분리가 없다. 말하자면, 사랑을 한다는 것은 나와 네가 하나 되는 것이다. 나와 네가 분리되어 있으면 아무리 사랑을 해도 외로움이 해소되지 않지만, 사랑을 통해서 너와 내가 하나가 되면 외로움이 해소된다. 한국인의 언어습관이 이렇게 독특한 까닭은 한국인의 유전자 속에 아직도 하나인 본질을 중시하는 습성이 많이 남아 있기 때문이다. 이러한 한국인의 정서에는 오늘날 외로워진 세상 사람들의 마음을 따뜻하게 하는 요소가 들어 있다. 이것이 오늘날 한류 문화가 세계적인 붐을 일으키는 원인이다. 한국인의 정서는 한류 문화의 붐을 일으키는 것으로만 끝나면 안 된다. 피폐해진 세상 사람들의 마음을 바꾸는 위대한 사상을 만들어야 한다. 『천부경』의 하나 사상은 그 자료가 될 수 있을 것이다.

「삼일신고」에는 하나인 본질을 마음과 말씀과 몸의 세 요소로 나누어 설명한다. 마음을 성(性)으로 설명하고, 말씀을 명(命)으로 설명하며, 몸을 정(精)으로 설명한다. 본질의 세 요소를 사람에 국한해서 말하면, 마음과 기운과 몸이다. 「삼일신고」에서는 마음을 심(心)이라 하고, 기운을 기(氣)라고 하며, 몸을 신(身)이라고 했다. 본질을 세 요소로 보는 설명은 오늘날 선명하게 이해되지 않는 애매한 점들을 석연하게 이해할 수 있게 한다. 사람들은 흔히 마음이 몸을 움직이고, 몸이 마음을 움직인다고 이해하지만, 아픈 사람은 마음이 몸을 움직일 수 없다. 이러한 간단한 내용조차 분명하게 이해하기 어렵지만, 세 요소로 보면 바로 이해할 수 있다. 마음이 몸을 움직이는 것이 아니라 마음이 기를 움직이고 기가 몸을 움직이는 것이므로, 기운이 없는 사람은 마음이 몸을 움직이지 못한다. 몸이 마음을 움직이는 것도 마찬가지다. 몸에 기운이 충만하면 그 기운이 마음을 움직여 적극적으로 나서게 하지만, 몸에 기운이 없으면 그 기운이 마음을 움직여 소극적으로 대처하게 한다. '태초에 말씀이 있었다'라고 하는 기독교의 설명 또한 선명하게 이해할 수 있다. 태초에 말씀만 있는 것이 아니라 마음과 몸이 함께 있지만, 사람에게 전달되는 것이 말씀이므로 그렇게 표현한 것이다. 갓 태어난 어린아이는 어머니의 마음과 몸을 알 수 없다. 오직 어린아이가 접하는 것은 어머니의 말씀뿐이다. 「삼일신고」에서 설명하는 본질의 세 요소를 통해 우리는 그간 이해하기 어려웠던 애매한 점들을 쉽게 이해할 수 있다.

이처럼 옛 한국에 있던 본질에 관한 설명은 위기에 직면한 오늘날 해결책을 찾아내기 위해 참고할 수 있는 좋은 자료가 된다. 이를 잘 참고하면 우리는 오늘날의 문제를 해결하는 좋은 해결책을 찾아낼 수 있다.

진리의 내용을 찾아낼 수 있고, 바람직한 삶의 방법을 찾아낼 수 있으며, 제대로 된 각종의 제도를 만들어낼 수도 있다. 해결책을 찾아내는 것은 현대인의 몫이고, 우리들의 몫이며, 나의 몫이다. '나'는 특정한 사람이 아니라 독자들 모두를 지칭한다.

한국철학 연구가 침체하게 된 원인

한국철학이 이처럼 중요한데도 한국철학에 관한 연구가 아직도 침체하고 있다. 그 이유로는 오래전에서부터 최근에 이르기까지 여러 가지를 들 수 있다.

1. 주나라 때의 문화 역전

한국철학 연구가 침체한 가장 오랜 이유로는 주나라 때의 문화 역전을 들 수 있다. 본질을 중시하는 옛 한국인들은 장단점을 동시에 가지고 있다. 옛 한국인들이 가진 최고의 장점은 개인적으로는 본질에 바탕을 둔 참되고 행복한 삶을 산다는 데 있고, 국가적으로는 지상천국을 만들어 모두가 한마음이 되어 화합하면서 산다는 데 있다. 이 외에도 옛 한국인에게는 많은 장점이 있다. 영토 확장을 목적으로 이웃 나라를 침략하지는 않는다. 옛 한국인이 일으키는 전쟁은 주로 평화를 지키기 위한 전쟁과 방어를 목적으로 한 전쟁이었다. 옛 한국인들은 생명을 유지하는 방법 또한 뛰어났다. 자연은 생명력으로 충만하다. 본질에 충실한 옛 한국인은 자연의 생명력을 몸으로 터득했다. 자연과 친화하여 자연과 하나 되는 삶을 살았고, 자연 친화적인 음식을 만들어 먹었으며, 자연을 닮은 예술품을 만들었다. 한국의 건축물에는 아직도 자연을 닮은 요소들이 남아 있고, 건강을 유지하는 데 뛰어난 음식들이 아직도 전해오고 있다. 옛 한국인들이 즐겨 먹었다는 쑥과 마늘은 건강을 유지하는 데 효능이 탁월한 것으로 알려져 있다. 전통 의학도 최초의 발원지가 옛 한국이었다는 사실이 한의학자들의 연구에서 드러남으로써 한의학의 한자를 한의학(韓醫學)으로 쓰고 있다.

옛 한국인들의 장점은 그것을 뒤집어보면 그만큼 단점이 되기도 한다. 옛 한국인들이 본질을 중시했으므로 본질을 회복한 사람이 세상을 다스렸다. 한국인들은 예로부터 다스린다는 의미의 한자를 치(治)라 하지 않고, 리(理)라 했다. 리(理)는 옥에 있는 무늬를 말한다. 옥에 있는 무늬는 헝클어져 있지 않고 질서정연한 자연미를 드러낸다. 머리에서 자라나는 머리카락도 최초에 자라날 때는 질서정연하게 자란다. 그러다가 다 자란 뒤에 헝클어지므로 이를 원래의 모습으로 가지런하게 하는 것을 리발(理髮)이라 한다. 이 세상은 원래 자연이었으므로 헝클어져 있지 않고 질서정연하다. 그러한 모습으로 존재하는 세상이 지상천국이다. 이 세상은 원래 지상천국이었다. 지상천국을 옛 한국인은 홍익인간이라 했다. 홍익인간이란 모든 사람과 만물이 다 행복하게 사는 지상낙원이란 뜻이다. 이 세상은 원래 홍익인간이었지만, 사람이 살면서 타락하여 혼란해졌으므로, 사람들에게는 이 세상을 원래의 모습으로 되돌려 놓아야 하는 숙제가 생겼다. 환웅천왕이 이 세상에 온 까닭은 헝클어진 이 세상을 본래의 모습으로 되돌려놓기 위함이었다.

이 세상을 본래의 모습으로 되돌려 놓으려면 본래의 모습을 회복한 사람이 나서야 한다. 본래의 모습을 회복한 사람이 아니면 이 세상을 본래의 모습으로 되돌려 놓을 수 없다. 그런데 문제는 본래의 모습을 회복하기가 어려워서, 본래의 모습을 회복한 사람이 계속 나타나지 않는다는 데 있다. 옛 한국인들은 본래의 모습을 회복하는 방법을 계속 추구했지만, 그러나 그것이 쉽지 않았다. 본래의 모습을 회복하지 못한 사람이 지도자가 되면 세상이 다시 헝클어진다. 이점이 한국이 가진 가장 큰 어려움이다.

문제점은 또 있다. 한국인들은 본래의 모습을 회복하는 데 관심이 많으므로, 현실적인 삶의 방식을 구체적으로 정리하기 위해 전력투구하지 않는다. 근래에 김치 담그는 법을 배우기 위해 한국에 온 일본인이 있었다. 그는 김치를 잘 담그는 한국의 명인을 찾아가 김치 담그는 명인의 모습을 보고 명인에게 질문한 적이 있었다. "배추를 절일 때 소금은 몇 그램 정도 뿌려야 하나요?" 명인은 "대충"이라고 답변했다. "배추는 몇 시간 정도 절여야 하나요?" 명인은 "적당히"라고 대답했다. 그 일본인은 당혹스러웠다. 결국 그 일본인은 김치 담그는 법을 배우지 못했다.

김치 담그는 명인은 김치를 아무렇게나 대충 담그는 것이 아니다. 명인은 자연의 생명력을 터득한 사람이다. 자연의 생명력은 수치로 아는 것이 아니라, 느낌으로 안다. 자연의 생명력을 터득하지 못한 사람에게는 그 느낌이 오지 않는다. 명인이라 하더라도 제자에게 자연의 생명력을 터득하는 방법을 정확히 가르치기는 어렵다. 터득하는 것은 제자의 몫이다. 명인이 제자들에게 자연의 생명력 아무리 잘 설명해도 터득하지 못하는 제자에게는 어쩔 수가 없다. 그러므로 명인의 방식으로는 김치 담그는 법을 일반화시킬 수 없다. 큰 공장을 지어서 대량으로 생산하기도 어렵다. 명인이 담근 김치의 맛은 세상 누구도 따를 수가 없지만, 그 맛있는 김치를 대량으로 생산할 수 없으므로 산업사회에서의 경쟁에서 뒤질 수밖에 없다. 지금에도 한국에는 각 분야에서 명인이 많지만, 제자에게 전수하는 데 어려움이 있고, 대중화하는 데도 어려움이 있다. 이러한 점은 옛 한국인들에게서 전해오는 오래된 문제점이다. 한국에는 예로부터 뛰어난 지도자가 나오면 지상천국이 펼쳐지지만, 뛰어난 지도자가 이어지지 않으면 바로 혼란에 빠진다. 한국에서는 뛰어난 지도자가 없어도 살 수 있는 제도를 잘 만들어놓지 않았다. 이에 비해 이웃 나라 사람들은 뛰어난 지도자가 없어도 살 수 있는 제도를 만드는 데 익숙해 있다. 그러므로 뛰어난 지도자가 없어 한국이 혼란에 빠지면, 정치제도, 법 제도, 교육제도, 경제 제도 등의 전 분야에서 이웃 나라보다 뒤떨어지게 된다.

옛 한국인들은 본질에 충실했고, 본질 회복 방법을 계속 강조해 왔다. 본질을 깨우치는 철학이 이어졌고, 본질 회복을 위한 노래를 계속 불렀으며, 본질을 회복하기 위한 21일 간의 수련을 계속 이어왔다. 그렇게 노력했음에도 불구하고 뛰어난 지도자가 나오지 못해 때때로 혼란에 빠졌고, 그럴 때마다 이웃 나라의 침략을 받아 치명타를 입곤 했다. 한국인들은 예로부터 외침에 잘 대비하지 않았다. 한국인의 하나 사상에서는 '너 = 나'라는 등식을 만들어낸다. 본질에서 내가 너이고,

네가 나이므로 너와 나는 하나이다. 따라서 한국인들은 너를 나처럼 생각하는 습성이 있다. 남을 공격할 생각이 없는 사람은 남도 자기를 공격하지 않는다고 판단하고 안심한다. 이러한 정서로 인해 한국인에게는 불안심리가 없고, 겁이 없다.

자연에서 많이 이탈한 사람은 다르다. 본질에서 이탈하면 너와 내가 하나라고 생각하기 어렵다. 네가 나와 다르다고 판단하면 네가 나에게 무슨 짓을 할지 알 수 없으므로, 나는 너를 두려워할 수밖에 없다. 두려운 사람과 함께 사는 것은 불안하므로, 안전하게 살기 위해서 불안한 너를 제거하려고 생각하기도 한다. 옛 한국의 이웃에는 불안한 심리를 가진 사람들이 많았으므로, 옛 한국인들은 이웃 나라 사람들에게 당하곤 했다. 한국이 예로부터 이웃 나라들로부터 침략을 많이 받은 이유가 이 때문이다.

김치 장인이 만든 김치의 맛은 이웃 나라에서 김치 제조법을 수치화하여 대량 생산한 김치의 맛보다 뛰어나지만, 김치의 장인이 죽은 뒤에 장인이 뒤를 잇지 못하고, 장인이 아닌 사람이 김치를 담그면 그 맛은 이웃 나라에서 만든 김치의 맛을 당할 수 없다. 그럴 때 김치 문화의 역전이 일어난다. 한국과 중국 문화의 차이 또한 이와 같다. 한국에서 뛰어난 지도자가 계속 나오지 못해 나라가 혼란해지면 한국의 문화가 침체하여 중국의 문화와 역전되는 일이 일어난다. 이때 한국인의 치명적인 단점이 가해지면 문화의 역전에는 가속도가 붙는다. 한국인의 치명적인 단점은 본질을 회복하지 못한 한국인에게서 나타난다. 본질을 회복하지 못한 사람이 지도자가 되면 한국은 국가적으로 치명타를 입는다. 한국인의 장점은 '너 = 나'라는 등식에서 나타난다. 이 등식에서 보면 본질을 회복한 한국인은 네가 나임을 안다. 네가 나가 되면, 너의 슬픔이 나의 슬픔이 되고 너의 아픔이 나의 아픔이 되므로, 아프고 슬픈 사람을 위해 헌신한다. 너의 의견이 나의 의견이므로, 너의 의견에 경청하고 너의 의견을 받아들인다. 너의 일이 나의 일이므로 너의 일을 나의 일처럼 존중한다. 그러나 이와 반대로 본질을 회복하지 못한 한국인은 너는 나와 같아야 한다고 고집한다. 내가 아플 때는 너도 아파야 하고, 내가 슬플 때는 너도 슬퍼야 한다. 내가 아플 때는 아프지 않은 사람을 용납하기 어렵고, 내가 슬플 때는 슬프지 않은 사람을 용납하기 어렵다. 나와 다른 의견을 받아들이지 못하고, 나와 다르게 생각하는 사람을 용납하지 못한다. 단점을 가진 한국인은 자기와 다른 사람을 비판하고 무시한다. 무시당하는 사람은 무시하는 사람에게 앙심을 품고 공격할 기회를 노린다. 옛 한국인 중에노 본질을 회복하지 못한 사람들이 중국인들을 무시했을 것으로 생각된다. 한국인이 중국인을 무시한 내용은 문헌에 잘 나타나 있지 않으므로 알기 어렵지만, 후대에 일본인을 무시한 내용을 보면 미루어 짐작할 수 있다.

과거 일본은 한국인과 어울릴 때 늘 한문으로 필담했고, 시를 지어 응대했다. 이런 과정에서 일본인은 한문의 작문 능력과 시작(詩作) 능력이 열등했고, 형이상학적 철학 체계에 관한 이해가 부족함으로 인해 늘 저자세를 취할 수밖에 없었다. 에도시대 때 있었던 문화 교류의 한 장면을 기록한 나카이 치쿠잔(中井竹山 : 1730~1804)의 『초모위언(草茅危言)』에 보면 문화의 수준 차이를 잘 이해할 수 있다.

조선은 무력을 가지고 우리를 압박할 일은 어차피 없으므로, 학문적인 것을 가지고 와서 우리를 능멸하려는 것이니, 그것은 신쓰쿠슈(新筑州)의 다섯 가지 일에서 대략 설명한 바와 같다.

우리나라의 학문이 어두운 것을 틈타 우리가 잘 모르는 것을 능멸하고, 행차 도중 순시한다는 깃발, 청도(淸道)라는 깃발, 명령을 내린다는 깃발 등을 세우는 것이, 무례하기 짝이 없다. 순시란 국내를 순시하는 것이다. 그러므로 우리나라를 속국으로 여기고 사신을 파견하여 순시한다고 생각하는 것이다. 청도(淸道)란 길을 청소하는 것이다. 행차하는 동안 제후들이 정성껏 길을 청소하고 접대하는 것에 사례해야 함에도, 오히려 사신들이 가는 길을 미리 청소하라고 명령하는 것은 무슨 일인가? 명령하는 깃발은 우리 일본에 대해서 '명령을 잘 들어라.'라고 하는 것이다. 청나라에서 조선에 사신이 갈 때 그렇게 해야 할 것을 그들이 우리나라에 대해서 일삼아 공공연하게 우리나라를 능욕하는 것은 증오스럽기 짝이 없다. ··· 〈중략〉 ··· 조선에서 온 통신사는 학문적인 것을 주장하기 때문에 상당히 재주가 있는 사람을 뽑아서 보내는 것으로 보인다. 그러므로 행차 중에 묵는 각 객사에서 유학자들이 시문을 주고받으며 필담하는 일이 많다. 우리나라의 많은 유학자 중에는 학문 수준이 낮은 자도 있고, 별로 신통찮은 자도 간혹 있어 딱한 노릇이다. 그들은 그렇다 치고 교토, 도쿄, 오사카 등의 대도시에서는 평민들까지도 기회만 닿으면 객사에 들어가 시문을 주고받지만, 관에서 금지하지 않으므로 신중하지 못한 무리가 앞을 다투어 찾아가기 때문에, 객사에 사람이 붐벼 시장바닥처럼 되었다. 그들은 엉성한 문장과 조악한 시를 가지고 사신들을 만나기도 하고, 심지어는 완전한 초보자들이 백일 전부터 시 한 수를 지어 그것을 가슴에 품고 가서 무릎으로 기어서 머리를 조아리고 꺼내 보인 뒤 화답 시 한 수를 얻어서 평생의 영광으로 여기며 남에게 자랑하기도 하니, 가소로운 일이다. 이러한 지경이 되고 보니, 조선 통신사들은 사람들을 멸시하여 수십 편의 시를 앞에 쌓아놓고 붓 가는 대로 그 화답 시를 쓰는데, 그 중에는 음률이 틀린 것도 있고 운자가 틀린 것도 있다. 때로는 먹물이 튀어 더럽혀진 채로 팽개치듯 던져 주는 것을 무릎걸음으로 엉금엉금 기어가서 그것을 줍고는 가슴 속에 품고 물러나는 광경이 벌어지는 등 보기에 딱한 것이 한둘이 아니다. 또 그들이 화답 시를 쓸 때는 문진 대신 무릎을 앞으로 내밀어 발꿈치로 종이를 누르는 등 어지럽기 짝이 없는데도, 감사하게 그 글씨를 받들고 있으니 일본의 큰 수치라 아니할 수 없다. 나는 보력(寶曆) 연간에 사신들이 묵는 여관에 들렀다가 위와 같은 것을 목격했다.[8]

『초모위언(草茅危言)』에 기록된 위의 문장을 보면 한국 통신사들이 일본인을 무시한 실상을 알 수 있다. 이처럼 외국인을 무시하는 한국인의 작태는 옛날 중국보다 문화가 앞섰던 시기에 중국인에 대해서도 충분히 있었던 것으로 짐작할 수 있다.

무시당한 사람은 앙갚음을 위해 기회를 노린다. 중국인들은 무력을 증강하여 수시로 한국을 침략했고, 한국은 그로 인해 무너졌다. 한국인은 내부에서 분열이 일어나면 뿔뿔이 흩어져 힘이 분산된다. 또 한국인

---

8) 『한국의 위기와 선택』 (이기동 저, 2004년 동인서원 간행) 207~208쪽에서 인용

은 예로부터 외국의 침략에 잘 대비하지 않았으므로, 힘이 분산된 상태에서 외부로부터 침략을 받으면 쉽게 무너진다.

한국을 무너뜨린 중국인들은 한국인들을 야만인으로 취급하기 시작했다. 우선 한국인을 지칭하는 말인 이(夷)의 의미부터 바꾸었다.

(1) 한국인에 대한 호칭의 의미 변화

한국인에 대한 옛 호칭은 이(夷)였다. 이(夷)는 큰 사람을 의미하는 대(大)와 활을 의미하는 궁(弓)을 합한 글자이므로, 키 크고 활 잘 쏘는 사람이란 뜻이지만, 중국인은 이(夷)의 의미를 오랑캐란 뜻으로 바꾸었다. 이(夷)에 대한 의미 변화가 일어난 것은 훗날 일본인들이 한국인을 지칭하는 조센징(朝鮮人)이란 말의 의미를 바꾼 것을 보면 충분히 짐작하고도 남는다. 에도시대의 일본인에게 조센징은 부러운 사람이었다. 만나서 글씨라도 하나 받으면 가문의 보배가 될 정도이었으므로 조센징을 만나는 것은 영광이었다. 그러던 것이 나중에 한국인에게 앙심을 품고 한국을 침략하고 점령한 뒤에는 조센징의 의미를 야만인이라는 뜻으로 바꾸었다. 이를 보면 옛 중국인들이 이(夷)의 의미를 바꾼 것을 충분히 짐작할 수 있다. 이(夷)는 원래 키가 크고 활을 잘 쏘는 사람이란 뜻이었지만, 훗날 동방에 살고 있었던 사람을 지칭하는 호칭이 되었다. 『이아(爾雅)』라는 책에는 네 변방에 살고 있던 사람들을 다음과 같이 지칭하고 있다.

구이(九夷)·팔적(八狄)·칠융(七戎)·육만(六蠻)을 사해라 한다.[9]

---

9) 九夷 · 八狄 · 七戎 · 六蠻 謂之四海(『爾雅』 釋地)

고대 중국에서는 동방에 살고 있었던 사람을 이(夷)라 부르고, 남방에 살고 있었던 사람을 만(蠻)이라 부르고, 북방에 살고 있었던 사람을 적(狄)이라 부르고, 서방에 살고 있었던 사람을 융(戎)이라 했다.

일본의『대한화사전(大漢和辭典)』에는『설문통훈정성(說文通訓定聲)』을 참조하여, 이(夷)의 여러 뜻 중에서 첫 번째의 뜻으로 설명한 것이 인(仁)이다. 고대에는 이(夷)와 인(仁)이 동의어로 쓰였다. 이(夷)라는 글자 대신에 인(仁)이라 써도 되고, 인(仁)이라는 글자 대신에 이(夷)라 써도 되었다는 뜻이다. 인(仁)은 사람을 뜻하는 인(亻)과 둘을 뜻하는 이(二)를 합한 글자이므로, 두 사람을 뜻한다. 한국인은 혼자 잘 다니지 않고 두 사람 혹은 그 이상이 함께 다니는 습성이 있다. 오늘날도 한국인들은 식당에 식사하러 갈 때도 혼자 잘 가지 않고, 술집에 술 마시러 갈 때도 혼자 잘 가지 않는다. 이런 한국인의 습성으로 인해 한국인에 혼자 잘 다니지 않는 사람이라는 의미의 인(仁)이라는 별명이 생겼다. 이(夷)가 한국인에 대한 별명이고, 인(仁) 또한 한국인의 별명이라면, 이(夷)를 인(仁)으로 불러도 되고, 인(仁)을 이(夷)로 불러도 된다. 이러한 사실을 알고 나면 비로소 이(夷)와 인(仁)이 동의어로 쓰인 이유를 알 수 있다.

이(夷)에 대한 설명으로는 다음과 같은 여러 기록이 전해지고 있다.

갓을 쓰고 칼을 차고, 짐승을 먹이고 큰 호랑이 두 마리를 옆에 있게 한다. 그 사람들은 양보하기를 좋아하고 다투지 않는다.[10]

---

10) 衣冠帶劍 食獸使二大虎在旁 其人好讓不爭(『山海經』大荒東經條)

납월에 하늘에 제사 지내는 큰 모임을 하는데, 연일 먹고 마시며 노래하고 춤을 추었다. 이름을 영고(迎鼓)라고 했다.[11]

나라에 있을 때 옷은 흰색을 숭상했다.[12]

상(喪)을 입을 때는 남녀가 다 흰옷을 입었다.[13]

전쟁이 있으면 또한 하늘에 제사 지냈다. 그리고 소를 잡아서 그 발굽으로 길흉을 점쳤다.[14]

왕제에 이르기를, 동방을 이(夷)라 부른다고 했다. 이(夷)란 뿌리이다. 어질면서 삶을 좋아하는 것을 말하니, 만물이 땅에 뿌리박고 생겨나기 때문에 천성이 부드럽고 순하다. 그래서 도(道)로써 다스리기 쉽다. 군자들이 죽지 않고 사는 나라에 이른다.[15]

활을 잘 쏘았으니, 사람을 쏘기만 하면 모두 명중한다.[16]

---

11) 以臘月祭天大會 連日飲食歌舞 名曰迎鼓(『後漢書』夫餘國條)

12) 在國 衣尚白(『三國志』魏志 東夷傳 夫餘條)

13) 居喪 男女皆純白(『三國志』魏志 東夷傳 夫餘條)

14) 有軍事亦祭天 殺牛以蹄占其吉凶(『後漢書』夫餘條)

15) 王制云東方曰夷 夷者柢也 言仁而好生 萬物柢地而出 故天性柔順 易以道御 至有君子不死之國(『後漢書』東夷列傳)

16) 善射 射人皆入(『三國志』魏書 東夷傳 挹婁條)

삼베를 만들었고, 누에를 쳐서 비단을 만들었다. 새벽에 별자리를 보고 그해의 풍흉을 예측하였으며, 주옥을 보배로 삼지 않았다. 늘 시월의 절기에 하늘에 제사 지내며, 밤낮으로 음주와 가무를 했는데, 이름을 무천(舞天)이라 했다. 또 호랑이에게 제사 지내면서 신으로 여겼다.[17]

늘 오월 파종이 끝나면, 귀신에게 제사 지내고 무리를 지어 노래하고 춤추며 술을 마시는데, 밤낮을 쉬지 않았다. 그 춤은 수십 인이 함께 일어나 서로 뒤를 따르면서 땅을 밟으며 몸을 굽히기도 하고 위를 보며 펴기도 하는데, 손발이 서로 응하는 모습이 마치 목탁을 가지고 춤을 추는 탁무(鐸舞) 같기도 했다. 시월 농사가 끝날 때도 또한 그렇게 했다.[18]

동이족에 관한 위의 기록들을 종합하면, 동이족의 특징은 다투기 싫어하는 것, 제사를 많이 지내는 것, 음주 가무를 좋아하는 것, 흰색을 숭상하는 것, 하늘을 받드는 것, 활을 잘 쏘는 것, 순박한 것, 호랑이를 산신으로 섬기는 것 등이다. 이는 오늘날 우리 한국인들의 습성이나 마음과 일치한다.

한국을 침략한 중국인들은 한국인을 지칭하는 이(夷)라는 호칭의 의

---

17) 有麻布 蠶桑作綿 曉候星宿 豫知年歲豊約 不以珠玉爲寶 常用十月節祭天 晝夜飮酒歌舞 名之爲舞天 又祭虎以爲神(『三國志』 魏書 東夷傳 濊條)

18) 常以五月下種訖 祭鬼神 羣聚歌舞 飮酒晝夜無休 其舞 數十人俱起相隨 踏地低昂 手足相應 節奏有似鐸舞 十月農功畢 亦復如之(『三國志』 魏書 東夷傳 韓條)

미를 변화시킨 뒤 옛 한국인을 바보로 만드는 작업에 들어갔다.

(2) 옛 한국인 바보 만들기 작업

옛 동이족의 일부가 서쪽으로 진출하여 중원을 지배한 나라가 은(殷)이었지만, 은은 서쪽의 화하족이 세운 주(周)에게 멸망했다. 주나라에서는 은나라 유민들을 모아 한 지역에서 살게 했는데, 그 지역에 세운 나라를 송(宋)이라 했다. 옛 한국인을 바보로 만드는 작업은 송나라 사람을 바보로 만드는 것으로 압축되었다. 송나라 사람을 바보로 만드는 것은 옛 한국인 전체를 바보로 만드는 작업의 일환이었다.

송나라 사람 중에 자기 밭에 있는 곡식의 싹이 덜 자란 것을 걱정하여 뽑아 올린 자가 있었다. 그는 헐떡거리며 집에 가서 집안사람들에게 말했다. "오늘 나는 피곤하다. 곡식의 싹을 뽑아 올려서 잘 자라도록 도와주었다. 그 아들이 종종걸음으로 밭에 가 보니 곡식의 싹이 모두 죽어 있었다. (『맹자』 공손추상)

송나라 사람이 장보라고 부르는 모자를 가득 사서 월나라에 팔러 갔는데, 월나라 사람들은 단발머리에다 몸에 문신하고 있었으므로 모자는 쓸모가 없었다. (『장자』 소요유)

송(宋)나라 사람 중에 밭을 가는 사람이 있었다. 밭 가운데 나무그루터기가 있었는데, 숲에서 갑자기 토끼 한 마리가 뛰어나와 그루터기에 부딪혀 목이 부러져 죽었다. 농부가 이것을 본 뒤에는 일하지 않고 매

일 그루터기 옆에 앉아서 토끼가 뛰어나오길 기다렸다. 그러나 토끼는 두 번 다시 나타나지 않았고, 그 사이에 밭이 황폐해졌다. 그 농부는 온 나라의 웃음거리가 되었다. (『한비자』 오두편)

송나라가 초나라와 홍이라는 강가에서 전쟁하는데, 송나라 군사가 전투태세를 갖추고 기다리고 초나라 군사가 강을 건너고 있을 때, 사마가 말했다. "적군의 수는 많고 우리 군의 수는 적으니, 강을 다 건너오기 전에 공격합시다." 양공이 말하기를 "불가하다." 초나라 군사가 다 건너왔으나 아직 대오를 갖추기 전에 사마가 또 말했다. "이제 공격합시다." 양공은 또 말했다. "아직 안 된다." 하고 허락하지 않았다. 적군이 대오를 다 갖추었을 때 공격했다가 송나라 군대가 패했다. (『춘추좌전』 희공 22년)

송나라 사람을 바보로 취급하는 것은 동이족 전체를 바보로 취급하는 것이다. 춘추전국시대의 사람들은 동이족을 지칭하는 이(夷)라는 글자의 뜻을 야만인이라는 의미로 바꾸었다. 중국인들이 이(夷)라는 글자의 의미를 오랑캐로 풀이하는 것과 송나라 사람을 바보로 만드는 것은 일맥상통한다. 이(夷)가 갑골문에 노예라는 뜻으로 쓰였다는 연구 결과가 있는데, 만약 그렇다면 동이족을 바보로 취급하는 작업은 갑골문이 널리 쓰였던 은나라 말기에 시작된 것으로 봐야 할 것이다.

(3) 중국 중심의 고대 문화 정리

중국에서 한국인을 바보로 만드는 작업이 널리 퍼지고 나면, 옛 한국

문화의 우수성에 대한 평가도 사라진다. 주나라에서는 옛 문화를 중국 중심으로 기록했다. 옛 단군조선의 문화를 삭제하고, 고대 문화의 계통을 요순에서 하나라, 은나라, 주나라로 이어지는 중국 중심으로 정리했다. 오늘날 동아시아 문화와 사상을 연구하는 학자들은 요의 당나라, 순의 우나라, 우가 세운 하나라, 탕이 세운 은나라, 문왕이 세운 주나라로 이어지는 나라들이 각각의 시대에 동아시아 대륙 전체를 대표하는 나라로 생각하곤 하지만, 그것은 중국인의 기록에 의해 일으킨 착각이다. 특히 요의 당나라나 순의 우나라는 큰 나라가 아니었다.

또한 중원을 차지한 나라가 하·은·주로 이어지지만, 이 중에서 은나라는 화하족이 세운 나라가 아니라, 동이족이 세운 나라였다. 그런데도 후대에는 은나라를 중국의 역사 속에 편입했다.

(4) 공자의 출현에 의한 문화 역전

공자는 주나라에서 중국 중심으로 정리한 문학·사학·철학을 하나의 체계로 집대성하여 학술 문화면에서 금자탑을 쌓았는데, 그로 인해 옛 한국문화와 중국문화의 수준이 완전히 역전되었다. 옛 한국인들은 형이상학적 성격이 강한 단일한 문화로 일관했으므로 큰 변화와 발전을 하지 못했으나, 화하족이 중심이 된 중국에서는 중원에서 동부지역에 있던 동이족의 형이상학적 성격의 철학과 서부지역에 있던 화하족의 형이하학적 성격의 철학이 때로는 충돌하여 혼란을 일으키고 때로는 융합하여 조화와 안정을 취하면서 발전했으므로, 공자가 유학을 집대성한 시점에 이르러서는 문화의 수준이 완전히 역전되었다. 옛 한국인이 주도했던 고조선은 은나라 말기부터 침체를 거듭하다가 공자 때에 이르러서 국가 체제를 제대로 갖추지 못했고, 문화도 변변하게 유지하지 못했으므로, 공자가 학술사상을 정리하기 위해서는 중국 중심의 자료를 활용할 수밖에 없었다.

공자는 중국 중심의 자료를 근거로 중국의 문학·사학·철학 등을 정리했으나, 옛 한국문화가 중국문화의 발원지임을 암시했고, 옛 한국문화 전통을 고수하기도 했다.

공자가 도를 펼치려고 노력했으나 뜻대로 되지 않자, 허탈한 심정을 다음과 같이 표현한 바 있다.

도가 행해지지 않는구나. 뗏목을 타고 바다에 떠버릴까 보다.[19]

뜻을 이룰 수 없을 때 떠나버리고 싶은 심정은 누구에게나 있다. 공자도 어딘가 떠나버리고 싶었다. 뗏목을 타고 바다에 뜨면 한반도 아니면 랴오닝성 언저리에 닿을 것이다. 공자가 동쪽에 있는 바다에 뜨려고 한 이유는 다음의 말을 참고할 때 그 이유를 쉽게 짐작할 수 있다.

공자께서 구이(九夷)에 가서 살고자 하셨다. 이를 안 어떤 사람이 물었다. "거기는 누추한 곳인데, 어떻게 하시렵니까?" 공자께서 말씀하셨다. "그곳에는 군자들이 살고 있으니, 어찌 누추함이 있겠는가!"[20]

구이(九夷)는 동이족이 살던 지역이다. 동이족들은 오래전부터 문화

---

19) 子曰 道不行 乘桴浮于海(『論語』公冶長篇)
20) 子欲居九夷 或曰陋 如之何 子曰君子居之 何陋之有(『論語』子罕篇)

국을 만들어 살았다. 3897년에서부터 환웅천왕이 다스리던 배달국이 있었고, 단군이 다스리던 조선이 있었으나, 공자가 생존했던 춘추시대에는 나라가 침체하여 동이족들이 여러 부족으로 흩어져 살고 있었기 때문에 구이(九夷)라는 호칭으로 불리고 있었다. 적호(翟灝)는 『사서고이(四書考異)』에서 『산해경(山海經)』의 '해외의 동방에 군자의 나라가 있으니 그 나라 사람들은 다 옷을 입고, 갓을 쓰고, 칼을 차며, 사양하기 좋아하여 다투지 아니한다.'라는 말을 인용하여, 군자를 동이인(東夷人)으로 해석했다. 유보남(劉寶楠)은 『논어정의(論語正義)』에서 "공자가 구이에서 살고 싶다고 했을 때의 이(夷)와 공자가 뗏목을 타고 떠나고 싶다고 했을 때의 목적지가 모두 조선을 지칭한다."라고 했다. 이에서 본다면, 『산해경(山海經)』에서 지칭한 것처럼, 옛 한국인은 오랜 옛적부터 군자로 살아온 것임을 알 수 있다.

　공자가 군자들이 사는 동이족의 마을에 가서 살고 싶어 한 구이의 지역은 군자들이 사는 곳이다. 공자의 목표는 사람들에게 군자가 되도록 가르치는 것이었다. 공자가 목표로 삼았던 군자는 추상명사가 아니다. 군자는 구이에 사는 사람을 지칭한다. 이에서 보면, 동이족이 사는 구이가 공자 사상의 발원지임을 알 수 있다.

　공자의 마음의 고향인 구이는 예로부터 일컬어져 왔던 '군자국'임에 틀림없다. '군자국'은 과연 어디일까? 류승국 교수의 논증에 따르면, '군자국'은 한반도 서북부 구월산 일대로 판명된다.[21] '군자국'이 한반도 서북부의 구월산 일대라면 공자가 뗏목을 타고 바다에 뜨고 싶다고

---

21) 류승국 교수는 그의 박사학위 논문 『儒學思想 形成의 淵源的 探究』에서 君子國을 구월산 근처의 한반도 서북부에 있었던 나라, 즉 檀君朝鮮임을 논증한 바 있다.

한 말과도 잘 조응이 된다.[22] 신용하 교수는 『단군조선 문명의 사회사』(신용하 저, 2018년 지식산업사 간행)에서 단군조선 문화의 발원을 남한강 유역과 금강 상류 지역으로 보았다. 만이천 년 전에 빙하기의 혹독한 추위 때문에 북위 40도 이북 지역 사람들이 전멸하고, 비교적 따뜻한 남한강 유역의 동굴과 금강 상류의 동굴에서 추위를 피하고 살아남은 사람들이 한국 민족이라고 주장한다. 그의 주장에 따르면, 기후가 따뜻해진 뒤에 한국 민족은 동굴에서 나와 북상하여 압록강 유역에서 단군조선이 자리 잡았고 그 뒤 다시 북상하여 오늘날 중국의 동북 지역으로 진출했다고 주장한다. 두 연구자의 학설을 참고하면, 공자가 그토록 가고 싶어 했던 구이는 한강 유역에서 평양과 오늘날 중국의 동북에 이르는 지역으로 추론할 수 있다.

공자는 검은 옷을 입고 문상하지 않았다는 기록이 『논어』에 나온다.[23] 공자가 검은 옷을 입고 문상하지 않았다고 한 말에는 다른 사람들은 검은 옷을 입고 문상했다는 것과 공자는 흰옷을 입고 문상했다는 의미가 내포된다. 『논어』에는 또 공자가 고수레하는 풍속을 유지했다는 기록이 나온다.[24] 문상 때 흰옷을 입는 것, 고수레하는 것 등은 옛 한

---

22) 劉寶楠의 『論語正義』에는 '子欲居九夷'와 '乘桴浮海'를 모두 朝鮮을 지칭하는 것이라 했다.

23) 『논어』에 羔裘玄冠 不以弔라는 말이 나온다. 검은 양가죽으로 만든 갖옷과 검은 관을 쓰고 문상하지 않았다는 말인데, 이 말에는 다른 사람들은 검은 옷이나 검은 관을 쓰고 문상했다는 뜻이 있고, 또 흰옷을 입고 문상했다는 뜻이 있음을 알 수 있다.

24) 『논어』에 雖疏食菜羹 瓜祭 必齊如也(『論語』鄕黨)라는 말이 나오는데, 주자는 瓜를 必의 오자로 보아 "비록 거친 밥과 나물 국을 먹을 때도 반드시 제사를 지내되 반드시 마음을 가다듬었다."라고 해석했지만, 맥락이 통하지 않는다. 이는 옛 한국의 전통인 고수레로 보아야 한다.

국인의 습속이었다.

공자는 유학의 발원지가 옛 한국인들이 살던 곳이었음을 밝히고, 옛 한국인들의 습속을 부분적으로 이어가고 있었지만, 그런 내용은 그의 위대한 업적에 가려져 크게 드러나지 않았다. 주나라 때부터 옛 한국인의 문화와 중국 문화가 역전되고, 공자가 집대성한 사상의 내용이 중국 중심으로 정리되었으므로, 한국 철학은 활발하게 연구될 수 없었다.

2. 한(漢)나라 영토 확장에 따른 위축

중국 한나라 때에 이르러 중국의 팽창정책으로 중국의 영토가 동서남북으로 크게 확장되었고, 그로 인해 옛 한국의 세력이 많이 위축되었다. 한나라 때는 중화사상이 크게 대두되어 옛 역사를 완전히 중국 중심으로 정리했다. 그 대표적인 역사 기록이 사마천이 기록한 『사기(史記)』이다. 『사기』는 중국을 중심으로 기록한 세계사이다. 『사기』의 조선열전(朝鮮列傳)에는 단군의 옛 조선에 관한 기록을 생략하고 위만의 조선에 관한 기록만 남아 있고, 『한서(漢書)』의 조선열전에는 중국이 옛 한국 땅으로 들어와 낙랑, 진번(眞蕃), 임둔(臨屯), 현도(玄菟)의 사군을 설치했다는 기록이 나온다. 이를 보면 중국 한나라 때 한국이 많이 침체했음을 알 수 있다. 한나라 때 등장한 한국의 고구려, 백제, 신라의 삼국에서는 국가 체제와 경영방식을 중국의 방식으로 바꾸었고, 중국의 문헌을 주로 사용했으므로, 옛 조선의 역사와 철학사상, 문화 등에 관한 연구가 활발하지 못했다.

고려 시대 사람들은 철학적 갈증을 불교를 통해서 해소했으므로 우리 고유의 사상과 문화에 관심을 크게 가지지 못했다. 고려 시대 말기까지는 한국 옛 역사와 문화에 관한 기록이 다수 남아 있었으나, 사람들의 관심이 불교로 기울어짐에 따라 우리 고유 사상과 문화에 관한 연구는 활발하지 못했다.

3. 조선 시대의 고대 자료 말살

조선 태조 이성계가 고려를 멸망시키고 왕위에 올라 조선을 건국했으나 덕의 부족으로 인해 백성들의 지지를 받지 못했다. 개성의 선비들이 강력하게 반발했으므로 개성의 선비들에게 과거 시험의 기회를 박탈했다. 개성의 선비들은 상업 외에 할 수 있는 일이 없어 상인이 되었다. 선비들은 산에 숨어 문을 닫고 나오지 않았는데, 그런 동네를 두문동(杜門洞)이라 불렀다. 두문동이 한두 군데가 아니었다. 백성들의 지지를 받지 못하면 나라를 다스릴 수 없다. 궁지에 몰린 이성계는 정권을 유지하기 위해 명나라의 힘을 빌리는 방법을 택했다. 명나라의 힘을 빌리는 가장 강력한 방법은 명나라의 제후국이 되는 것이었다. 태조 이성계는 조선이 명나라의 제후국이 되는 조건으로 도움을 청했으나 처음에는 거절당했다.

『태조실록』 2권, 태조 1년 11월 27일에 있는 다음의 글에서 보면 명나라는 처음에 조선의 일에 관여하는 것을 원하지 않았던 것으로 보인다.

우리 중국은 강상(綱常)이 있어 역대의 천자가 서로 전하여 지키고 변경하지 않는다. 고려는 산이 경계를 이루고 바다가 가로막아 하늘이 동이(東夷)를 만들었으므로, 우리 중국이 통치할 바는 아니다.

태조의 목적은 빨리 왕권을 안정시키는 것이었으므로, 우선 국호를 정하는 것까지도 명나라의 뜻을 따라야 명나라에 인정받을 수 있다고 여겼던 듯하다. 당시 명나라에 요청한 글은 다음과 같이 『조선왕조실록』에 있는 『태조실록』 태조 1년 11월 29일 조에 실려 있다.

배신(陪臣) 조임(趙琳)이 중국 서울로부터 돌아와서 삼가 예부(禮部)의 자문(咨文)을 가지고 왔는데, 그 자문에, '삼가 황제의 칙지를 받들었는데 그 내용에, 이번 고려에서 과연 능히 천도(天道)에 순응하고 인심에 합하여, 동이(東夷)의 백성을 편안하게 하고 변방의 흔단(釁端)을 발생시키지 않는다면, 사절(使節)이 왕래하게 될 것이니, 실로 그 나라의 복이다. 문서가 도착하는 날에 나라는 어떤 칭호로 고칠 것인가를 빨리 달려와서 보고할 것이다.' 했습니다. 삼가 간절히 생각하옵건대, 소방(小邦)은 왕씨(王氏)의 후손인 요(瑤)가 혼미(昏迷)하여 도리에 어긋나서 스스로 멸망하는 데 이르게 되니, 온 나라의 신민들이 신을 추대하여 임시로 국사를 보게 했으므로 놀라고 두려워서 몸 둘 곳이 없었습니다. 요사이 황제께서 신에게 권지국사(權知國事)를 허가하시고 이내 국호(國號)를 묻게 되시니, 신은 나라 사람과 함께 감격하여 기쁨이 더욱 간절합니다. 신이 가만히 생각하옵건대, 나라를 차지하고 국호(國號)를 세우는 것은 진실로 소신(小臣)이 감히 마음대로 할 수가 없는 일입니다.

조선(朝鮮)과 화녕(和寧) 등의 칭호로써 천총(天聰)에 주달(奏達)하오니, 삼가 황제께서 재가(裁可)해 주심을 바라옵니다.

태조는 명나라 황제에 대해 신(臣)이라는 호칭을 쓰며 최대한 낮은 자세로 국호를 요청했고, 명나라로부터 조선으로 선택하라는 답문을 받았으며, 태조 2년 3월 9일에는 국호를 승인한 은혜에 사례하는 표문을 올렸다.

황제의 은혜가 한없이 넓고, 황제의 훈계가 정녕(丁寧)하시오니, 온 나라 사람들이 함께 영광으로 여기오며, 자신을 돌아보고 감격함을 알겠습니다. 삼가 생각하옵건대, 다행히 밝은 세상을 만나 먼 곳의 임시 군장(君長)으로 있으면서, 일찍이 털끝만 한 도움도 없었으므로 다만 천일(天日)만을 우두커니 바라볼 뿐이었습니다. 지난번에 천한 사신[賤介]이 돌아오매 특별히 천자의 명령이 내리심을 받았사온데, 나라 이름을 마땅히 고쳐야 할 것임을 지시하여 빨리 달려와서 보고하기를 명했으니, 신(臣)은 나라 사람들과 더불어 감격함을 견디지 못하겠습니다. 간절히 생각하옵건대, 옛날 기자(箕子)의 시대에도 이미 조선(朝鮮)이란 칭호가 있었으므로, 이에 아뢰어 진술(陳述)하여 감히 천자께서 들어주시기를 청했는데, 유음(兪音)이 곧 내리시니 특별한 은혜가 더욱 치우쳤습니다. 이윽고 백성을 다스리라는 말로써 경계하시고, 또 후사(後嗣)를 번성하게 하라는 말로써 권장하시니, 깊이 마음속에 느껴서 분골쇄신(粉骨碎身)이 되더라도 보답하기 어렵겠습니다. 이것이 대개 구중궁궐(九重宮闕)에서 천하를 다스리면서 만리(萬里) 밖의 일을 환하게 보시어, 신(臣)이 부지런히 힘써 조심함을 살피시고, 신이 성실하여 딴마음이 없음을 어여삐 여기시어, 이에 소방(小邦)에게 새 국호(國號)를 얻게 했던 것입니다. 신은 삼가 마땅히 번병(藩屛)이 되어 더욱 직공(職貢)의 바침을 조심하고, 자나 깨나 항상 천자에게 강녕(康寧)하시라는 축원에 간절하겠습니다.

태조는 국호를 정해준 명나라의 은혜에 감사한 뒤, 1393년에 국호를 조선으로 정하고, 1394년에 한양으로 천도했다.

태조는 명나라의 황제에게 친서를 보낼 때 자신에 대한 호칭을 국왕 대신 권지국사로 사용했는데 그에 관한 질문에 대해 다음과 같이 답변한 내용이 『태조실록』 5권, 태조 3년 1월 16일조에 실려 있다.

조선은 이미 자주권을 허락했으니 곧 정당한 조선국왕(朝鮮國王)이란 명칭을 사용해야 한다. 그런데 지금 국호는 조선으로 고치고 표문에는 아직도 권지국사(權知國事)라 했으니 무슨 까닭인지 알지 못하겠노라.' 했으니, 이것을 받자와 신의 어리석은 생각에는 국호는 명확히 내리신 바 있으므로 고쳤거니와 조선왕의 작호(爵號)는 아직 내리신 처분이 없으므로 감히 왕이라고 일컫지 못한 것입니다.

명나라에 대해 제후국의 예를 갖추면서까지 저자세를 취한 태조의 처신은 아무래도 불안한 왕권을 유지하기 위한 책략으로 보인다. 명나라가 주위의 나라들에 황제로 군림하려는 것은 확실하고 조공 형태의 외교를 취하려 한 것 또한 사실이다. 그렇다고 해서 명나라에서 요구하기도 전에 먼저 제후국의 형태를 취하면서 명나라 황제에게 엎드린 것은 명나라의 힘을 빌려 왕권을 유지하기 위한 것으로 이해할 수밖에 없다. 태조가 우리 백성을 지극히 사랑하여 혹시나 있을지도 모를 명나라의 침략을 사전에 방지하기 위한 깊은 뜻에서 내린 결정으로 생각할 수도 있을 것이지만, 수많은 반발 세력을 살상한 것으로 미루어본다면, 깊은 뜻에서 나온 결정으로 보기는 어렵다.

가만히 있는 사람에게 가서 부하가 되겠다고 귀찮을 정도로 조르면, 그다음부터 무시를 당하고 수모를 당하는 것은 필연적이다. 애초에 천자국은 한국이었는데, 중국이 한국을 모방하여 천자국이 된 뒤로 도리어 한국에게 조공을 바치라는 말을 듣고 처참하게 생각했던 목은 이색 선생의 마음이나, 중국과 조선의 단군이 대등했다고 생각한 양촌 권근 선생의 마음이 있었다면, 이러한 방식의 외교는 하지 않았을 것이다. 지극히 겸손하면서도 위엄을 갖추고 대등하게 교류하는 방법을 찾아내려고 노력했을 것이다. 그러나 태조에게는 왕권이 불안정했기 때문에 그럴 여유가 없었다.

태조의 외교정책은 사대교린이었고, 정치이념은 주자학이었다. 한국인의 정서로 보면, 한국인들은 사대할 줄 모른다. 한국인에게 사대의 근성이 있었다면, 청나라나 일본이 강자가 되었을 때, 그들의 나라를 섬겼을 것이다. 조선이 끝까지 청나라에 저항했고, 끝까지 일본에 저항한 것은 한국인에게 사대의 근성이 없기 때문으로 이해해야 한다.

사대는 약자가 강자를 받드는 것이다. 사대의 모습이 가장 잘 지켜지는 조직이 조폭이다. 한국인은 힘이 약해도 강자에게 덤빈다. 아마도 한국인에게 사대주의의 근성이 있었다면 이태조에게 수많은 사람이 죽음으로 항거하지 않았을 것이고, 사육신이 나오지 않았을 것이며, 의병들이 나오지 않았을 것이다.

한국인의 약점 가운데는 약자가 강자에게 의지하는 습성이 있다. 한국인의 마음 바탕에 깔린 정서의 핵심은 '너 = 나'라는 등식이다. 이 등식에서 훌륭한 사람은 무게중심을 '너'에게 두지만, 그렇지 못한 사람은 무게중심을 나에게 둔다. 훌륭한 사람은 너를 위해 나를 희생하지만, 그렇지 못한 사람은 나를 위해 너를 희생시킨다. 너의 돈을 나를 위해 쓰려고 하고, 너의 힘을 나를 위해 쓰려고 한다. 훌륭하지 못한 한국인에게는 힘 있고 돈 있는 사람에게 의지하여 나의 이권을 챙기려는 추한 모습이 나타난다. 강자를 섬기는 것과 강자에게 의지하는 것은 다르다.

명나라에 대한 태조의 사대는 명나라를 섬기는 것이라기보다는 명나라에 의지하는 것으로 이해해야 할 것이다.

태조가 민심을 얻기 위해 택한 것 중의 하나가 숭유억불이었다. 당시의 분위기는 백성들이 불교에 등을 돌렸고, 고려 말기부터 급속도로 확산하기 시작한 주자학을 따르는 분위기로 바뀌어 있었다. 이런 분위기로 보면 유학을 정치이념으로 삼은 것은 당연한 선택이었다. 여기서 말하는 유학은 주자학을 말한다.

중국의 제후국 형태를 취한 조선은 태종 때부터 한국 고대사 자료 말살에 들어갔다. 한국 고대사 자료에는 한국이 천자국이었고 중국이 오히려 제후국이었던 내용이 기록되어 있는데, 그런 내용이 중국인들에게 알려지는 것을 두려워했기 때문이었을 것이다.

두 차례 왕자의 난을 거치고 왕위에 오른 태종에게 백성들이 지지할 리가 없다. 태종은 왕위에 즉위하는 순간부터 왕권을 강화하기 위해 총력을 기울였다. 관료 제도를 정비하고, 사병(私兵)을 혁파했으며, 조세 제도와 호적 제도를 개혁했다. 왕실의 외척과 공신을 대대적으로 숙청해서 그들의 세력을 약화했다. 그러나 그렇게 했다고 해서 왕권이 강화되는 것은 아니다. 한국인들에게는 힘 있는 사람을 따르지 않고 덕 있는 사람을 따르는 습성이 있다. 왕실의 외척과 공신들의 세력을 약화하는 것과 백성의 지지가 비례하는 것은 아니다. 강력한 왕권은 백성들의 지지에서 나온다. 태종이 왕권을 강화하기 위해 택한 방안 또한 명나라의 힘에 의지하는 것이었고, 그러기 위해서는 명나라 황제의 심기를 불편하게 하면 안 되는 것이었다. 『태종실록』 34권에는, 태종 17년 11월 5일에 참위서 간직을 금하는 명령을 내린 사실이 기록되어 있다.

참위(讖緯)·술수(術數)의 말은 세상을 미혹하고 백성을 속이는 것이 심한 것이다. 나라를 다스리는 자가 마땅히 먼저 버려야 하므로, 이미 서운관(書雲觀)에 명하여 요망하고 허탄(虛誕)하여 바르지 못한 글을 골라서 불에 사르게 했다. 이제부터 서울과 외방에 사사로이 간직하고 있는 요망하고 허탄한 글은 오는 무술년 정월까지 한하여 자수하여 바쳐서 역시 불살라 없애게 하고, 만일 혹시 정한 기한까지 바치지 않는 자는 여러 사람이 진고(陳告)하도록 허락하여 조요서(造妖書)의 율에 의하여 시행하고, 범인의 가산은 고한 사람에게 상으로 충당하라.

태종이 말한 요망하고 허탄한 글에는 한국 고대의 역사 기록도 포함된다. 한국 고대사의 기록에는 단군이 천자였고, 중국의 순임금, 우임금 등이 단군에게 조공하는 내용이 들어 있다. 이런 내용이 명나라 황제에게 알려지면 두려운 일이 일어날 수 있다. 그래서 명나라 사람들에게 알려지기 전에 우리에게 있는 고대의 자료를 모두 없앴다. 참위서를 제거한다는 명분을 내세웠지만, 실상은 고대사 자료를 없애는 것이 주된 목적이었을 것이지만, 그것은 표면에 내세울 수가 없었다. 형제를 죽이고 왕이 된 면에서 태종과 유사한 임금은 세조였다. 세조 역시 민심의 지지가 약했으므로 역시 명나라 황제의 지지가 필요했다. 세조 때는 태종 때 불타고 남아 있는 고대사 관련 서적들을 모조리 없앴다. 『세조실록』 7권, 세조 3년 5월 26일에는 다음과 같은 명령을 하달한다.

팔도 관찰사(八道觀察使)에게 유시(諭示)하기를, "『고조선 비사(古朝鮮祕詞)』·『대변설(大辯說)』·『조대기(朝代記)』·『주남일사기(周南逸士記)』·『지공기(誌公記)』·『표훈삼성밀기(表訓三聖密記)』·『안함 노원 동중 삼성기(安含老元董仲三聖記)』·『도증기 지리성모하사량훈(道證記智異聖母河沙良訓)』, 문태산(文泰山)·왕거인(王居人)·설업(薛業) 등의 『삼인기록(三人記錄)』, 『수찬기소(修撰企所)』 등의 1백여 권(卷)과 『동천록(動天錄)』·『마슬록(磨蝨錄)』·『통천록(通天錄)』·『호중록(壺中錄)』·『지화록(地華錄)』·『도선 한도참기(道詵漢都讖記)』 등의 문서(文書)는 마땅히 사처(私處)에 간직해서는 안 되니, 만약 간직한 사람이 있으면 진상(進上)하도록 허가하고, 자원(自願)하는 서책(書冊)을 가지고 회사(回賜)할 것이니, 그것을 관청·민간 및 사사(寺社)에 널리 효유(曉諭)하라."라고 했다.

세조는 그때까지 남아 있는 고대사 관련 서적들을 하나하나 열거하면서 모두 수거하라는 명을 내렸다. 우리의 귀한 국보급 서적들이 우리 자신의 손에서 사라진 것이다. 예종 때에는 한국 고대사 자료를 가진 자들에 대한 형벌이 극형에까지 이르렀다.

『조선왕조실록』 중의 『예종실록』 예종 1년 9월 18일 조에 다음의 내용이 기록되어 있다.

예조(禮曹)에 전교하기를,

"『주남일사기(周南逸士記)』·『지공기(志公記)』·『표훈천사(表訓天詞)』·『삼성밀기(三聖密記)』·『도증기(道證記)』·『지이성모하사량훈(智異聖母河沙良訓)』·문태(文泰)·옥거인(玉居仁)·설업(薛業) 세 사람의 기(記) 1백여 권과 『호중록(壺中錄)』·『지화록(地華錄)』·『명경수(明鏡數)』 및 모든 천문(天文)·지리(地理)·음양(陰陽)에 관계되는 서적들을 집에 간수하고 있는 자는, 경중(京中)에서는 10월 그믐날까지 한정하여 승정원(承政院)에 바치고, 외방(外方)에서는 가까운 도(道)는 11월 그믐날까지, 먼 도(道)는 12월 그믐날까지 거주하는 고을에 바치라. 바친 자는 두 품계를 높여 주되, 상 받기를 원하는 자와 공사 천구(公私賤口)에게는 면포(綿布) 50필(匹)을 상주며, 숨기고 바치지 않는 자는 다른 사람의 진고(陳告)를 받아들여 진고한 자에게 위의 항목에 따라 논상(論賞)하고, 숨긴 자는 참형(斬刑)에 처한다. 그것을 중외(中外)에 속히 알리라." 하였다.

예조 때에 이르러서는 그때까지 고대사 자료를 가지고 있는 민간인들을 극형에 처할 정도로 가혹했다. 이런 과정을 거치면서 우리 고대사 자료들을 우리의 손으로 소멸시킨 뒤로는 한국 고대사에 관한 연구가 사라졌다. 간혹 단군조선에 관한 기록이 남아 있긴 하지만, 자세한 내용을 생략하고 대략을 언급하는 데 그치는 정도였으므로, 한국 고대의 철학에 관한 연구는 거의 불가능하게 되었다.

4. 일제에 의한 한국 고대사 부정

일제가 한국을 식민지로 삼기 위해서는 합당한 명분이 필요했다. 일제가 만들어낸 명분은 크게 두 가지 방면에서 찾아내었다. 첫째는 한국은 자립할 능력이 없으므로 누군가에게 기대지 않고는 살 수 없다는 사실을 밝히는 것이고, 둘째는 일본이 한국을 보호하는 것이 가장 타당하다는 이유를 밝히는 것이었다. 한국이 누군가에게 기대어 살아왔다는 사실을 증명하기 위해서는 그 내용을 역사적 사실에서 찾아내는 것이었다. 일제는 역사 연구에 몰두했는데, 특히 한국 고대사 연구에 심혈을 기울였다. 일제가 연구한 조선의 역사 및 신라의 역사는 방대함이 지금도 능가하기 어려울 정도다. 일제는 역사 연구를 통해 한국이 중국에 기생하면서 중국으로부터 많은 착취를 당했다는 사실을 밝혔다. 이러한 연구는 미리 결론을 정해놓고 끼어 맞추기 위해 진행한 것이다. 독립할 능력이 없어 줄곧 남에게 착취당해온 불쌍한 한국인을 위해서는 제대로 된 누군가가 보호해야 한다는 이론이 성립한다. 일제의 연구에 따르면, 한국인이 불쌍한 이유는 중국에 당했기 때문이기도 하지만, 그 외에도 서민들이 양반에게 당했고, 여자들이 남자에게 당했으며, 일반 대중이 유교에 당했기 때문이라고 덧붙이기도 했다.

다음으로 일제는 한국을 보호하는 데 적합한 나라가 일본이라는 사실을 밝혀야만 했다. 일제는 한국과 일본이 한 할아버지에게서 나온 형제국임을 증명하는 이론을 확립했고, 그 내용이 『일선동조론(日鮮同祖論)』이란 책으로 출간되었다.[25] 한국과 일본이 한 할아버지에서 나온 형제국임이 증명되면, 다음은 어느 나라가 형인지를 증명해야 했다. 형제 중에 누가 형인지를 확인하기 위해서는 두 나라의 역사를 연구하면 된다. 역사 연구를 통해 역사가 오랜 나라를 찾아내면 그 나라가 형의 나라임이 자명하기 때문이다. 일제의 역사 연구는 미리 일본이 형의 나라라는 결론을 정해놓고 짜 맞추기 하는 식의 연구였다. 일제는 일본의 역사보다 오랜 부분의 한국 역사를 역사가 아닌 신화로 정리함으로써 일본의 역사가 한국의 역사보다 길다는 것을 증명했고, 그러한 연구 결과로 일본이 형의 나라라는 것을 주장했다. 형은 불쌍한 동생을 가만히 놓아두지 말고 보호해야 도리이다. 일제는 한국을 보호한다는 명목으로 한국을 침략해 들어왔다. 일본 강점기 때도 한국에는 한국 고대사 자료가 일부 남아 있었으므로, 일제는 먼저 한국 고대사 자료부터 말살시켜야 했다. 일제는 한국 강제 합병 이전부터 한국 상고사의 말살을 추진해왔고, 합병한 뒤로는 조선을 영원히 지배할 목적으로 한국 상고사의 말살을 계속 추진했다.

조선총독부는 1910년 11월 전국의 각 도와 군의 경찰서를 통해 그들이 지적한 이른바 불온서적의 압수를 시작했다. 그들은 서울 종로 일대의 서점과 지방의 서점, 향교, 서원, 양반가, 세도가 등을 수색하여 서적들을 압수했다. 그들이 지목한 불온서적은 단군 관계 조선 고대사

---

25) 가나자와 쇼사부로(金澤庄三郎), 1929년 刀江書院 간행

자료, 조선의 지리서, 위인 전기류 등이었으므로, 장지연의 『대한신지지(大韓新地誌)』, 이채병의 『애국정신』, 신채호의 『을지문덕』 등도 포함되었다. 서적 압수 작업은 다음 해 12월 말까지 계속되었다. 광복 후 출간된 〈제헌국회사〉와 〈군국일본조선강점 36년사〉에 따르면, 일제는 당시에 압수한 우리 역사서 가운데 일제의 조선사편찬에 유리한 역사서만 남기고 그 외의 51종 20여만 권을 소각했다.

1915년에 총독부는 이른바 '조선반도사' 편찬을 시작했다. 조선의 역사는 물론 일본의 역사보다 짧다는 결론을 내려놓고, 그에 걸맞게 짜맞추기 위한 연구였다. 그때 고문으로 임명된 사람은 이완용, 권중현 등의 매국노들이었다. 일제는 교토제국대학(京都帝國大學)의 미우라 히로유키(三浦周行) 교수와 이마니시 류(今西龍) 강사 등에게 조선사편찬을 지도 감독하게 했다. 조선사편찬을 맡은 학자들에게 내린 편찬지침을 보면 조선사편찬 목적이 한국 고대사를 부정하기 위한 것임이 분명해진다. 조선사편찬 지침은

① 조선반도사는 편년제(編年制)로 한다.
② 전편을 상고 삼한, 삼국, 통일 후의 신라, 고려, 조선, 조선 근세사의 여섯 편으로 한다.
③ 민족국가를 이룩하기까지의 민족의 기원과 그 발달에 관한 조선 고유의 사화, 사설 등은 일체 무시하고 오로지 기록에 있는 사료에만 의존한다.

등이었다. 일제의 조선반도사 편찬 목적은 조선 상고사를 말살하여,

일본의 역사가 한국의 역사보다 앞서도록 하는 데 있었다. 그러기 위해서는 단군조선에서 삼국시대 전반부까지의 역사를 신화로 정리해야만 했다.

1925년 6월 일제는 〈조선사편찬위원회〉의 명칭을 〈조선사편수회〉로 고쳐 총독이 직할하는 독립 관청으로 승격시키고, 이완용, 권중현, 박영효, 이윤용 등을 고문으로 삼았다. 〈조선사편수회〉에서 일제는 단군으로부터 삼국시대 중기 이전의 역사를 신화로 만들었고, 그 내용을 한국을 영원한 식민지로 만들기 위한 전초기지였던 경성제국대학에서 그들이 정립한 식민사학을 철저하게 가르쳐 후학들을 세뇌했다. 일제의 한국 상고사 말살로 인해 한국인들은 한국철학 연구의 첫 단추를 상실했다. 한국철학의 출발이 확실하지 않으면 한국철학의 연구가 궤도에 오를 수 없다.

조선 역사를 연구한 일본 학자들의 단군에 관한 연구 내용을 개괄하면 다음과 같이 정리할 수 있다.

나카 미치요는 1894년에 발표한 「조선고사고(朝鮮古史考)」라는 논문에서, 불교가 전파되면서 승려들이 날조한 망령된 이야기로 보았고, 시라토리 구라키치는 1894년에 발표한 「단군고(檀君考)」라는 논문에서, 우두전단(牛頭栴檀)에 있는 불설에 근거한 가공의 선담(禪談)으로 고구려 소수림왕 2(372)년부터 양원왕 7(552)년 사이, 그 중에서도 특히 장수왕 시대에 만들어진 것이라고 했다. 오다 쇼고는 1924년에 발표한 「단군 전설에 대하여」라는 논문에서, 묘향산 산신의 연기 설화와 평양 선인의 전설이 합해진 평양의 개벽연기설로 고려 원종(1259)부터 충렬왕(1308) 사이에 창작된 것이라 했고, 이마니시 류는 1929년에 발표한

「단군고(檀君考)」라는 논문에서, 단군은 부루의 아들인데, 주몽 신화의 변형이 단군신화가 되었다고 하고, 그 제작 시기를 고려 인종(1122)부터 고종(1259) 사이로 보았다. 미시나 쇼에이는 1935년에 발표한 논문 「구마나리고(久麻那利考)」에서, 단군신화는 주몽 신화의 영향을 받아 생겨났다고 하고, 다카하시 도루는 1955년에 발표한 논문 「삼국유사의 주(註)와 단군 전설의 발전」이라는 논문에서, 주몽을 단군이라고 하면서, 주몽을 단군의 아들이라고 하면 착오가 생기고, 부루를 단군의 아들이라고 하는 것은 역사적 전거가 없다고 하며, 부여 개국설이 단군고기의 존재라고 했다.[26]

5. 식민사학자에 따른 고대사의 부정

단군조선을 부정한 일제의 한국 고대사 연구 방법은 광복 이후에도 이어졌다. 단군조선이 부정되면 한국 고대 철학이 성립하기 어렵다. 학계에서 아직도 본격적인 한국 고대 철학 연구가 삼국시대 때부터 시작되는 이유가 여기에 있다.

광복을 맞이했을 때 대학의 문이 활짝 열렸지만, 학문 연구의 방법론이 제대로 갖추어지지 않았다. 한국에도 예로부터 전래한 고유한 학문 방법이 있었지만, 서구의 학문 방법을 추종하는 것이 세계적인 추세였으므로 한국 재래의 학문 방법은 학문의 연구 방법으로 이어지지 못했

---

26) 『매국의 역사학자, 그들만의 세상』(김명옥 외 3인 지음, 2017년, 만권당 간행) 187쪽에서 참고.

다. 역사학에서도 예외가 아니었다. 이병도는 귀국하여 중앙학교 교사로 근무하면서 조선사편찬위원회에 촉탁으로 들어갔다. 조선사편찬위원회는 단군조선을 부정하는 등의 연구를 위해 1922년에 설립된 단체다. 조선사편찬위원회는 1925년에 〈조선사편수회〉로 고쳐 총독이 직할하는 독립 기관으로 강화되었는데, 이병도는 조선사편수회에서 이마니시 류(今西 龍)의 조교 역할을 했고, 『조선사』 제1, 2편(통일신라 시대), 3편(고려 시대)의 편집 등에 참여했다.

이병도는 일본의 한국사 연구자들에게서 지대한 영향을 받았다. 일본의 교육은 독특한 데가 있다. 일본의 선생들은 제자들에게 혹독한 훈련을 시킨다. 일본의 선생들은 학생 훈련을 쇠를 두드려 연장 만드는 것에 비유한다. 쇠를 많이 두드릴수록 뛰어난 연장이 만들어지듯이, 학생을 많이 두드리면 인재가 된다는 뜻에서, '두드리면 물건이 된다.'라고 말한다. 일본어로는 '타다케바모노니나루(ただけばものになる)'이다. 특히 인재가 될성부른 학생에게는 더욱 가혹하다. 일본에서 교육받은 이병도가 혹독하게 담금질 당했을 것임은 짐작하고도 남는다. 혹독한 훈련을 받은 학생은 학문의 내용을 터득한 뒤에 스승을 존경하게 된다. 이병도는 뒷날 일본의 스승과 동료에게 영향 받은 사실을 다음과 같이 술회한 바 있다.

당시 한국인으로서 국사에 뜻을 둔 이는 이능화·최남선·이중화·안자산·문일평·황의돈·권덕규 등 제씨였다. 나는 이들과의 교유에서 자극을 받기도 했으나 내게 직접 간접으로 큰 격려와 영향을 준 것은 일본 와세다대학의 쓰다(津田) 박사와 동경제대의 이케우치(池內) 박사였다. 이

분들은 일본 사학계의 권위자로서 특히 쓰다 박사는 내 은사의 한 분이요 사학뿐 아니라 중국 사상사의 대가이기도 해서 재학시절부터 지도받은 바 많았다. 이케우치 박사에게는 직접 강의를 받지 않았지만, 당시 한국사 연구에 최첨단을 걷던 분이었다. 이 두 분이 나를 사랑해서 그들의 역작이 실린 『만선지리사보고(滿鮮地理史報告)』와 『동방학보(東方學報)』 등을 보내 주어서 거기서 배운 바가 적지 않았다. 또 때마침 중추원 안에 조선사편수회가 설립되었는데, 나는 이케우치 박사의 추천으로 몇 해 동안 촉탁으로 근무하게 되었다.[27]

일본에서 단련 받은 이병도는 귀국하여 〈조선사편수회〉에 들어가 조선사를 편수하는 일을 도왔는데, 아마도 그때 큰 역할을 했을 것으로 보인다.

이병도는 1930년 8월부터 1939년 10월까지 경성제국대학 법문학부 교수와 조선총독부·조선사편수회 간부들이 중심이 되어 조직한 청구학회(靑丘學會)에서 활약했고, 1933년 4월부터 1943년까지 중앙불교 전문학교 강사로서 조선유학사(朝鮮儒學史)를 강의했으며, 1934년 5월에는 진단학회(震檀學會)를 창립하여 상무위원에 선임되었고, 학회지 『진단학보(震檀學報)』의 편집위원(편집인) 겸 발행인을 맡았다. 1939년 11월에는 조선유도연합회(朝鮮儒道聯合會) 평의원에 선임되었고, 1941년 4월부터 1943년까지 이화여자전문학교에서 사학강좌(史學講座)를 담당하는 등 다양한 활약을 했다.

---

27) 이병도, 「나의 30대」, 『풀뭇간의 쇠망치』, 휘문출판사, 1972, 35 36쪽.

광복 후에 이병도는 광복 직후에 창설된 조선학술원의 역사철학부 학부장을 맡았고, 이어 진단학회를 부활시켜 상임위원을 맡았으며, 경성대학 법문학부 조선사 교수가 되었다가, 1946년 학제 개편에 따라 서울대학교 문리대학 교수로 발령받아 1961년 정년퇴직할 때까지 재직했다.

선생은 학생 시절에 배운 내용을 가르치기 마련이다. 이병도가 혹독한 훈련을 받았을 것으로 본다면 이병도의 가르침은 엄격했을 것이다. 당시 학문은 전통적인 방법을 버리고 서구의 것을 따라가기 위해 급급하던 때였다. 일본에서 특훈을 받은 이병도의 실증적 학문 방법은 거의 황무지 수준의 학계에 신선한 충격을 주기에 충분했을 것이다. 이병도의 가르침을 받은 학생들은 학문적으로 스승에게 매료되었을 것임은 충분히 짐작이 간다.

1991년 진단학회가 펴낸 『역사가의 유향, 이병도 선생 추념 문집』에 보면, 사학계를 주름잡는 40여 명의 학자가 그의 학문을 칭송하며 추앙하고 있음을 알 수 있다. 서문에 다음의 글이 씌어 있다.

이 추모문집은 우리 현대사학의 개척자요, 일세(一世)의 석학이요, 만인의 사장(師丈)이던 두계 선생의 진솔한 모습을 보여주고, 앞으로 두계 선생을 이해하고자 하는 이들에게 여러 가지 사실을 알려줌으로써 값진 구실을 할 수 있으리라 확신한다.[28]

---

28) 진단학회 편, 『역사가의 유향, 두계 이병도 선생 추념 문집』, 서문. 일조각, 1991

이병도는 친일파에 몰려 수난을 당하는 등의 약간의 고난은 있었지만 대체로 학자로서 화려한 생애를 보냈다. 1954년에 진단학회의 이사장으로 취임했고, 1954년에 서울대학교 대학원장이 되었으며, 같은 해에 학술원 부원장이 되었다. 1960년에는 문교부 장관에 취임했고, 같은 해 학술원 원장이 되어 1981년까지 재임했다. 서울대학교 명예교수, 민족문화추진회 이사장을 역임했으며, 그 외에도 수많은 단체에서 활약했다. 저서로는 『한국 고대사 연구』 등 수많은 저서와 논문을 남겼고, 상훈으로는 금성무공훈장, 서울시 문화상, 대한민국 학술원상, 국민훈장 무궁화장, 인촌 문화상, 5·16 민족상 등을 받는 등 학자로서는 최고의 영예를 누렸다.[29)]

이병도의 영향 중에서 가장 큰 부분을 차지하는 것은 역시 문하에서 수많은 제자가 배출했고, 그 제자들이 한국 국사학계를 좌우하게 되었다는 사실이다. 이병도는 단군조선의 역사성을 부정하는 일본 학자들의 학풍을 이어받아 제자들에게 전했고, 그 제자들은 계속해서 단군조선을 부정했다.

이병도의 학풍의 특징은 실증사학이라는 데 있다. 이병도가 단군조선을 부장하는 방법 역시 실증사학이라는 학문 방법에 근거한다. 모든 상품에는 알맹이와 포장이 있듯이, 학문에도 알맹이와 포장이 있다. 학문의 알맹이는 진실이고 포장은 그것을 담아내는 말과 글이다. 진실을

---

29) 식민사학자에 따른 고대사의 부정에 관한 내용은 2017년에 간행된 「이병도의 행적과 그의 역사관」(『역사와 융합』 제1집에 수록)을 주로 참고했고, 원문을 그대로 실은 부분도 있음을 밝힌다.

담아내는 말과 글을 논리와 체계에 맞게 실증적으로 잘 드러낼수록 학문이 돋보이게 마련이다. 학문의 알맹이인 진실이 확인하기 어렵고 애매한 것일수록 진실을 담아내는 그릇에 좌우되기 쉽다. 일본인의 특징은 일본의 상품에서도 나타나듯이 알맹이보다 포장에 치중한다는 것에 있다. 일본의 학문도 그렇다. 일본의 학문은 알맹이인 진실에 치중하기보다 그것을 담아내는 그릇에 치중한다. 오늘날 법정에서 범죄를 다룰 때 진실보다도 어떻게 논리와 체계에 맞게 증거를 찾아내는가에 치중하는 것을 보면 짐작할 수 있을 것이다. 진실을 왜곡하더라도 상대가 반박할 수 없는 논리와 체계에 맞는 증거를 제시하기만 하면 승리할 수 있다. 오늘날의 학문에도 그런 면이 있다. 학문의 내용 중에서도 진실의 내용을 가리기 애매한 철학, 종교학, 사학, 문학, 예술 등의 인문학과 정치학, 경제학, 경영학, 교육학 등의 사회과학 분야에서 더욱 그러하다. 치밀한 논리로 체계를 세운 이론은 모두 근사하지만, 그 중에는 진실을 담고 있는 것도 있고, 진실을 왜곡한 것도 있다. 진실을 담고 있는 학문은 참된 학문이지만, 진실을 왜곡한 학문은 사이비다. 사이비학문은 주류 학계 안에 더 많다는 데 문제가 있다. 주류 학계 밖에 있는 사이비는 논리의 치밀성이 떨어지므로 가려내기가 쉽지만, 주류 학계 안에 있는 사이비는 가려내기가 극히 어렵다. 사이비를 가려내는 한 가지 특징을 찾아보면 사이비들은 세력화한다는 데 있다. 조선 시대에 성했던 주자학들도 사이비가 많았다. 누가 사이비인지는 누가 가장 세력화했는지를 찾아보면 알 수 있다.

학계에는 고질적인 문제가 있다. 학문에 전념하기 위해 대학원에 진학하는 학생의 대부분은 진실을 알고 진실을 밝히기 위해서 진학하는 것이 아니다. 다 그런 것은 아니지만, 대학원생의 대부분은 박사학위를 받고 대학교수가 되기 위해 진학한다. 박사학위를 받기 위해서는 지도교수의 학설을 비판할 수 없다. 진실의 내용을 알기 어려운 인문학의 경우에는 더욱 그러하다. 논문을 써서 학위를 받아도, 지도교수의 눈에 나면 대학교수가 되기 어렵다. 지도교수의 학설이 왜곡된 것일지라도 그 내용이 치밀한 논리와 체계를 가지고 있으므로, 그 학설을 추종하다 보면 잘못을 발견하기 어렵다. 오히려 지도교수에게 잘 보이려는 목적을 가지고 나면 지도교수의 학설과 이론에 매력점을 찾아내게 되고, 그 뒤에는 그 이론의 신봉자가 된다. 지도교수의 학설과 이론의 신봉자가 되고 난 뒤로는 그 이론과 다른 것을 비판하게 되어 심리학에서 말하는 확증편향을 하게 되는 것이다. 이러한 현상은 일반인들에게도 흔히 있는 일이지만, 학계에서 일어난다는 데 더 큰 문제가 있다. 그 이유는 학계에서 정설로 인정된 이론이 많은 사람에게 영향을 주기 때문이다. 대학의 교수는 교수직에 있다는 그 자체로 신임을 받으므로, 자기가 왜곡되어 있어도 그 사실을 자각하기 어렵다. 이러한 현상은 인문학계에는 거의 다 있는 일이지만, 사학계에서 특히 많은 분란이 일어나는 까닭은 사학자들이 밝힌 역사적 사실과 반대되는 사료가 계속 나오기 때문이고, 많은 사람이 역사적 사실에 관심을 가지기 때문이다.

한국 고대사를 연구한 일본의 학자들이 실증사학을 표방하여 많은 증빙자료를 제시하며 결론을 내린 한국 고대사 연구는 이제 한계를 맞이할 수밖에 없는 것으로 보인다. 단군조선에 관한 기록물이 계속 쏟아져 나오고 있어서 더는 진실을 가릴 수 없게 되었다. 한나라의 양웅이란 학자는 단군조선에서 사용하던 여러 낱말을 『방언』이라는 그의 저서에서 소개하기도 했다. 그런데도 아직 한국 고대의 역사를 부정하는 연구를 계속한다면, 한국 고대의 역사적 사실을 알지 못하는 일반인들과 한국 고대 철학을 연구하지 못해 애태우는 학자들에게 죄짓는 일이 될 것이다.

6. 역사학계의 『환단고기』 부정

최근 역사학계에는 상당한 변화가 일어났다. 단군조선에 관한 기록물이 계속 발굴되므로, 단군조선의 역사를 부정할 수 없게 되었지만, 단군조선을 부정하던 분위기가 완전히 사라지지 않았으므로, 아직 단군조선에 관한 연구열이 달아오르고 있지는 않다. 이러한 분위기는 한국 상고시대의 철학 연구가 활발하게 진행되지 않는 원인이 되기도 한다. 단군조선 시대의 연구가 활발하게 진행되지 못하는 가장 큰 원인은 단군조선 시대에 관한 자세한 기록이 많이 남아 있지 않은 데 있다.

단군조선의 역사 사료가 거의 없는 가운데 유일하게 단군조선의 역사와 철학이 기록되어 있는 『환단고기』가 전해지고 있지만, 사학자들은 『환단고기』를 위서로 판단하고 부정한다. 역사학계의 판단을 믿는 일반인들은 역사학계의 판단을 믿기 때문에 『환단고기』를 참고하기 어렵다. 특히 대학 강단에 서는 연구자들에게는 이러한 경향이 더욱 많다. 단군조선에 관한 자세한 기록은 『환단고기』에 있는 것이 거의 유일하므로, 『환단고기』를 참고하지 않으면 한국 철학의 첫 단추를 끼울 수 없다. 첫 단추를 끼우지 못하고 중간에서부터 단추를 끼우려고 하면 짝을 맞추어 제대로 끼우기가 어렵다. 한국 철학 연구의 어려움이 여기에 있다.

학계에서 『환단고기』를 학문 연구의 자료로 활용하지 않는 이유는 『환단고기』를 부정하는 역사학계의 연구 결과 때문이다. 『환단고기』에 들어있는 역사의 내용도 중요하지만, 철학과 사상이 더욱 중요하다. 그런데도 철학 연구자들이 역사학자들의 말만 믿고 직접 확인하지 않았다. 철학자들은 큰 실수를 했다.

추사 김정희 선생의 친필이 발견되었다면 많은 전문가가 진위를 판정할 것이다. 종이 전문가가 가짜로 판단하고, 먹 전문가가 가짜로 판단했을 경우, 서예가가 그들의 말만 믿고 직접 확인하지 않았다면 서예가들은 큰 실수를 한 것이다. 서예 전문가가 보면 추사의 친필임을 바로 알 수 있다. 서예가는 종이 전문가가 지적한, 추사 당시의 종이가 아닌 부분은 쥐가 갉아먹어 없어진 부분을 후대에 이어 붙였다는 사실을 금방 알고, 먹 전문가가 지적한, 추사 상시의 먹이 아닌 부분은 좀이 먹어 없어진 부분을 후대의 먹으로 보완했다는 사실을 바로 안다. 『환단고기』에 관한 감정도 마찬가지다. 『환단고기』에 들어 있는 가장 중요한 내용이 철학 사상인데도 철학자가 직접 확인하지 않았다.

만약 철학자가 『환단고기』를 직접 읽는다면 놀라움을 금할 수 없을 것이다. 『환단고기』에 들어있는 철학은 심오하면서도 원초적이다. 철학을 엮어나가는 것을 단추 끼우기에 비유한다면, 『환단고기』에 들어 있는 철학은 철학의 첫 단추이다. 그 철학은 한국철학의 첫 단추이다. 첫 단추를 정확하게 끼워놓지 않으면 다음 단추를 끼우는 일에 혼란이 생긴다. 한국철학의 내용이 일목요연하게 드러나지 않고 혼란해지는 이유는 철학의 첫 단추를 정확하게 끼워놓지 않았기 때문이다. 『환단고기』를 읽어가다 보면 그러한 사실을 알게 된다. 참으로 놀랍다.

과거에 있었던 철학의 내용을 제대로 정리하지 못하면 미래에 필요한 철학을 제대로 제시할 수 없다. 지금 인류가 방향성을 잃고 우왕좌왕하는 까닭은 삶의 지침이 될 수 있는 철학이 나타나지 않았기 때문이다. 지금의 철학이 인류에게 필요한 내용을 제대로 제공하지 못하고 혼미를 거듭하고 있다면, 그 까닭은 철학을 엮어가는 단추 끼기에 혼선이 일어났기 때문이다. 이를 바로잡기 위해서는 철학의 첫 단추를 찾아 다시 끼우는 데서 시작해야 한다. 『환단고기』에 들어있는 철학이 철학의 첫 단추에 해당한다면, 철학의 첫 단추를 끼우기 위해 『환단고기』는 반드시 참고해야 할 가장 귀중한 자료이다.

그런데도 철학 연구자들이 『환단고기』를 참고하지 않는 이유가 역사학자들의 잘못된 판단 때문이라면, 손실이 너무 크다. 철학자가 『환단고기』를 읽어보면 진위를 생각할 필요가 없다. 『환단고기』에 들어있는 철학의 내용이 참되다는 사실은 읽는 순간 바로 알 수 있으므로, 역사학자들의 진위논쟁에 관심을 가질 필요도 없다.

『환단고기』에 들어있는 철학사상이 후대의 철학사상을 보고 날조한 것이라면, 『환단고기』에 들어있는 철학사상은 후대의 철학사상들보다 더 혼란스러워야 할 것이다. 그런데 『환단고기』에 들어있는 철학사상에는 혼란스러운 내용이 없다. 『환단고기』에 들어있는 철학사상은 제대로 깨워진 첫 단추다. 『환단고기』에 들어있는 철학사상을 참고하면, 후대의 철학에 있는 모순점들을 바로 찾아낼 수 있다. 예를 들면 주자학이 출발할 수 있었던 근거가 『중용』의 천명지위성(天命之謂性)이다.

내용은 하늘의 말씀이 사람의 본성이라는 뜻이다. 주자학에서는 이(理)와 기(氣)를 가지고 우주 자연의 법칙과 삶의 원리를 설명했다. 이(理)는 형이상학적 요소로서 모든 존재에게 공통으로 들어있는 하나의 본질이고, 기는 형이하학적 요소로서 모든 존재의 개체를 구성하는 물질이다. 주자학의 설명에 따르면, 하늘의 말씀은 기(氣)에 해당하고, 사람의 본성은 이(理)에 해당한다. 하늘의 말씀이 사람의 본성인데, 하늘의 말씀은 기에 해당하고 사람의 본성은 이(理)에 해당하므로, 주자학을 출발시킨 바탕에 이미 모순점이 내포되어 있다. 이러한 모순점은 다른 데서도 찾아진다. 주자학에서는 하늘과 땅과 사람이 하나로 연결되어 있다고 하여, 천지인 삼재(三才)라고 한다. 그런데 하늘의 작용을 음양(陰陽)이라 하고, 땅의 작용을 유강(柔剛)이라 하며, 사람의 마음 작용을 인의(仁義)라 한다. 천지인이 하나로 통하므로, 음양과 유강과 인의는 하나로 통한다. 그런데도 음양(陰陽)과 유강(柔剛)을 기(氣)로 보고 인의(仁義)를 리(理)로 본다. 주자학의 바탕에 깔린 이런 이론적 모순은 출발할 당시부터 내포하고 있다. 주자학이 어려워진 이유 중의 하나가 바로 이런 점 때문이다. 그런데 『환단고기』를 읽으면, 하늘의 말씀이 사람의 본성이라는 전제가 잘못임을 알 수 있다. 『환단고기』에는 하늘과 사람에게 각각 세 요소가 있다고 설명한다. 하늘의 세 요소를, 하늘의 마음인 성(性), 하늘의 말씀인 명(命), 하늘의 몸인 정(精)으로 설명하고, 사람의 세 요소를 사람의 마음인 심(心), 사람의 기운인 기(氣), 사람의 몸인 신(身)의 세 요소로 설명하여, 하늘의 마음과 사람의 마음을 연결하고, 하늘의 말씀과 사람의 기운을 연결하며, 하늘의 몸과 사람의 몸을 연결한다. 이에서 보면 하늘의 말씀이 사람의 본성이라고 한 설명이 잘못임을 알 수 있다. 하늘의 말씀은 사람의 마음이 아니라, 기와 연결했어야 한다. 하늘의 말씀은 만물의 목숨을 살리는 방향으로 작용한다. 그러므로 말씀을 뜻하는 명(命)이 목숨을 뜻하기도 한다. 하늘의 명과 사람의 기는 하나의 줄로 이어져 있다. 사람의 몸에 있는 기가 다해 죽으면 명줄이 끊어졌다고 표현하는 것이 그 때문이다.

『환단고기』에 들어있는 철학사상은 후대 철학사상의 기준이 되는 첫 단추에 해당하므로, 『환단고기』에 들어있는 철학사상을 잘 이해하면 후대 철학사상의 모순점을 찾아내어 바로잡을 수 있고, 앞으로 우리들의 삶의 기준으로 삼아야 할 바람직한 지침을 제시할 수도 있다. 길을 밝혀주는 등불이 없어 캄캄한 암흑에서 우왕좌왕하고 있는 현대인에게 『환단고기』는 길을 밝혀주는 희망의 빛으로 다가온다. 이러한 의미에서 본다면 『환단고기』는 한국인의 보배일 뿐만 아니라 세계인의 보배이다.

『환단고기』가 이처럼 중요한 데도 역사학자들의 잘못된 평가로 인해 읽을 기회를 놓친다면 너무나 안타깝다. 『환단고기』에 들어 있는 철학의 내용이 참되다면, 역사의 내용 또한 참될 것이다. 그런데 역사학자들이 『환단고기』를 위서로 본다면 그 이유는 무엇인가? 역사학자들이 『환단고기』를 위서로 보는 이유를 잠깐 살펴보자.

사학자들은 먼저 『환단고기』를 위서로 결정하고 난 뒤에 그 근거를 찾기 위해 노력한 것으로 보인다.

『환단고기』는 오랫동안 숨겨져 왔다가 이유립이 세상에 알려 드러
냈다고 한다. 그러나 워낙 근거 없는 내용에다 시대를 초월한 표현까지
담겨 있어 어느 누구도 이 책을 신뢰하지 않는다. 20세기에 조작된 것
이라 판단한 지 오래다.[30]

박은식의 『한국통사』는 1915년에 상해에서 처음 출간되었으나 구
해 보기 어려웠고, 해방 후 1946년에 국내에서 간행한 『박은식전서』에
『한국통사』 영인본이 수록됨으로써 쉽게 이용할 수 있게 되었다. 『단군
세기』를 조작한 사람은 언제 출판된 책을 참고했을까?[31]

위의 내용을 보면 『환단고기』를 위서라고 주장하는 학자가 『환단고
기』 전체를 읽고 분석하지 않고, 이미 위서임을 결정해 놓은 상태에서
위서인 증거를 찾으려고 노력한 것임을 확인할 수 있다.
   역사학자들이 『환단고기』를 위서로 보는 중요한 근거로 제시하는 내
용을 몇 가지 인용해 그 타당성을 생각해보자.

이맥은 조선 중기의 인물로 『조선왕조실록』에 자주 언급되지만, 『태
백일사』와 관련된 내용은 없다.[32]

위의 인용문은 약간의 상식을 가진 사람이라면 충분히 이해할 수 있

---

30) 『한국 고대사 산책』(한국역사연구회 지음, 2017년 역사비평사 간행), 14쪽
31) 위의 책 18쪽
32) 위의 책 16쪽

다. 당시는 상고사 등에 관한 서적을 보관만 해도 사형을 당하는 시대였다. 민간인이 상고사 관련 서적을 보관하면 처벌을 당했다. 태종 때 금지령을 내렸고, 세조 때 강화했으며, 예종 때는 참형에 처했다. 만약 이맥이 『태백일사』를 공개했다면 본인은 사형을 당했을 것이고, 책도 사라졌을 것이다. 이맥의 『태백일사』 저술은 목숨 걸고 진행한 비밀 작업이었다. 그런 상황을 조금이라도 알았더라면 『태백일사』가 실록에 언급되지 않은 사실을 이유로 들지 않을 것이다.

  그 어디에도 나오지 않는 고조선 역대 국왕이 나열되어 있다거나, 환국, 배달국 등의 갖가지 나라 이름이 속출한다.[33]

  약간의 상식만 가진 사람이라면 위의 인용문에 있는 내용을 증거로 제시하지 않을 것이다. 만약 고조선의 역대 국왕의 이름이 들어 있고, 환국, 배달국 등의 용어가 나오는 서적이 당시에 발각되었다면 당시에 이미 사라졌을 것이다. 『삼국사기』나 『삼국유사』에도 그런 내용이 들어 있었다면 아마 그때 사라졌을 것이다. 고조선의 역대 국왕의 이름과 환국, 배달국 등의 용어가 들어있는 서적이 다 사라지고 없는데, 많은 사람이 비밀리에 목숨 걸고 지켜서 오늘날에 전해주었다면 그 내용은 참으로 귀하고 값지다. 목숨 걸고 지켜준 사람들은 너무나 고맙다.

---

33) 위의 책 16쪽

1980년대에 『환단고기』가 사람들 사이에 퍼져나갈 무렵, 학계에서는 이를 검토한 뒤 조작된 책이라는 사실을 분명하게 밝혔다. 가장 구체적인 조작의 근거는 고려 말 또는 조선 중기에 지었다고 하는 책들에서 후대의 지명이나 근대적 용어들이 많이 보인다는 점이다.[34]

위의 인용문 또한 증거 자료로 부족하다. 『환단고기』가 처음 쓰여 질 당시에 활자로 출간이 되어 지금까지 남아 있었다면, 거기에 후대의 용어들이 보인다면 그것은 문제가 될 수 있다. 그러나 『환단고기』의 내용은 공개되지 않고, 필사를 거듭하면서 오늘날까지 이어져 왔다. 종이가 낡고 좀이 먹어 보이지 않는 글자들이 다수 있었을 것이다. 그 부분은 필사하는 사람이 보충할 수밖에 없다. 기계문명이 뛰어난 오늘날 컴퓨터로 작업하여 원고를 쓰고 책으로 발간해도 오탈자가 다수 나온다. 기계문명이 발달하지 않은 옛날에 몰래 숨어서 비밀스럽게 필사를 거듭해 오는 과정에서 어떻게 오탈자가 없을 수 있으며, 안 보이는 글자를 보충하는 과정에서 필사자가 쓰는 용어가 끼어들지 않을 수 있을 것인가? 용어들을 가지고 전체의 진위를 판단하는 것은 학자의 진지한 태도가 아니라고 본다.

『환단고기』가 후대에 지어졌음을 알려주는 또 다른 단서는 "연개소문은 … 아버지는 태조이며 할아버지는 자유이고 증조는 광이다."(태백일사)라고 한 구절이다. 연개소문의 아버지와 할아버지 이름은 『삼국사

---

34) 위의 책, 16~17쪽

기』나 중국 측의 기록 어디에도 나오지 않는다. 그 이름이 알려진 때는 1921년 중국 낙양에서 연개소문의 장남 천남생의 묘지가 출토된 뒤부터다. 이를 통해 짐작컨대 결국 『태백일사』는 그 뒤에 지어졌고, 이때 연개소문의 증조부인 광도 추가되었을 것이다. [35]

『환단고기』에 들어있는 연개소문에 관한 기록이 다른 서적에는 보이지 않고, 오직 중국 낙양에서 출토된 묘지에서 확인된다는 사실을 『환단고기』를 위작으로 보는 증거로 삼기에는 무리가 따른다. 만약 『환단고기』가 날조된 것이라면, 『환단고기』를 날조한 위조범은 『조선왕조실록』을 다 꿰고 있고, 낙양에서 출토된 묘지까지 파악하여 조사할 수 있는 대학자이다. 지금이라면 『조선왕조실록』을 인터넷으로 검색할 수 있다. 그렇지만 중국에서 진행되는 출토 작업은 지금도 그 내용을 알기가 어렵다. 컴퓨터가 발달하기 전에 『조선왕조실록』을 다 꿰뚫었고 중국에서 발굴한 자료까지 섭렵하는 대학자가 가짜의 책을 위조할까? 위조범으로 지목되고 있는 이유립씨는 말년까지 몹시 가난하게 살았다고 알려져 있다. 그는 가난에서 벗어나기 위해 『환단고기』를 위조한 것일까? 위의 인용문은 오히려 『환단고기』의 진실성을 증명하는 자료가 될 수 있을 것으로 생각된다.

『환단고기』에 들어있는 철학의 내용을 약간만이라도 읽어본다면 『환단고기』가 위조되지 않았다는 사실을 바로 알 수 있다. 위대한 철학은 날조할 수 없고, 위대한 철학자는 날조하지 않는다.

---

35) 위의 책, 19쪽

특히 고개를 갸우뚱하면서 눈여겨보게 되는 점은 『환단고기』를 세상에 알렸다는 이유립과 이암·이맥의 관계이다. 이들은 모두 고성 이씨이다. 이암은 이맥의 4대조이고, 이맥의 22대손이 이유립이라고 한다.[36]

위의 인용문을 읽어보면 고개를 갸우뚱하게 된다. 잠깐만 생각해보면 바로 수긍이 될 것인데, 왜 이해가 안 되는 것일까? 아무리 귀한 자료라도 목숨을 걸고 지키기는 쉽지 않다. 아마도 조상의 저술이기 때문에 극비리에 자자손손 전하며 지켜오지 않았을까? 목숨 걸어야 하는 일을 남에게 맡길 수 있을까? 일본 강점기 시대에 나라를 위해 목숨과 전 재산을 바친 석주 이상룡 선생도 고성 이씨이다. 1911년 2월 17일에 쓴 이상룡 선생의 다음 시를 보면 이상룡 선생은 단군의 역사를 꿰뚫고 있었던 것으로 보인다.

부여가 왕업을 일으킨 지 어언 사천년
그때는 국경이 저 만주까지 아울렀네
기자와 위만이 아무 까닭 없이 차지했고
한과 당이 이를 좇아서 멋대로 침략했네
판도 확장이 원래 쉬운 일이 아니었기에
수치 누르고 변방에 처함을 달갑게 여겨
결국에는 저 길고 긴 압록강에
동서 경계선이 되어 흐르게 하고 말았네

---

36) 위의 책, 16쪽

선생은 단군의 조선이 나중에 부여로 국호를 바꾼 내용까지 알고 있었다. 아마도 『단군세기』, 『태백일사』 등의 서적을 비밀리에 읽었던 것으로 생각된다. 이상룡 선생도 목숨을 바쳤지만, 아들 이준형, 조카 이형국, 이운형, 이광민 등이 목숨을 바쳤고, 손자 이병화는 감옥에서 모진 고생을 했다. 그런 집안에서 무슨 영광을 보려고 역사를 날조했을까?

『환단고기』는 어둠을 밝혀줄 희망의 빛이다. 많은 사람이 참고하여 어둠에서 벗어나야 한다. 사학자들은 과거 단군조선의 역사를 부정했지만, 지금의 사학자들은 단군조선의 역사는 부정하지 않는다. 그러나 『환단고기』에 대해서는 여전히 부정하고 있다. 『환단고기』를 부정하면 사람들에게 『환단고기』를 읽는 기회를 박탈하는 결과가 될 수 있다. 그것은 죄를 짓는 일이다. 사학자들은 이제 『환단고기』 전체를 재조명하면 좋겠다. 그리고 철학의 내용에도 조금은 관심을 가지면 좋겠다. 진실은 밝혀지게 되어 있다. 사학자들이 『환단고기』의 진실을 밝혀주는 날이 빨리 오기를 고대한다.

제1편
한국철학의 원형

제1장

『천부경』의 하나 철학

『환단고기』에 실려 있는 『태백일사(太白逸史)』에는 『천부경(天符經)』
이 실려 있다. 『천부경』은 전문이 81자밖에 되지 않는 매우 짧은 경전
이지만, 그 내용은 심오하고도 오묘하다. 『태백일사』는 『천부경』이 한
국 시대 때에 나온 경전이라고 기록하고 있다. 환국의 연대가 언제부터
시작되었는지는 『환단고기』에서도 확실히 알 수 없다고 했다. 환국이
존재했던 시기가 언제였는지는 잘 알 수 없지만, 환국이란 글자에서 보
면, '환한 나라'라는 의미이다. 환한 나라는 의미에 있어 천국을 상징한
다. 흔히 세상을 천국과 지옥으로 분류할 때 천국은 환한 나라이고, 지
옥은 어두운 나라이다.

환국의 역사적 사실에 대해서는 아직 증빙할 만한 자료를 찾지 못했
으므로 아무것도 언급할 수 없지만, 『천부경』에 내포된 철학적 의미는
충분히 살펴볼 수 있다. 천부경의 내용을 번역하면 다음과 같다.

하나는 시작하지만 시작함이 없다. 하나가 갈라져 삼극이 되니 무진
장 생겨나는 뿌리이다. 하늘 하나가 처음 생기고 땅 하나가 두 번째 생
기며 사람 하나가 세 번째로 생겼다. 하나씩 쌓아가고 열에서 덜어내는
방식으로, 끝이 없이 진행하며 세 번째 요소를 만든다. 하늘 둘로 세 번
째 요소를 만들고, 땅 둘로 세 번째 요소를 만들며, 사람 둘로 세 번째
요소를 만든다. 큰 셋이 합해 여섯이 되어 일곱, 여덟, 아홉을 만든다.
운행은 세 개씩 묶은 것이 4배수로 순환하면서, 다섯 요소와 일곱 수로
고리를 이룬다. 하나가 묘하게 퍼져나가 만물이 되어 끝없이 왕래하며,
무한히 작용하고 무한히 바뀌면서도 움직이지 않는다. 본래 본마음은
본 태양이다. 우뚝하도다. 환하도다. 사람이 천지 가운데 있지만, 여전
히 하나이다. 그 하나는 마치지만, 마침이 없다. 하나인 본질 그 자체이
니까.[37]

위의 내용은 81자로 압축되어 있지만, 심오한 철학을 내포하고 있
다.

제1절 하나인 본질

『천부경』의 특징은 하나인 본질을 끝까지 놓치지 않는 데 있다. 『천

---

37) 一始無始 一析三極無盡本 天一一 地一二 人一三 一積十鉅 無匱化三 天二三 地
　　二三 人二三 大三合六生七八九 運三四成環五七 一妙衍 萬往萬來 用變不動 本本
　　心本太陽 昂明人中天地一 一終無終 一

부경』의 전체가 81자밖에 되지 않지만, 하나를 의미하는 일(一)이 열한 자 들어 있고, 본질을 의미하는 본(本)이 넉 자가 들어 있다. 그만큼 『천부경』에서는 하나인 본질을 중시한다는 의미가 된다. 하나가 본질이고 본질이 하나이다.

『천부경』은 '하나에서 시작하지만 시작함이 없다'라는 말로 시작한다. 하나의 호수에 빈틈없이 가득한 물이 있다고 가정해보자. 겨울이 되면 물에서 얼음이 얼고, 여름이 되면 얼음이 녹아 물로 돌아간다. 겨울에 언 얼음덩어리가 물에 떠 있는 모습을 보면, 물과 달라 보이지만 본질에서 보면 여전히 물이다. 호수에 아무리 많은 얼음덩어리가 떠 있어도 그 많은 얼음덩어리는 본질에서 보면 모두 물이다. 모든 얼음덩어리가 각각 다른 모습을 하고 있어도 물이라는 본질에서 보면 모두 하나일 뿐 다를 것이 하나도 없다.

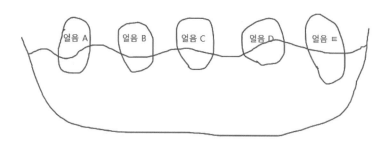

〈물이라는 본질에서 보면 얼음과 물이 모두 하나이다〉

물과 하나인 얼음덩어리는 물과 하나가 되어 움직인다. 오직 물결치는 대로 움직일 뿐, 개별적인 움직임이 없다. 물이라는 본질에서 보면 물과 하나인 얼음덩어리는 얼었지만, 여전히 물이므로 언 것이 아니고,

얼음덩어리가 되어도 된 것이 아니다. 자꾸 얼어붙어서 모양이 커져도 커진 것이 아니고, 녹아서 작아져도 작아진 것이 아니다. 본질에서는 언제나 물 일 뿐이다. 그러므로 얼음덩어리는 생겨나는 것도 없고 사라지는 것도 없다.

그런데 얼음덩어리 하나에 눈이 생겨서 착각을 일으키면 달라질 수 있다. 눈이 생기면 보이는 얼음덩어리가 있고, 바라보는 얼음덩어리가 있다. 얼음덩어리가 눈에 현혹되어, 보이는 얼음덩어리를 '너'라고 하고, 바라보는 얼음덩어리를 '나'로 착각하면 여러 가지 문제가 생겨난다. '나'라고 착각한 얼음덩어리는 '내 것 챙기고 싶은 마음'이 생겨나서 너에게 다가가 내 것 챙기기 위한 경쟁을 한다. 얼음덩어리가 '내 것 챙기기 위한 움직임'을 시작하면, 본질에서 이탈한다. 본질에서 이탈한 얼음덩어리는 물과 하나가 되어 움직이지 못한다. '내 것을 챙기고 싶은 마음'으로 일관하는 얼음덩어리는 녹는 것을 자기가 없어지는 것으로 착각하여 슬퍼한다. 사람의 삶도 이와 같다.

호수에 빈틈없이 물이 있는 것처럼, 우주 공간에는 빈틈없이 물질이 있다. 그 물질은 형체가 없어 눈에 보이지는 않지만, 모든 물질의 재료가 되므로 '물질의 본질'이라고 해도 될 것이다. 「삼일신고」에서는 그 물질의 본질을 정(精)이라 했고, 송나라 때의 학자 장재(張載)는 기(氣)라고 했다.

사람의 몸은 우주 공간에 빈틈없이 있는 정(精)이 모인 것이다. 모였다는 의미에서 몸이라는 말이 생겼다. 정에도 정의 마음이 있듯이 몸에도 몸의 마음이 있다. 사람의 몸과 마음은 본래 우주의 몸과 마음 그 자체였다. 그러나 사람에게 생긴 눈이 작동하여 '나'와 '너'를 구별하게 되면 문제가 생긴다. 사람에게 '나'란 개념이 생기면, '내 것을 챙기기 위한 욕심'이 생겨, 너와 경쟁한다. 내가 남과 경쟁을 시작하는 순간, 하나인 본질에서 이탈한다. 본질에서 이탈한 나는 본질의 움직임을 유지하지 못한다. 본질을 자연이라고도 하고, 하늘이라고도 하며, 하느님이라고도 하고, 신이라고도 한다. '나'란 것이 원래부터 있었던 것은 아니다. '나'는 눈을 비롯한 감각기관이 만들어낸 헛것이다. 본질에서 이탈하여 사는 '나'는 헛것에 홀려 헛된 삶을 산다. 본질은 꽃나무의 뿌리에 비유할 수 있다. 본질에서 이탈한 사람은 뿌리가 잘린 채 피어있는 꽃꽂이의 꽃과 같다. 꽃꽂이의 꽃은 예쁘게 웃고 있어도 죽어 있다. 며칠 가지 못해 시들어서 버려진다. 그러나 대지에 자라고 있는 꽃나무에서 핀 꽃은 살아 있다. 시든 뒤에도 때가 되면 다시 핀다. 본질에서 이탈하여 헛된 삶을 사는 사람은 살아도 죽은 것이나 다를 바 없다.

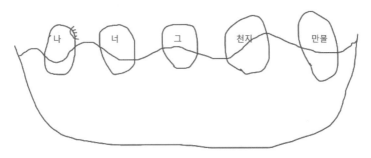

〈눈이 생겨 '나'라는 개념이 들어간 얼음덩어리〉

장자는 참된 삶을 사는 사람이 참된 삶을 잃는 과정을 다음과 같이 설명한다.

남쪽 바닷가에 숙(儵)이라는 임금이 있었고, 북쪽 바닷가에 홀(忽)이라는 임금이 있었으며, 중앙에 혼돈(渾沌)이라는 임금이 있었다. 숙과홀은 가끔 어울려 혼돈의 땅에서 만났는데, 혼돈은 그들을 매우 잘 대접했다. 숙과 홀은 혼돈의 은덕에 보답하고자 의논하며 말했다. "사람들은 모두 일곱 개의 구멍이 있어 보고 듣고 먹고 숨을 쉬는데, 이 혼돈은 구멍이 하나도 없으니, 우리 한번 뚫어주자." 그러고는 하루에 구멍하나씩을 뚫었다. 7일이 되자 혼돈이 죽었다.[38)]

혼돈은 본질에서 이탈하지 않은 사람이었다. 본질에서는 모든 것이 구별되는 개체로서 존재하지 않으므로 혼돈이다. 그러나 혼돈에게 감각기관의 구멍이 뚫려 모든 것을 감각하고 구별하게 되면 본질에서 이탈한다. 본질에서 이탈하면 본질이 아니다. 본질이 참이고 본질에서 이탈한 것은 거짓이다. 거짓된 존재는 존재가 아니고, 거짓된 삶은 삶이 아니다. 그래서 혼돈에게 구멍이 뚫린 뒤에 혼돈이 죽었다고 표현했다. 혼돈의 설화에서 보면 사람에게는 감각기관의 구멍이 뚫려있다. 사람은 감각기관을 통해 남과 나를 구별한 뒤 '나'의 삶을 산다. 사람은 '나'의 삶을 살면서 본질에서 이탈했다. 본질에서 이탈한 사람은 거짓된 삶을 사는 것이므로, 죽은 것이나 다름이 없다. '나'를 만들어 거짓된 삶을 사는 나는 늙어야 하고 죽어야 한다.

사람이 죄를 지으면 벌을 받는다. 죄가 클수록 벌도 무거워진다. 벌

---

38) 南海之帝爲儵 北海之帝爲忽 中央之帝爲渾沌 儵與忽時相與遇於渾沌之地 渾沌待之甚善 儵與忽謀報渾沌之德 曰人皆有七竅 以視聽食息 此獨無有 嘗試鑿之 日鑿一竅 七日而渾沌死 (『莊子』應帝王)

중에 가장 무거운 벌은 사형이다. 그런데 사람은 누구나 사형선고를 받았다. 다만 집행 날짜를 모르고 있을 뿐이다. 사람이 사형선고를 받은 까닭은 무슨 죄를 지었기 때문일까? 그것을 장자는 자연에서 이탈한 형벌이라 했다.

> 이는 자연에서 이탈했고 실상에서 벗어나서, 타고난 본질을 잊어버렸기 때문이다. 옛날에는 이를 자연에서 이탈했기 때문에 받는 형벌이라 했다.[39)]

사람이 죽을 수밖에 없는 숙명을 짊어지게 된 까닭은 자연에서 이탈했기 때문이다. 자연이 도이고, 하늘이며, 『천부경』에서 말하는 하나[一]이다. 『구약성서』 창세기에는 아담과 하와가 먹지 말아야 할 선악과를 따먹었기 때문에 죽을 수밖에 없는 숙명을 짊어지게 되었다고 말한다. 모든 존재는 본질에서 보면 모두 하나이다. 마음도 하나이고 몸도 하나이다. 본질에서는 모두가 하나의 마음으로 하나 되어 움직인다. 그러한 상태가 자연이다. 먹어야 할 때가 되면 먹고 싶은 마음이 생겨서 몸이 먹게 되고, 자야 할 때가 되면, 자고 싶은 마음이 생겨서 몸이 자게 된다. 마음의 움직임도 자연이고, 몸의 움직임도 자연이다. 그러나 '나'라는 개념이 들어가면 달라진다. '나'라는 개념이 들어가면, 자야 할 때 자고 싶은 마음이 생기다가도, 자면 손해를 본다는 생각이 들면, 자고 싶은 마음이 사라지고, 자기 싫은 마음이 생겨난다. 자고 싶은 마

---

39) 是遁天倍情 忘其所受 古者謂之遁天之刑 (『莊子』 養生主)

음이 첫 번째 생긴 마음이고, 자기 싫은 마음이 두 번째 생긴 마음이다. 두 번째를 뜻하는 글자가 아(亞)이고, 마음을 뜻하는 글자가 심(心)이므로, 두 번째 생긴 마음이 아(亞)와 심(心)을 합친 악(惡)이다. 자야 할 때 생기는 자고 싶은 마음은 자연이지만, 자기 싫은 마음이 악이 되면, 자고 싶은 마음은 선(善)이 된다. 선은 악이 생겼을 때 성립하는 상대적인 개념이다. 선악과를 따먹었다는 말은 마음속에 선한 마음과 악한 마음이 공존하게 되었음을 의미한다. 악한 마음은 내 것만 챙기기 위한 욕심이다. 악한 마음이 생기면 내 것만 챙기기 위해 자연에서 이탈한다. 자연에서 이탈한 '나'는 나의 몸을 자연에서 이탈시켜 놓고 그 속에 갇힌다. 몸에 갇힌 나는 몸과 함께 늙어야 하고 몸과 함께 죽어야 하는 숙명에서 벗어나지 못한다.

『천부경』의 하나 철학은 『장자』의 철학과도 다르고, 『구약성서』의 철학과도 다르다. 『장자』의 철학에서는 혼돈이 구멍이 뚫려 죽게 된 설명을 하고, 『구약성서』에서는 아담과 하와가 선악과를 따먹어 영생을 상실한 설명을 하지만, 『천부경』에서는 하나인 본질에서 이탈하지 않는 철학을 설명한다. 말하자면 『천부경』의 철학은 선악과를 따먹지 않고 사는 아담과 하와의 철학이고, 구멍이 뚫려도 죽지 않는 혼돈의 철학이다. 『천부경』의 철학은 구약성서의 철학과 장자의 철학 너머에 있다. 천부경의 철학은 원초적이다.

선악과를 따먹지 않고 사는 아담과 하와, 구멍이 뚫려도 죽지 않는 혼돈은 사람들의 목표이다. 감각기관의 구멍이 뚫려서 감각을 하더라도 '나'라는 개념을 만들지 않으면 되고, 선악과가 있어도 뱀의 유혹에 넘어가지 않으면 된다. 하나에서 시작해도 시작함이 없는 진리를 잊지 않기만 하면 '나'를 만들지 않을 수 있고, 뱀의 유혹에 넘어가지 않을 수 있다.

모든 진리는 사람들에게 선악과를 따먹기 전의 아담과 하와의 상태로 되돌리고, 구멍이 뚫려 죽음에 이르기 전의 혼돈의 상태로 되돌려, 본질을 회복하게 한 뒤, 현실의 삶을 본질에 바탕을 둔 삶이 되도록 깨우치는 것이다. 이러한 의미에서 보면, 『천부경』의 철학은 모든 가르침의 정점에 있다. 진리의 길을 산길에 비유하면, 진리는 정상을 잊어버린 사람이 산의 정상으로 되돌아가 정상을 확인하고, 정상에 머무르면서 정상을 차츰 넓혀 산 아래까지 확장하는 것이다. 그러나 『천부경』에서 말하는 진리의 삶은 애당초 산의 정상에서 이탈하지 않고 내려오므로, 산의 아래까지가 처음부터 정상에서 이탈하지 않는다. 이런 점에서 보면 진리를 설파한 모든 철학은 『천부경』의 철학에서 벗어나지 못한다는 사실을 알 수 있다. 이런 점에서 우리는 『천부경』의 가르침이 삼교를 포함하는 옛 한국의 현묘지도임을 알 수 있다.

제2절 천지인 삼극의 분화

『천부경』에서는 하나인 본질을 설명한 뒤 하나인 본질에서 천지인 삼극이 분화하는 과정을 설명하여, '하나가 갈려져 세 극이 된다.'라고 했다.

하나인 본질을 자연이라고 해도 되고, 태극이라고 해도 되며, 태허라고 해도 된다. 호수의 물 중에 가벼운 물이 위로 올라가고, 무거운 물이 아래로 내려가듯이, 하나의 본질 중에 가벼운 것은 위로 올라가고 무거운 것은 아래로 가라앉는다. 위로 올라간 것은 하늘이 되고, 아래로 가라앉은 것은 땅이 된다. 우주에 떠 있는 무수한 별은 모두 땅이고, 별과 별 사이에 있는 허공은 하늘이다. 아래로 가라앉는다는 말은 무거운 것이 모여 뭉쳐진다는 것을 의미한다. 무거운 것이 뭉쳐져서 모양을 갖게 된 것은 모두 땅이다. 하늘과 땅의 관계는 호수의 물과 얼음덩어리의 관계와 같이 이해할 수 있다. 떠다니는 얼음덩어리는 땅에 해당하고 얼지 않고 있는 물은 하늘에 해당한다.

　하늘과 땅이 나누어지면 다시 하늘과 땅의 요소가 결합해 사람을 포함해 많은 생물과 무생물을 만든다. 사람을 포함한 모든 생물과 무생물을 사람으로 대표한다면, 하나의 본질이 하늘,땅, 사람의 삼극을 만든다고 해도 된다.

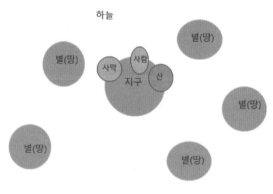

〈삼극으로 분화한 뒤의 모습〉

　하늘이 생기고 땅이 생기고 사람이 생기면 다 생긴 것이다. 이를 천지인(天地人) 삼극(三極)이라 한다. 하늘이 생기고 땅이 생기면 사람뿐만이 아니라 만물이 다 생기지만, 여기서는 만물의 대표로 사람만 언급했다. 하늘, 땅, 사람으로 분화되는 하나인 본질은 모든 것이 무진장으로 생겨나는 근본이다.

천지 만물 모두는 하나인 본질에서 생겨났다. 모든 것은 하나인 본질에서 벗어날 수 없다. 모든 것을 생성하는 하나인 본질을 『중용』에서는, 그것이 속에 있다는 의미에서 중(中)이라 하고, 중을 모든 것의 바탕에 있는 하나의 큰 뿌리로 설명한다.[40] 거대한 나무에는 수많은 잎이 있다. 잎들 하나하나는 각각 별개로 존재하는 것처럼 보이지만, 사실은 모든 잎이 하나의 뿌리에서 나온다. 하나의 뿌리는 땅속에 있으므로 보이지 않지만, 모든 잎이 실은 뿌리의 모습이다. 뿌리에서 벗어나 있는 잎은 하나도 없다. 뿌리에서 보면 잎은 모두 하나이다. 하나인 본질과 천지 만물의 관계도 이와 같다.

하늘이 생기고 땅이 생기고 만물이 생기면 그다음으로는 무진장으로 생겨난다. 하늘도 무진장으로 생겨나고, 땅도 무진장으로 생겨나며, 만물도 무진장으로 생겨난다. 하늘과 땅과 사람이 생겨난 뒤로 천지 만물이 각각 무진장으로 생겨나면, 거기에 현혹되어 하나인 본질을 망각하기 쉽지만, 본질을 이탈하지 않은 사람은 결단코 그렇지 않다. 아무리 많은 것이 생겨나도 본질에서는 모든 것이 하나이므로, 천지인 삼극이 본질에서 이탈한 상태로 존재하는 것이 아님을 다시 상기시킨다.

---

40) 中也者 天下之大本(『中庸』 제1장)

제3절 삼극의 본질과 작용

제1항 삼극의 본질

하나인 본질에서 하늘이 먼저 생겨났지만, 생겨난 하늘 또한 하나인 본질에서 벗어나 있지 않다. 본질에서 보면 하늘이 생겨나도 생겨난 것이 아니다. 하늘은 여전히 하나인 본질이다. 본질에서 하늘이 생겨나지만, 하늘이 생겨났다고 하면 하늘이 본질에서 이탈한 것처럼 착각하기 쉽다. 이는 마치 물이 얼음이 되어도 여전히 물이지만, 얼음이라고 말하면, 사람들이 얼음이 물이 아닌 것으로 착각하기 쉬운 것과 같다. 그래서 『천부경』에서는 하늘이라 하지 않고, '하늘 하나[天一]'라고 했다. 하늘이라 하지 않고, '하늘 하나'라고 하면, 하늘이 여전히 하나인 본질에서 벗어나 있지 않음을 표현하는 말이 된다. 이는 얼음이 여전히 물임을 표현하기 위해서는 '얼음'이라 말하지 않고 '얼음물'이라 하면 되는 것과 같다.

하나인 본질에서 땅이 두 번째로 생겨났지만, 생겨난 땅 또한 하나인 본질에서 벗어나 있지 않다. 본질에서 보면 땅이 생겨나도 생겨난 것이 아니다. 땅은 여전히 하나인 본질이다. 본질에서 땅이 생겨나지만, 땅이 생겨났다고만 말하면 땅이 하나인 본질에서 이탈한 것처럼 착각하기 쉽다. 그래서 『천부경』에서는 땅이라 하지 않고, '땅 하나[地一]'라고 했다. 땅이라 하지 않고, '땅 하나'라고 하면, 땅이 여전히 하나인 본질에서 벗어나 있지 않음을 표현하는 말이 된다. 땅 하나는 하늘이 생긴 뒤에 생겼다. 그래서 땅 하나가 두 번째로 생겼다고 했다. 그러나 하늘이 생기기를 기다린 뒤에 땅이 생기기 시작하는 것이 아니다. 하늘이 생기기 시작하면서 동시에 땅도 생기기 시작한 것이다. 다만 땅의 모양이 갖추어진 것이 하늘의 뒤일 뿐이다.

하나인 본질에서 사람이 세 번째로 생겨났지만, 생겨난 사람 또한 하나인 본질에서 벗어나 있지 않다. 본질에서 보면 사람이 생겨나도 생겨난 것이 아니다. 사람은 여전히 하나인 본질이다. 본질에서 사람이 생겨나지만, 사람이 생겨났다고만 말하면 사람이 하나인 본질에서 이탈한 것처럼 착각하기 쉽다. 그래서 『천부경』에서는 사람이라 하지 않고, '사람 하나[人一]'라고 했다. 사람이라 하지 않고, '사람 하나'라고 하면, 사람이 여전히 하나인 본질에서 벗어나 있지 않음을 표현하는 말이 된다. 사람 하나는 하늘이 생긴 뒤에 생겼다. 그래서 사람 하나가 세 번째로 생겼다고 했다. 그러나 하늘이 생기기를 기다리고, 땅이 생기기를 기다린 뒤에 사람이 생기기 시작하는 것이 아니다. 하늘이 생기기 시작하고, 땅이 생기기 시작하면서 동시에 사람도 생기기 시작한 것이다. 다만 사람의 모양이 갖추어진 것이 하늘과 땅의 뒤일 뿐이다.

하나인 본질에서 사람이 생겨나도 생겨난 하늘은 여전히 하나인 본질 그 자체이다. 하나인 본질을 '하나'라고 해도 되고, '하나님'이라고 해도 되며, 하늘이라고 해도 된다. 하늘이란 말에는 두 가지 뜻이 들어 있다. 하나인 본질에서 생겨난 하늘이란 뜻도 있고, 하나인 본질 그 자체를 의미하는 뜻도 있다. 하늘을 하나인 본질 그 자체의 의미로 받아들이면, '사람 하나'라고 하늘 말을 '사람 하늘'이라고 해도 된다. 동학에서 나온 인내천(人乃天)이란 말이 바로 그런 뜻이다. 사람이 우주이고 하늘이므로 사람의 마음은 하늘마음이고 우주 마음이다. 사람의 몸 또한 하늘의 몸이고 우주의 몸이다. 한 사람의 마음은 모든 사람의 마음과 같고,

사람의 몸 또한 모든 사람의 몸과 같다. 사람뿐만 아니라 만물이 다 그렇다. 『천부경』에서는 처음부터 끝까지 일관되게 하나의 본질을 설명하고, 모든 것이 하나인 본질에서 벗어나 있지 않음을 설명한다.

제2항 삼극의 움직임

하늘과 땅과 사람은 각각 움직임을 가지고 있다. 모든 움직임은 커졌다 작아졌다 한다. 이를 『천부경』에서는 '하나씩 쌓아가고 열에서 덜어내는 방식'이라 설명했다. 이러한 움직임은 시간적으로도 그렇고 공간적으로도 그렇다. 주먹을 쥔 상태에서 손가락을 폈다 오므렸다 하는 과정을 생각해보자. 두 주먹을 쥔 상태를 본래의 모습으로 가정해서 하나인 본질로 생각하기로 하자. 두 주먹에서 손가락 하나를 펴는 것을, 하나인 본질에서 하나가 나오는 것으로 볼 수 있다. 손가락 하나를 편 뒤 계속 나머지 손가락을 하나씩 펴면 열 손가락을 다 편 상태에 도달한다. 손가락 하나를 펼 때마다 하나, 둘 소리 내어 세면 열을 셀 때 열 손가락이 다 펴진다. 열 손가락이 다 펴진 상태가 완전히 성장한 모습이다. 다 편 상태에서 열 번째 편 손가락부터 오므리면서 열, 아홉 소리를 내어 세면 하나를 셀 때 열 손가락을 다 오므린 원래의 상태가 된다.

물에서 얼음이 얼었다가 녹았다가 하는 과정도 그렇다. 날씨가 추워지면 물에서 얼음 한 조각이 생겨나고, 생겨난 한 조각이 자꾸 커졌다가 날씨가 따뜻해지면 한 조각씩 녹아서 얼기 전의 물로 돌아간다.

사람의 몸이 생겨나는 모습도 그렇다. 사람의 몸은 원래 부모의 몸과 분리되지 않았었다. 부모의 몸과 하나일 때가 하나인 본질로 존재하는 원래의 모습이다. 그러다가 부모의 몸에서 세포 하나가 떨어져 나오고,

떨어져 나온 세포가 세포분열을 거듭하며 자라서 완전히 다 자란 몸이 된다. 다 자란 뒤에는 다시 세포 수가 줄어들다가 결국 세포가 생기기 이전의 본래 모습으로 돌아간다. 자연에서 왔다가 자연으로 돌아가는 것이다. 사람의 몸이 부모의 몸을 빌려서 태어나지만, 부모의 몸 또한 자연에서 벗어나 있지 않으므로, 부모의 몸을 자연으로 보아야 한다. 부모의 몸 자체도 자연에서 벗어나 있지 않지만, 부모의 몸이 조부모의 몸에서 나왔고, 조부모의 몸은 증조부모의 몸에서 나왔으므로, 계속 거슬러 올라가 보면 부모의 몸 역시 자연에서 나왔음을 알 수 있다.

얼음이 얼었다 녹았다 하는 과정에서도 물에서 벗어나지 않듯이, 만물이 자연에서 나오고 자연으로 돌아가는 과정에서도 자연에서 벗어나지 않는다.

몸속에 있는 작은 장기의 움직임에서부터 우주의 움직임에 이르기까지의 모든 움직임은 다 이와 같을 것이다. 심장도 팽창과 수축을 거듭하며 움직이고, 방광도 팽창과 수축을 거듭하며 움직인다. 우주의 모습도 그럴 것이다. 하나인 본질에서 최소의 상태로 생겨난 우주가 팽창을 거듭하여 어마어마하게 커졌다가 다시 수축을 거듭하여 매우 작은 상태로까지 줄어들었다가 원래의 모습인 하나인 본질로 돌아갈 것이다.

팽창과 수축을 거듭하는 움직임은 시간의 진행에서도 차이가 없다. 밤낮의 순환도 그렇고 사계절의 순환도 그렇다. 밤은 수축하고 어두워지고 온도가 내려가는 시간이며, 낮은 확장하고 밝아지고 온도가 올라가는 시간이다. 봄에서 여름까지는 하나에서 열까지 쌓아가는 시간이고, 가을에서 겨울까지는 열에서 하나까지 줄여가는 시간이다. 『천부경』에서 말하는 1과 10은 최소와 최대를 의미한다.

천지 만물 모두의 움직임은 끝이 없이 진행한다. 이를 『천부경』에서는 다함이 없다는 의미로 무궤(無匱)라 했다. 천지 만물 모두는 끝없이 움직이면서 제3의 요소를 만들어낸다. 이를 『천부경』에서는 제3의 요소를 만들어낸다는 의미에서 화삼(化三)이라 했다.

천지 만물 모두의 움직임이 수축과 팽창을 거듭하는 것이므로, 그런 두 움직임을 『천부경』에서는 두 움직임이란 의미로 이(二)로 표현했다. 하늘, 땅, 사람 모두가 두 움직임을 계속하면서 세 번째 요소를 만든다.

1. 하늘의 움직임

하늘은 두 모습으로 존재하면서 두 모습으로 작용한다. 하늘은 하나인 본질이고, 우주 자체이지만, 그러나 그것이 유지하는 것은 뜨거운 모습도 있고, 차가운 모습도 있다. 강력한 모습도 있고, 부드러운 모습도 있다. 따뜻한 모습도 있고 쌀쌀한 모습도 있다. 하늘이 하는 일 역시 두 작용이다. 그 작용 또한 일적십거(一積十鉅)이다. 하늘 역시 우주다. 우주는 무한히 팽창하다가 다시 축소한다. 무한히 밝아지다가 어두워진다. 무한히 가벼워지다가 무거워진다. 이런 방식이 일적십거이다. 일적십거로 유지하는 하늘의 유지방식이 음양이다. 하늘이 팽창하고, 밝아지고, 가벼워지는 것은 양이고, 축소하고, 어두워지고, 무거워지는 것은 음이다. 이러한 모습의 하늘을 둘로 표현했다. 하늘은 두 모습과 두 작용으로 제 3의 존재들을 많이 만들어낸다. 끊임없이 팽창하고 끊임없이 축소하면서 맑은 하늘도 만들고 흐린 하늘도 만든다. 뜨거운 하늘도 만들고 차가운 하늘도 만든다. 건조한 하늘도 만들고 축축한 하늘도 만든다. 하늘의 두 작용으로 새로운 별을 만들고, 새로운 별들이 빛나는 새로운 하늘을 만든다. 그래서 '하늘 둘로 세 번째 요소를 만든다.'라고 했다.

하늘의 마음도 그렇다. 하늘의 마음은 물체를 만들고 싶어 하는 마음과 없애고 싶어 하는 마음을 가지고 있다. 봄과 여름은 하늘이 만물을 만들고 싶어 하는 계절이고, 가을과 겨울은 하늘이 만물을 없애고 싶어 하는 계절이다. 하늘은 봄과 여름을 만들어 만물을 만들고, 가을과 겨울을 만들어 만물을 죽인다. 하늘은 두 마음으로 만물을 만들기도 하고 죽이기도 한다. 이 두 작용이 하늘의 마음이다. 하늘마음은 많은 물체와 생명체를 만들고 유지되는 바탕이다.

'하늘 하나'라는 말은 하나인 본질을 표현한 것이고, '하늘 둘'이란 말은 하늘의 존재하는 모습과 움직이는 모습을 표현한 것이다. 하늘 둘이 셋을 만든다고 했을 때의 셋은 하늘의 두 작용으로 만들어낸 모든 것을 포함한다.

2. 땅의 움직임

땅 역시 본질 그 자체이다. 땅은 하늘과도 하나이고, 우주와도 하나이다. 『주역』에서는 땅이 유지하는 방식을 강유(剛柔)로 설명했다. 땅은 강과 유의 두 모습을 하고 있으면서 그 작용 또한 강의 작용과 유의 작용을 한다. 땅이 따뜻해지는 것은 강이고, 추워지는 것은 유이다. 딱딱하게 굳어지는 것은 강이고, 부들부들하게 부드러워지는 것은 유이다. 땅에는 딱딱한 육지가 있고 물렁물렁한 바다가 있다. 육지와 바다가 만나 산을 만들고, 계곡을 만들며, 섬을 만들고 심연을 만든다. 따뜻함과 추움이 만나 바람을 만들고 구름을 만들며, 화산을 만들고 지진을 만들며, 천둥을 만들고 번개를 만든다. 이런 요소들이 땅의 강과 유의 작용으로 만들어낸 세 번째 요소이다. 세 번째 요소는 땅이 만들어낸 모든 것을 말한다. 세 번째 요소는 땅 둘로 만들어낸 모든 것이다. 이를 『천부경』에서는 '땅 둘로 제 3의 요소를 만든다.'라고 했다.

땅의 마음도 그렇다. 땅의 마음 역시 물체를 만들고 싶어 하는 마음과 없애고 싶어 하는 마음을 가지고 있다. 봄과 여름은 만물을 만들기 위해, 하늘의 마음과 땅의 마음이 하나가 되어 만들어낸 합작품이고, 가을과 겨울은 만물을 없애기 위해, 하늘의 마음과 땅의 마음이 하나가 되어 만들어낸 합작품이다. 하늘과 땅은 봄과 여름을 만들어 만물을 만들고, 가을과 겨울을 만들어 만물을 죽인다. 땅은 살리고 싶어 하는 마음으로 산도 만들고, 계곡도 만들며, 섬도 만들고 심연도 만들지만, 죽이고 싶어 하는 마음으로 산도 없애고, 계곡도 없애며, 섬도 없애고 심연도 없앤다. '땅 하나'라는 말은 땅의 본질을 표현한 것이고, '땅 둘'이라는 말은 땅의 작용을 표현한 것이다. 땅 둘이 셋을 만든다고 했을 때의 셋은 땅의 두 작용으로 만들어낸 모든 것을 포함한다.

3. 사람의 움직임

본질에서 보면 사람 또한 본질 그 자체에서 벗어나 있지 않다. 사람은 하나인 본질이므로, 하늘과도 하나이고, 땅과도 하나이며, 우주와도 하나이다. 사람만 그런 것이 아니라, 만물이 다 그렇다. 『천부경』에서 말하는 사람은 만물 전체를 대표해서 하는 말이다. 사람은 개인적으로는 마음과 몸의 두 요소를 가지고 살아가면서 사회적으로는 남녀가 어울리면서 살아간다. 마음에도 사랑하는 마음과 미워하는 마음이 있고 몸에도 남성적인 몸이 있고 여성적인 몸이 있다.

몸과 마음이 없는 사람이 없고, 남녀가 아닌 사람이 없다. 사람은 남자와 여자로 나누어지지만, 남자에게도 몸과 마음이 있고, 여자에게도 몸과 마음이 있다. 남자 혼자서도 완전한 사람이고 완전한 하늘이며, 여자 혼자서도 완전한 사람이고 완전한 하늘이다. 그러기 위해서는 남자에게도 여자의 요소가 있어야 하고, 여자에게도 남자의 요소가 있어야 한다. 실지로 남자의 마음속에 여자의 마음이 있고, 여자의 마음속에 남자의 마음이 있다. 사람은 본래 하나인 본질이면서 현실적으로는 몸과 마음이라는 이중적 요소를 가지고 살고, 또 남자와 여자로 분리되어 살아간다. 이러한 모습을 표현하여 사람 둘이라 했다. 사람 둘은 몸과 마음이고, 남자와 여자다.

사람 둘이란 마음의 두 작용을 의미하기도 하고, 몸의 두 상태를 의미하기도 한다. '사람 하나'라고 할 때의 하나는 사람의 본질을 표현한 것이고, '사람 둘'이라고 할 때의 둘은 마음과 몸, 마음의 두 작용, 또는 남자와 여자, 몸의 두 상태 등을 표현한 것이다. 남자와 여자는 마주 보기도 하고 대립하기도 한다. 남자와 여자는 때로는 다투기도 하지만, 끊임없이 서로를 원한다. 몸도 원하고 마음도 원한다. 그것은 자녀를 낳기 위해서다. 남녀가 결합하면 자녀가 생긴다. 그래서 『천부경』에서 '사람 둘로 제 3의 요소를 만든다.'라고 했다. 자녀는 여럿이 있을 수 있지만, 모두 제 3의 요소라는 말로 표현했다. 남자 여자 자녀가 바로 가정을 구성하는 아버지 어머니 자녀다. 가정이 모여 사회가 되고 사회가 모여 나라가 되고 세상이 된다. 사람들이 살아가는 기본 방식은 모두 남자 여자 자녀의 구도로 계속 이어진다.

자녀는 그냥 자녀로만 존재하지 않는다. 자녀가 또 자녀를 낳고, 그 자녀가 또 자녀를 낳아 무궁히 이어진다. 그러므로 『천부경』에서 '사람 둘로 셋을 만든다.'라고 했을 때의 셋은 무수한 셋이고 무궁히 이어지는 셋이다.

만물의 존재 방식도 사람과 마찬가지다. 모든 동물의 존재 방식도 그렇고, 모든 식물의 존재 방식도 그렇다. 이 모든 것을 '사람 둘로 셋을 만든다[人二三].'라는 것으로 이해하면 된다.

사람과 만물이 생겨나서 성장과 소멸을 거듭하는 과정은 하늘과 땅의 합작에 의한 것이다. 잡초 꽃 한 송이가 피려고 해도 하늘과 땅과 사람이 총동원되어야 한다. 하늘이 나서서 태양을 돌게 하고 밤낮이 교차하게 하며 사계절이 순환하도록 해야 한다. 구름을 만들어 비를 내려야 하고, 해와 달과 별을 만들어 쉬지 않고 비춰야 한다. 땅이 물을 공급해야 하고, 흙으로 보듬어 씨를 싹틔우고 자라게 해야 하며, 소쩍새도 옆에서 울어주어야 한다. 이처럼 이름 없는 잡초의 꽃 하나를 피우기 위해서도 하늘과 땅이 총동원해야 한다. 하늘과 땅과 사람이 원래 하나이므로 하늘과 땅과 사람의 일이 별개로 진행되는 것이 아니다. 모두 하나로 어우러져 진행된다.

4. 삼극의 움직임과 그 성과

『천부경』에서는 삼극의 움직임을 통틀어서 다음과 같이 설명한다.

큰 셋의 움직임을 합하면 여섯이 되어 일곱, 여덟, 아홉을 만든다.

하늘, 땅, 사람의 세 요소가 각각 두 작용을 하므로 합해서 여섯 작용이 된다. 여섯 작용의 결과 하늘에서 7수로 나타나고, 땅에서 8수로 나타나며, 사람 사는 세상에서 9수로 나타난다.

노자는 도대(道大), 천대(天大), 지대(地大), 왕역대(王亦大)라 했다. 도대(道大)는 『천부경』에서 말하는 일(一)이다. 천대, 지대, 왕역대는 천지인 삼극을 말한다. 왕은 천지인 삼극 중의 인(人)에 해당한다. 왕은 인과 만물을 다 포함한다. 노자는 하늘과 땅과 사람을 크다는 말로 수식했다. 노자의 말을 참고하면, 큰 셋은 하늘, 땅, 사람을 말하는 것임을 알 수 있다. 큰 셋에는 각각 두 작용이 있다. 하늘에 두 작용이 있고, 땅에 두 작용이 있으며, 사람에 두 작용이 있다. 하늘과 땅과 사람은 본질에서는 하나이지만, 사람의 눈에는 셋으로 보인다. 하늘의 두 작용과 땅의 두 작용과 사람의 두 작용을 합치면 본질에서는 여전히 두 작용이지만, 사람의 눈에는 여섯 작용으로 보인다. 여섯 작용의 결과 7, 8, 9가 생겨난다. 7은 생명을 만드는 하늘의 수이다. 하늘은 생명의 원천이다. 생명은 7수로 만들어진다. 달걀은 21(7×3)일 만에 부화하고, 오리알은 28(7×4)일 만에 부화한다. 사람 역시 280(7×40)일 만에 태어나므로 모두 7의 배수이다.

생명의 탄생은 하늘의 두 작용과 땅의 두 작용, 그리고 사람의 두 작용이 총동원된 결과물이다. 오랑캐꽃 하나가 피기 위해서도 밤낮이 교차하고 사계절이 교차해야 하며, 하늘에서 태양이 비추어야 한다. 땅에서 수분이 공급되어야 하고, 온도가 알맞아야 하며, 소쩍새도 울어주어야 한다. 소쩍새를 포함한 만물의 대표를 사람으로 보았으므로 소쩍새의 노력은 사람의 작용에 포함된다. 만물의 생명이 생겨나기 위해서는 만물이 서로 돕는다. 동물을 살리기 위해 식물이 산소를 뿜어주고, 식물을 살리기 위해 동물이 탄산가스를 뿜어준다. 이런 작용들이 모두 사람의 작용에 포함된다.

오랑캐꽃 하나를 피우기 위해서도 하늘과 땅과 사람이 총동원되는데, 하물며 사람의 탄생은 더 말할 것이 없다. 모든 탄생은 여섯 작용이 총동원된 결과물인데, 그 탄생하는 데 필요한 기간이 7수이다. 하늘은 만물의 생명을 탄생시키는 일을 주도하기도 하지만, 하늘에서 일어나는 일을 주관하기도 한다. 하늘에는 수많은 별이 있다. 하늘의 별자리를 범위로 나누어 분류하면 28(7×4) 수(宿)이다.

자라는 것 역시 여섯 작용이 총동원되고 있는 것이지만, 그 중에서 주도하는 것은 땅이다. 만물의 자람은 땅이 주도한다. 땅이 주도하는 수는 8이다. 생명이 태어나면 세포분열을 통해서 성장하는데 세포분열로 성장하여 모양을 갖추기까지의 수가 8수이다. 『주역』에서도 태극에서 음양, 음양에서 사상으로 성장하여 팔괘가 되면 모양을 갖춘다. 팔괘 이전에는 모양을 갖추지 않지만, 팔괘가 만들어지고 나서부터 제대로 모양을 갖추고 제대로 성장한다. 사람이 모양을 갖추어가는 과정도 8수다. 8세에 학교에 입학하고, 16(8×2)세에 사춘기를 맞이하며 24(8×3)세에 청춘의 모습을 갖춘다. 32(8×4)세에 취직을 하고 64세(8×8)에 은퇴한다. 『주역』도 64괘로 구성되어 있다. 『주역』은 사람 사는 이치를 설명한 책이다.

땅의 방향을 정하는 기본도 팔방이다. 서울의 성문도 네 대문과 네 소문을 합해 여덟 문이다. 그래서 사통팔달이다. 사람의 몸도 8등신을 향해 성장해간다. 세상사에 두루 통하는 사람을 8방 미인이라 한다.

사람이 성장하여 완성된 뒤의 삶을 표현하는 것이 9이다. 사람이 완전히 성장하면, 사람끼리 사회를 만들어 사회생활을 한다. 사회생활을 하면서 사람과의 관계를 원만하게 유지하는 방법은 거의 9수로 나타난다. 『예기』에서는 사람의 바람직한 행동양식을 9용(九容)으로 설명했고, 『논어』에서는 사람의 행동 지침을 9사(九思)로 표현했다. 정치의 큰 원칙으로 『서경』에 「홍범 9주」가 있고, 『중용』에 9경(九經)이 있다. 수학을 가르칠 때도 구구단이 바탕이 되고, 땅을 경영하는 기본도 정전법이다. 정전법이란 땅을 정(井)자 형태의 아홉 등분으로 나누어 여덟 명에게 각각 외부의 하나씩을 경작하게 하고, 가운데는 여덟 명이 공동 경작하여 세금으로 충당하게 하는 제도였다. 『노자』라는 책도 81(9×9)장으로 되어 있고, 『천부경』도 81(9×9)자이다. 아마도 사람 사는 원리에 따라 제작된 것으로 볼 수 있다.

제4절 만물의 존재 원리

만물은 하나인 본질에서 벗어나 있지 않으므로 모두 하나이다. 이는 마치 나무의 잎들을 뿌리 기준으로 보아 모두 하나라고 할 수 있는 것과 같다. 하나의 뿌리가 잎을 만들면서 줄기와 가지를 통해 모두를 연결해놓는 것처럼, 하나인 본질이 움직임을 통해 만물을 낳고 기르면서 만물을 하나로 연결해놓았으므로, 만물은 모두 연결고리를 통해 하나로 연결되어 있다. 만물은 하나인 본질에서 이탈하지 않지만. 하나인 본질이 눈에 보이지 않으므로 본질이 없다고 착각하면, 본질에서 이탈한 것처럼 판단되지만, 사실은 이탈한 적이 없다.

『천부경』에서는 하나인 본질을 기준으로 만물이 하나임을 설명하는 방법 외에, 만물이 모두 하나임을 확인하는 또 하나의 방법을 제시하여, 만물이 모두 하나임을 거듭 확인한다.

운행은 세 개씩 묶은 것이 4배수로 순환하면서, 다섯 요소와 일곱 수로 고리를 이룬다.

일 년의 운행은 석 달씩 묶은 것이 4배수로 순환한다. 일 년은 봄 석 달, 여름 석 달, 가을 석 달, 겨울 석 달로 순환하면서 운행한다. 이른바 12진법의 순환이다. 석 달을 묶어 하나의 계절로 삼는 것은 셋이 완성의 수이기 때문이다. 둘은 불안하지만, 셋이 되면 안정이 된다. 카메라 받침대의 발도 세 발이어야 안정이 되고, 나무토막을 묶을 때도 세 토막씩 묶으면 가장 튼튼하다. 자연의 운행도 석 달씩 묶으면 완성된 성격이 완성된다. 석 달씩 묶으면 하나의 계절이 되고, 계절이 네 번 지나면 한 해가 된다. 사계절이 순환하는 까닭은 만물을 살리기 위해서다. 봄만 있으면 꽃만 필 뿐 열매를 맺을 수 없고, 여름만 있으면 열매만 맺을 뿐 익을 수 없다. 가을만 있으면 열매가 익기만 할 뿐, 익은 열매 중에서 종자가 될 열매를 고를 수 없다. 추운 겨울에 추위라는 무기가 등장하여 충실하지 않은 열매를 제거하고, 다음 해에 싹을 틔울 충실한 열매만 남겨 두어야 봄에 튼실한 싹이 나서 생명을 잘 이어갈 수 있다. 봄과 여름과 가을은 활동하는 계절이지만, 겨울은 가만히 있으면서 세 계절에 이룬 성과물들은 심판하는 계절이다.

하루하루로 이어가는 진행도 세 시간씩 묶어 4배수로 진행한다. 오늘날은 하루가 24시간으로 되어 있지만, 옛날에는 12시간이었다. 옛날에는 하루가 자시(子時) 축시(丑時) 인시(寅時) 등의 12시간으로 되어 있었고, 한 시간이 오늘날이 두 시간이었으므로, 옛날의 하루는 세 시간씩 묶은 것의 4배인 12시간이었다. 옛날에는 하루를 오전 세 시간, 오후 세 시간, 저녁 세 시간, 야간 세 시간으로 계산했다. 오전, 오후, 저녁의 아홉 시간은 활동해야 하지만, 야간의 세 시간은 자야 한다. 잠을 자는 시간에는 낮에 있었던 일을 심판한다. 자는 시간은 낮에 망가뜨린 몸을 원상으로 돌려놓는 시간이고, 낮에 있었던 일을 가려 기억할 필요가 있는 것만 기억하게 하는 시간이다.

사람의 일생도 삼십 년의 4배수로 진행한다. 삼십 년은 십 년을 세 개로 묶은 것이다. 사람의 일생 중에서 서른 살까지는 봄이고, 예순 살까지는 여름이며, 아흔 살까지는 가을이고, 백이십 살까지는 겨울이다. 부모의 여름이 시작될 때 자녀의 봄이 시작되고, 부모의 가을이 시작될 때 자녀의 여름이 시작되며, 손자 손녀의 봄이 시작된다. 부모의 겨울이 시작될 때 자녀의 가을이 시작되고, 손자 손녀의 여름이 시작되며, 증손자 증손녀의 봄이 시작된다. 이런 방식으로 사람들의 생명이 순환한다.

하나인 본질이 운행하는 과정에서 만물이 생겨나고, 만물이 생겨나는 과정에서 다섯 요소와 일곱 수로 연결고리를 이룬다. 만물은 각각 독립된 개체로 분리된 개체적 존재로 보이지만, 사실은 각 개체가 연결고리를 통해 하나로 연결되어 있으므로, 만물은 모두 하나이다. 『천부경』에서는 본질의 측면에서 만물이 모두 하나라는 사실을 설명했지만, 사람이 눈앞에 존재하는 만물의 모습을 보면 만물이 각각 독립된 개체로 존재한다고 착각하기 쉬우므로, 개체와 개체 사이에 개체를 하나로 연결하는 연결고리가 있음을 설명하여 현상세계에서 보더라도 만물이 여전히 하나임을 깨우친다.

만물이 하나로 이어지는 연결고리는 어떠한 것인가? 달걀과 닭은 독립된 별개의 개체로 보인다. 달걀과 닭을 하나로 연결하는 연결고리는 어디에 있는 것인가? 닭이 달걀 속에 있었던 때가 있다. 달걀 속에 있는 닭은 달걀인가 닭인가? 달걀이기도 하고 닭이기도 하다. 닭이면서 달걀이었던 때가 닭과 달걀을 하나로 연결하는 연결고리인 셈이다. 달걀 속에서 닭은 21(7×3)일 동안 화·수·목·금·토 오행을 결합하여 닭의 모습을 만든다. 만물의 몸은 오행이 모인 것이다. 모였다는 의미에서 몸이라는 말이 생겨났다. 오행이 모여 몸이 완성되기까지는 7배수의 시간이 필요하다. 그래서 『천부경』에서는 '다섯 요소와 일곱 수로 고리를 이룬다.'라고 했다.

부모와 자녀의 연결고리도 그렇다. 부모와 자녀는 하나이다. 부모와 자녀가 하나이기 위해서는 부모와 자녀를 연결하는 연결고리가 있어야 한다. 그 연결고리는 어머니의 뱃속에 들어있었을 때이다. 어머니 배 속에 있었을 때의 아이는 어머니와 둘이면서 하나였다. 아이가 어머니의 배 속에 있었던 기간은 매우 중요하다. 그때가 어머니와 아이를 하나로 연결하는 연결고리이기 때문이다. 한국에서는 전통적으로 어머니 배 속에 있었을 때를 중시하기 때문에, 어머니 배 속에서 밖으로 나오는 순간 이미 한 살로 인정한다. 어머니 배 속에 수태하게 하는 것은 아버지의 역할이고 수태된 이후 뱃속에서 기르는 것은 어머니의 역할이다. '아버님 날 낳으시고 어머님 날 기르시니'라는 말이 그래서 성립한다.

만물을 하나로 연결하는 연결고리 또한 잘 보이지 않으므로, 연결고리를 놓치지 않는 방법은 나와 연결되어 있음이 느껴지는 사람과의 연결고리를 확실하게 붙잡고 지키는 것이다. 사람 가운데 나와의 연결고리가 느껴지는 사람은 부모이다. 부모와 나는 남남의 관계로 느껴지지 않는다. 부모와 내가 남남으로 느껴지지 않는 그 느낌이 연결고리이다. 그 연결고리를 확실하게 붙잡는 방법이 효도이다. 효도를 통해 부모와 나를 잇는 연결고리가 확실해지면, 부모와 형을 잇는 연결고리도 확실해지고, 그로 인해 형과 나를 잇는 연결고리 또한 확실해진다. 형과 나를 잇는 연결고리가 확실해지면 삼촌과 나를 잇는 연결고리 또한 확실해진다. 이렇게 확산해가면 만물을 하나로 잇는 모든 연결고리가 확실해진다. 모두가 하나로 이어진 상태가 하나인 본질이다. 이렇게 생각해보면 효도는 하나인 본질을 회복하는 좋은 수단이 된다. 그런데 문제는 부모가 돌아가시고 계시지 않을 때이다. 부모가 계시지 않으면 형제를 잇는 연결고리의 실마리를 찾기 어렵다. 그런 문제점을 해결하는 하나의 방법이 제사이다. 제사란 부모와 나를 잇는 연결고리를 확인하는 기회이다. 하나인 본질에서 이탈하지 않아야 하는 점에서 보면 효도와 제사는 매우 중요하다.

제5절 본질의 불변성

호수에 있는 하나의 물에서 얼음이 얼기 시작하면 호수에 얼음이 가득 찰 만큼 퍼져나가듯이, 하나인 본질에서 천지 만물이 만들어지기 시작하면 우주에 가득할 만큼 퍼져나간다. 이를 『천부경』에서는 '하나가 묘하게 퍼져나간다'라고 설명한다. 우주에 가득 퍼져나간 천지 만물은 커졌다 작아졌다 하는 움직임을 통해 자기복제를 하며 생멸을 무궁히 계속한다. 우주에 가득한 천지 만물의 움직임과 변화는 복잡다단하여 파악하기 어렵다.

그러나 우주에 가득한 천지 만물이 아무리 복잡한 움직임과 변화를 일으켜도, 하나의 본질에서 조금도 벗어나지 않으므로, 본질에서 보면 조금의 움직임도 없고 변화도 없다. 이를 『천부경』에서는 '끝없이 왕래하며, 무한히 작용하고 무한히 바뀌면서도 움직이지 않는다.'라고 표현했다. 천지 만물이 조금도 쉬지 않고 움직이고 바뀌는 것으로 보이는 까닭은 천지 만물을 바라보는 사람이 이미 하나인 본질에서 이탈했기 때문이다. 하나인 본질에서 이탈한 사람은 참모습을 상실한 사람이다. 참모습을 상실한 사람은 헛것에 갇혀 착각을 계속한다. 참모습을 상실한 사람에게 보이는 천지 만물은 본래 모습이 아니다. 오직 참모습을 상실하지 않은 사람에게 보이는 천지 만물이 본래의 모습이다. 천지 만물의 본래 모습은 하나인 본질이다. 하나인 본질에서 벗어나 있는 것은 하나도 없다.

제6절 본질의 완전성

『천부경』은 하나[一]에서 시작한다. 하나는 본질이고 본질은 하나이다. 하나인 본질에서는 천지 만물이 분리되지 않은 하나이다. 하나인 본질에서는 하늘과 땅과 사람이 분리되지 않는다. 하늘의 마음이 사람의 마음이고, 하늘의 몸이 사람의 몸이다.

하늘마음은 삶으로 향하는 마음이다. 하늘이 밤과 낮으로 순환하게 하고, 봄·여름·가을·겨울로 순환하게 하는 까닭은 만물을 살리기 위해서이다. 밤낮이 순환하지 않고, 사계절이 순환하지 않으면 만물이 생명을 이어가지 못한다. 하늘마음의 핵심은 태양이다. 하늘이 태양을 통해 열과 빛을 뿜어 만물을 따뜻하게 품어주고, 세상을 환하게 밝혀주므로, 천지가 유지되고, 만물이 생명을 이어갈 수 있다. 사람의 마음이 하늘마음이므로 사람 마음의 핵심 또한 태양이다. 태양은 하나이고 둘이 아니다.

그러나 사람이 '나'라는 헛것을 만들어 본질에서 이탈하면 조그만 몸뚱이 속에 갇혀서 욕심을 채우며 산다. 욕심은 본래의 마음을 덮어버린다. 본래의 마음은 욕심에 많이 덮일수록 희미해져서 없는 것처럼 되어버리고, 그럴수록 사람이 하늘에서 멀리 떨어져 나가 자기가 원래 하늘이라는 사실을 망각한다. 그것은 호수에 떠 있는 얼음덩어리를 보고 물인 줄 모르는 것과도 같다. 얼음덩어리가 아무리 물을 잊어버려도 얼음덩어리가 물에서 벗어날 수 없듯이 사람이 아무리 하늘을 잊어버려도 하늘에서 완전히 벗어날 수는 없다. 그러므로 사람이 욕심을 걷어내면 본마음이 모습을 드러낸다. 사람의 본마음은 하늘마음이다. 하늘마음의 핵심이 태양이므로, 사람의 본마음에는 하늘의 태양이 들어있다. 그러한 사실을 확인하기 위해 『천부경』에서는 '본래 본마음은 본 태양이다.'라고 했다.

불교와 주자학에서는 사람의 본마음을 하늘의 달이 모든 강에 떠 있는 것에 비유하여 월인천강(月印千江)이란 말로 표현한다. 월인천강이란 달이 모든 강에 도장을 찍어놓았다는 말이다. 하늘의 달은 하나이다. 그 하나의 달이 모든 강에 떠 있다. 강이 천 개라면 강에 떠 있는 달 또한 천 개로 보이지만, 사실은 하나의 달이다. 양촌 권근 선생은 이 비유에도 문제가 있다고 했다. 하늘의 달과 강에 떠 있는 달이 하나인 것처럼 생각하기 쉽지만, 강물에 떠 있는 달은 물에 비쳐있는 그림자이므로 하늘의 달과 다르다는 것이다. 사람이 하나인 본질로 존재하면 위아래의 차이가 없이 완전히 하나다. 사람이 하늘과 떨어져 있지 않으면 사람의 마음이 하늘의 마음 그 자체이고, 하늘마음의 핵심인 태양이 그대로 사람 마음의 핵심이다.

그러나 사람이 하나인 본질에서 이탈하면, 전체와 하나인 상태에서 조그만 몸덩이가 떨어져 나온다. 천인분리(天人分離)란 말의 뜻이 그런 의미이다. 사람이 하늘과 분리된 뒤, 오랫동안 몸덩이를 보고 '나'라고 생각하고, 몸에 갇힌 마음을 '내 마음'으로 생각하면, 거기에 익숙해져 하늘과 하나인 본래 모습을 잊어버린다. 본래 모습을 잊어버린 사람은 몸덩이에 갇힌 마음으로 몸덩이만을 챙기는 헛된 삶을 산다.

하나인 본질에서 이탈하지 않은 사람을 사람으로 부르면 안 된다. 하나인 본질에서 이탈하지 않은 사람은 선악과를 따먹기 전의 아담과 하와이고, 구멍이 뚫리기 전의 혼돈이다. 아담과 하와가 선악과를 따먹어 하나인 본질에서 분리되었을 때 비로소 사람의 모습이 되었고, 혼돈이 구멍이 뚫려 혼돈에서 벗어났을 때 비로소 사람의 모습이 되었다. 사람의 모습으로 살다가 욕심을 다 털어내고 하나인 본질로 되돌아간 사람이 성인(聖人)이다. 하나인 본질에서 이탈한 사람의 눈에는 성인도 사람으로만 보이지만, 성인은 사람의 차원에서 벗어나 하나인 본질로 되돌아간 사람이므로, 성인은 사람이면서 하늘이다. 성인의 몸은 하늘 몸이고, 성인의 마음은 하늘마음이다.

『천부경』에서는 하나인 본질에서 벗어나지 않은 사람의 모습을 설명했다. 『천부경』에서 말하는 사람을, 몸덩이에 갇혀 몸덩이의 삶을 사는 사람으로 보면 안 된다. 몸덩이에 갇힌 사람의 마음은 본래의 마음이 아니다. 욕심을 다 털어낸 성인의 마음이라야 본래의 마음이다. 본래의 본마음은 본래의 태양 그 자체이다. 『천부경』에서는 본래의 마음을 표현하기 위해 본(本)이라는 글자를 세 번이나 사용했다. 강물에 떠 있는 달은 하늘에 있는 달의 그림자이므로, 하늘에 있는 본래의 달은 하나뿐이다. 태양도 그렇다. 태양의 빛이 여러 물체에서 반사되어도 그것은 반사된 것일 뿐, 본래의 태양은 아니다. 본래의 태양은 하늘의 태양 하나뿐이다. 하나뿐인 그 태양이 사람의 본래 마음에 들어있는 그 태양이다.

성인(聖人)의 마음은 하늘마음 그 자체이다. 태양에서 열과 빛이 따뜻하고 환하게 쏟아져 나오듯이, 성인의 마음에서는 따뜻하고 환한 사랑이 뿜어져 나온다. 그 사랑이 공자의 인(仁)이고, 석가모니의 자비이며, 예수의 사랑이다. 태양의 열과 빛은 거리에 상관없이 똑같이 쏟아져 나온다. 태양의 열과 빛에는 차별이 없다. 성인의 몸에서 뿜어져 나오는 사랑도 모든 사람과 만물에 차별 없이 뿜어져 나온다. 태양의 열과 빛이 거리가 멀수록 약해지는 까닭은 멀어서 그런 것이 아니라, 밀도가 작아져서 그런 것이다. 성인의 사랑도 그렇다. 거리에 상관없이 차별 하지 않고 뿜어져 나오지만, 멀어질수록 옅어지는 까닭은 밀도가 작아지기 때문이다. "부모와 하나가 되고, 다른 사람을 내 몸처럼 사랑하며, 만물을 아낀다.[41]"라는 맹자의 말이 그래서 타당하다. "눈앞에 보이는 것을 더 사랑하고 보이지 않는 것을 덜 사랑하게 된다.[42]"라고 한 맹자의 설명도 마찬가지 이치이다.

『천부경』에서는 하나인 본질에서 벗어나지 않은 사람의 모습을 표현했다. 선악과를 따먹기 전의 아담과 하와를 사람의 본래 모습으로 표현하고, 구멍이 뚫리기 전의 혼돈을 본래 모습으로 표현했다. 『천부경』에서는 아담과 하와가 선악과를 왜 따먹었는지, 혼돈이 왜 구멍이 뚫렸는지는 설명하지 않았다. 아마도 『천부경』을 설할 당시에는 사람들이 대부분 하나인 본질에서 이탈하지 않았거나, 이탈했더라도 많이 이탈하지 않았기 때문이었을 것이다. 사람이 왜 하나인 본질에서 이탈했고, 이탈한 뒤의 사람의 삶은 어떤 것이고, 하나인 본질을 회복하는 방법은 어떤 것인지에 관해 설명하는 것은 후대에 나오는 『삼일신고』의 몫이다.

사람의 본래 모습은 하늘이고 우주이며 하나인 본질 그 자체이고, 사람의 본래 마음에 들어있는 핵심은 하늘에 떠 있는 태양 그 자체이다. 그래서 『천부경』에서는 사람을 보고 '우뚝하도다. 환하도다.'라는 표현을 했다. 하늘과 땅 사이에 있는 조그만 몸덩이를 사람으로 보기 쉽지만, 그런 모습은 사람의 본래 모습이 아니다. 사람의 본래 모습은 하늘이고 우주이며, 하나인 본질 그 자체이다. 그래서 『천부경』은 말한다.

---

41) 親親而仁民 仁民而愛物(『孟子』盡心 上)
42) 제나라 선왕이 죽는 장소로 끌려가는 소가 두려워하는 모습을 보고 불쌍해서 양으로 바꾸라고 한 적이 있었는데, 그때의 선왕의 마음이 소를 양보다 더 사랑한 것처럼 보이지만, 사실은 소의 불쌍한 모습은 보았고, 양은 보지 않은 데서 연유한다고 맹자가 선왕에게 설명했다. 원문은 다음과 같다. 是乃仁術也 見牛 未見羊也(『孟子』公孫丑 上)

'사람이 천지 가운데 있는 조그만 존재인 것 같지만, 여전히 하나인 본질 그 자체이다.'라고.

제7절 본질의 영원성

사람을 하늘과 땅 사이에 있는 조그만 존재로 보면, 사람은 늙고 병들어 죽는 존재이지만, 그것은 사람의 본래 모습이 아니다. 사람의 본래 모습은 하늘이고 우주이며, 하나인 본질 그 자체이므로, 늙음도 병듦도 죽음도 없다. 그래서 『천부경』에서 말한다. '그 하나는 마치는 것으로 보이지만, 사실은 마침이 없다. 하나인 본질 그 자체이니까'라고.

『천부경』의 마지막 구절은 예수의 영생철학과 석가모니의 불생불멸 철학을 내포한다. 사람들은 영생을 원한다. 죽음을 좋아하는 사람은 없다. 영생이란 무엇일까? 사람들이 현재의 모습 그대로가 영원히 이어지는 것을 영생으로 안다면 그것은 착각이다. 사람들은 '나'라는 헛것을 만들어 하나인 본질에서 분리된 채 욕심을 채우며 산다. 욕심은 집착 덩어리이다. 욕심으로 살면 삶에 집착하고, 자기의 것에 집착한다. 사람이 죽기 싫어하는 까닭은 욕심에서 나온 집착 때문이다. 사람이 욕심을 가지고 삶에 집착하는 한 결코 죽음에서 피할 수 없다. 죽음에서 벗어나는 방법은 욕심에서 벗어나 하나인 본질을 회복하는 것뿐이다. 하나의 본질은 시작도 없고 끝도 없다. 태어남도 없고 죽음도 없다. 예수가 말한 영생과 석가모니가 말한 불생불멸은 하나인 본질의 상태이다. 영생의 삶을 얻고 불생불멸의 진리를 얻는 방법은 하나인 본질로 돌아가는 것뿐이다. 『천부경』에서 말한 무시무종의 내용은 영생의 진리이고 불생불멸의 진리이다.

제2장

「삼일신고」의 삼위일체 사상

『환단고기』에 따르면, 「삼일신고」는 환웅이 귀족들에게 행한 훈시이다.

『천부경』의 내용이 하나인 본질에서 이탈하지 않은, 본질의 세계를 논한 원초적인 철학이라면, 「삼일신고」의 내용은 사람이 하나인 본질에서 이탈하게 되는 원리, 이탈한 뒤의 삶의 내용, 하나인 본질을 회복하는 방법 등을 논한, 본질에서 이탈한 인간을 위한 철학이다. 『천부경』이 없으면 「삼일신고」는 목표와 방향을 잃어버리게 되고, 「삼일신고」가 없으면 『천부경』의 내용이 인간의 현실성을 잃어버릴 수 있다. 『천부경』과 「삼일신고」가 짝을 이루어야 비로소 완전한 체계를 갖춘다.

제1절 하나인 본질로서의 하늘

『천부경』에서는 하나인 본질을 일(一)로 표현했고, 후대에는 하나인 본질을 천, 하나님, 하느님, 한울님, 도(道) 등으로 표현했지만, 「삼일신고」에서는 하늘[天]로 표현했다. 하늘에는 두 가지 뜻이 있다. 하나는 하나인 본질을 말하고, 다른 하나는 푸르고 가물가물한 물리적 하늘이다. 이 중에서 「삼일신고」에서 말하는 하늘은 하나인 본질을 말하는 것이지, 푸르고 가물가물한 물리적 하늘을 말하는 것이 아니다. 그래서 「삼일신고」에서는 다음과 같이 말한다.

천제께서 말씀하셨다. "너희 오가의 대중들아. 푸르고 푸른 것이 하늘이 아니고, 가물가물한 것이 하늘이 아니다. 하늘은 형질이 없고 끝이 없으며 상하 사방이 없다. 텅 비어 있으나 있지 않은 곳이 없고, 어느 하나 감싸고 있지 않은 것이 없다.[43]

천제는 배달국의 환웅천왕이고, 오가는 당시의 귀족들이다. 위 인용문은 천제가 당시의 귀족들에게 설명한 하늘에 관한 내용이다.

하나인 본질인 일(一)이 「삼일신고」에는 하늘로 표현되어 있다. 하늘은 우주 만물의 본질이고 생명의 원천이다. 하늘은 물질로 표현되기 이전의 본질이므로 형질이 없다. 천지 만물은 형질로 나타나 있는 물체이다. 이는 마치 호수의 물이 얼어서 얼음이 된 상태로 존재하는 것과 같다. 모든 얼음은 모습을 가지고 있지만, 그 본질인 물은 형체가 없다.

---

[43] 帝曰 爾五加衆 蒼蒼非天 玄玄非天 天无形質 无端倪 无上下四方 虛虛空空 无不在 无不容

물은 형체는 없으나 질은 있지만, 우주 만물의 본질은 형체로도 나타나지 않고 질료로도 나타나지 않는다. 우주 만물의 본질은 형질이 없는 채로 우주에 빈틈없이 존재한다. 눈에 보이는 푸른 하늘은 이미 형체로 드러난 것이므로, 본질이라는 의미의 하늘이 아니고, 밤에 가물가물한 상태로 아득하게 보이는 하늘도 본질이라는 의미의 하늘이 아니다. 본질로서의 하늘은 시간성과 공간성을 가지고 있지 않다. 형질이 없어 감각 대상이 될 수 없으므로 텅 비어 있는 것처럼 보이지만, 형질이 되기 이전의 상태로 빈틈없이 존재하므로, 있지 않은 곳이 없다. 천지 만물은 하늘에서 나오지 않은 것이 없으므로, 하늘은 천지 만물을 다 감싸고 있다.

제2절 신(神)

하늘은 하나인 본질이지만, 거기에 마음이 있다. 사람을 보면 하나의 몸만 보이지만, 거기에 마음이 있듯이, 형질로 나타나기 이전의 상태로 존재하는 하늘에도 마음이 있다. 그 마음을 「삼일신고」에서는 신(神)으로 표현했다.

신은 위 없는 첫 자리에 계시어 큰 덕과 큰 지혜와 큰 힘으로 하늘을 내시고, 무수한 세계를 주재하시며, 많고 많은 물상을 만드시되 작은 티끌 하나도 빠트리지 않는다. 밝고 밝으며 영험하고 영험하여 감히 이름 붙이거나 헤아릴 수 없다. 큰 소리로 원하고 빌어도 결코 직접 볼 수

가 없다. 본성으로 들어가 그 아들을 찾아보면 너희의 뇌에 내려와 계신다.[44]

    하늘은 텅 비어 있어서 만물이 저절로 생겼다 없어졌다 하는 것 같지만, 그렇지 않다. 우주 공간에 수많은 천체가 운행하고 그 속에서 수많은 별이 반짝이고 있다. 해와 달이 운행하고 지구도 쉬지 않고 공전과 자전을 계속한다. 밤낮이 교차하고 사계절이 순환한다. 이 모든 것들은 자연의 운행원리에 따라 일정한 운행을 지속한다.

    호수의 물이 얼었다 녹았다 하는 현상은 단순한 자연현상 같아 보이지만, 사실은 물의 마음에 따르는 결과로 이해할 수도 있다. 물은 마음을 가지고 있다. 0도 이하에서는 얼려는 마음이 있고 0도 이상에서는 녹으려는 마음이 있다. 마음 없는 물체는 없다. 움직이고 있는 물체는 계속 움직이려 하고, 가만히 있는 물체는 가만히 있으려고 한다. 물체를 때리면 물체는 맞은 만큼의 힘으로 상대를 때린다. 그것이 물체의 마음이다. 사람들은 그러한 물체의 마음을 관성의 법칙이나 작용과 반작용의 자연법칙이라 하고 말지만, 사실은 그 자연법칙이 물체의 마음이다. 사람의 마음도 그렇다. 가는 말이 고우면 오는 말도 곱고, 가는 말이 거칠면 오는 말도 거칠다. 그렇게 반응하는 것이 사람의 마음이다. 사람에게도 사람의 마음이 있고 물체에도 물체의 마음이 있듯이, 하늘에도 하늘의 마음이 있다. 우주 공간에서 물체가 모였다 흩어졌다 하는 현상은 하늘의 마음이 그렇게 만드는 것으로 이해할 수 있다. 그

---

44) 神在无上一位 有大德大慧大力生天 主無數無世界 造牠牠物 纖塵无漏 昭昭靈靈 不敢名量 聲氣願禱 絶觀見 自性求子 降在爾腦

것은 마치 물의 마음이 얼음을 얼렸다 녹였다 하는 것과도 같다. 「삼일신고」에서는 하늘의 마음을 신(神)으로 표현했다.

우주에서 일어나는 현상을 자연현상으로 본다면 무신론이 되고, 하늘의 마음에 따르는 것으로 이해하면 유신론이 되지만, 하늘마음이 자연의 섭리라는 사실을 안다면, 유신론과 무신론이 분리되지 않는다.

하늘보다 더 원초적이고 더 본질적인 것은 없다. 그러므로 하늘의 마음인 신보다 더 원초적인 것이 없고, 더 본질적인 것이 없다. 우주가 만들어지고 은하계가 만들어지며 태양계와 같은 것이 무수히 만들어지는 것을 자연의 섭리로 본다면 자연의 섭리보다 위대한 존재가 없지만, 그 자연의 섭리를 신으로 이해한다면 신보다 더 큰 것이 없고, 더 큰 능력이 없으며 더 지혜로운 것이 없다.

우주의 운행을 비롯한 모든 존재의 움직임은 조금도 쉬지 않으므로, 자연의 섭리가 조금의 쉼이 없이 작용한다고 할 수 있고, 하늘의 마음 또한 조금의 쉼이 없이 움직인다고 할 수도 있다. 하늘이 텅 비어 있으면서 모든 것을 다 감싸고 있다고 하는 것은 하늘을 자연의 모습으로 이해하고 한 설명이고, 신이 우주 만물을 만들어낸다고 한 것은 우주 만물을 끊임없이 생성 변화하게 하는 자연의 섭리를 하늘의 마음으로 이해하고 한 설명이다.

우주 만물의 모든 요소가 질서정연하게 움직이는 현상은 마치 하나의 관제탑에 의해 운행되는 것과 같다. 그 관제탑의 기능을 자연의 섭리라고 할 수도 있고, 하늘마음이라고도 할 수 있다.

하늘마음을 이해하기 위해서는 사람의 마음을 통하는 방법도 있다. 맹자가 증명해낸 하늘마음은 바로 그런 방식이었다.

사람이 철모르는 어린이가 우물로 기어가는 것을 보면 깜짝 놀라며 구하려 한다. 그때의 마음은 그 어린이의 부모와 사귀기 위해서도 아니고, 의로운 사람이라는 명예를 얻기 위해서도 아니며, 비난받는 것을 두려워해서도 아니다. 그 마음은 아무런 생각 없이 저절로 나타난 마음이다. 그러한 상황에서는 언제 어디서나 같은 마음이 나오고 누구에게서나 같은 마음이 나온다. 그 마음의 모든 사람이 다 같이 가지고 있는 하나의 마음이다. 하나의 마음이므로 한마음이고 하나 마음이며, 하나님 마음이고 하늘마음이다. 하늘마음이 증명되면 하늘은 저절로 증명된다. 환웅천왕은 하늘을 설명하면서 하늘마음을 증명할 필요까지는 없었다. 당시의 사람들은 하늘을 의심하지 않았을 것이므로, 하늘의 내용에 대해 정확하게 전달하기만 하면 되었다.

하늘은 만물을 낳고 싶어 하고 살리고 싶어 한다. 그러기 위해서 밤낮을 교차시키고 사계절을 순환하게 하며, 우주 전체의 운행을 주관한다. 그렇게 하는 것보다 더 큰 힘과 더 큰 지혜는 없다. 그래서 「삼일신고」에서는 '큰 덕과 큰 지혜와 큰 힘'을 가진 존재로 표현했다. 그렇지만, 하늘은 형체를 가진 존재가 아니므로, 아무리 하늘의 모습을 보려고 해도 볼 수가 없다.

하늘이 만물을 낳고 유지하는 방식은 물이 얼음을 만들고 유지하는 방식과 같다. 물에서 얼음이 만들어지는 현상을 보고 물이 얼음을 만들어낸다고 할 수 있다. 물이 만들어낸 얼음은 물과 형태가 다르지만, 본질에서는 물과 얼음이 하나이므로, 얼음에는 물의 마음과 물의 몸이 있다. 추우면 얼고 싶고 더우면 녹고 싶은 마음은 물과 얼음이 가진 공통의 마음이다. 얼음과 물이 형태가 다르지만 얼음의 본질이 물이므로,

본질에서 하나이고, 얼음 마음의 본질이 물의 마음이므로, 얼음 마음과 물의 마음은 본질에서 하나이다. 얼음은 모양이 있고, 얼음 속에는 얼음의 마음이 있다. 얼음의 마음이 물의 마음이므로, 얼음 속에 있는 얼음의 마음은 얼음 속에 들어와 있는 물의 마음이다.

하늘과 만물의 관계도 이와 같다. 하늘에서 만물이 만들어지지만, 본질에서 하늘과 만물은 하나이므로, 만물은 하늘마음과 하늘 몸을 가지고 있다. 하늘의 몸과 만물의 몸은 형태가 다르지만, 하늘마음과 만물의 마음은 같으므로, 만물의 몸에 들어있는 만물의 마음은 만물에 들어와 있는 하늘마음이다.

하늘과 만물의 관계를 하늘이 만물을 만들었다거나, 하늘이 만물에 몸과 마음을 주었다고 표현하면, 하늘과 만물의 관계는 만들고 만들어지는 관계가 되고, 주고받는 관계가 되므로, 하나가 아니라고 오해할 수 있다. 이를 해소하기 위해 「삼일신고」에서는 '본성으로 들어가 그 아들을 찾아보면 너희의 뇌에 내려와 계신다.'라고 표현했다. 아버지와 아들은 하나다. 몸이 분리되어 있으므로, 다른 사람인 것 같지만, 한 몸에서 분리되어 나온 것이므로, 본래 하나다. 본래 하나이므로, 아들의 몸에 아버지의 마음이 들어 있다. 신은 하늘의 마음이다. 사람의 몸에 있는 사람의 마음은 사람의 몸에 들어와 있는 하늘의 마음이다. 이를 「삼일신고」에서는 아버지와 아들의 관계로 표현하여, 신의 아들이 사람의 뇌에 들어와 있다고 설명했다.

사람의 뇌에 들어와 있는 하늘마음이 가슴으로 내려와 사람의 삶을 관장한다. 하늘마음과 사람의 마음을 설명한 「삼일신고」의 내용은 권근 선생의 『입학도설(入學圖說)』에 실려 있는 '〈천인심성합일지도(天人

心性合一之圖)〉'에 잘 나타나 있다. 이를 보면 「삼일신고」의 내용이 고려 말의 이암 선생과 이색 선생을 통해 권근 선생으로 이어졌음을 알 수 있다.

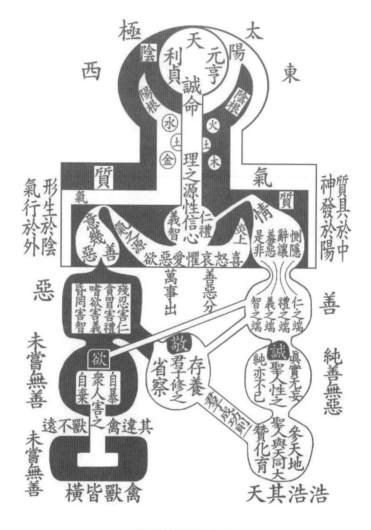

〈천인심성합일지도〉

〈천인심성합일지도〉에서 권근 선생은 뇌에 들어와 있는 하늘마음이 가슴으로 내려오는 과정을 그려놓았다. 현대의 뇌과학자들은 사람의 마음을 뇌에서 분비되는 물질로 보지만, 「삼일신고」의 내용을 참고하면, 마음의 본질은 뇌에 들어와 있는 하늘마음으로 보아야 한다. 뇌에 들어와 있는 하늘마음이 가슴으로 내려올 때, 뇌에서 물질이 분비된다. 후대에 나온 이기설에서 물질을 초월하여 하나로 통해 있는 마음을 리(理)라 하고, 물질적인 요소를 기(氣)로 보았으므로, 하늘마음은 리(理)이지만, 뇌에서 분비되는 물질은 기(氣)이다. 하늘마음이 가슴으로 내려올 때 뇌에서 분비되는 물질에 의해 변질할 수도 있고, 변질하지 않을 수도 있다. 이는 지하수가 샘으로 솟아날 때 샘의 구멍에 있는 진흙의 영향을 받아 흐려질 수도 있고, 영향을 받지 않아 맑음을 유지할 수도 있는 것과 같다. 사람에 들어있는 하늘마음을 주자학에서는 성(性)이라 하고, 성을 구체적으로 표현하여 인의예지(仁義禮智)라 한다. 인의예지가 변질하지 않고 가슴으로 내려온 것이 사단이고, 뇌에서 분비되는 물질에 의해 변질한 것이 칠정이다. 사단은 측은지심, 수오지심, 사양지심, 시비지심이고, 칠정(七情)은 희로애구애오욕(喜怒哀懼愛惡欲) 즉, 사단(四端)이다. 사단은 네 가지 마음뿐만이 아니지만, 크게 네 가지 범주로 분류하여 사단이라 했고, 칠정 또한 기뻐하고, 화내고, 슬퍼하고, 두려워하고, 사랑하고, 미워하고, 욕심내는 일곱 가지 마음뿐만이 아니지만, 크게 일곱 가지 범주로 분류하여 칠정이라 했다.

〈천인심성합일지도〉의 내용은 「삼일신고」와 뇌 과학의 내용을 참고하면 쉽게 이해할 수 있다.

뇌에서 분비되는 물질 중에, 옥시토신은 사랑하는 마음이고, 엔도르

핀은 기분 좋은 마음이며, 아드레날린은 설레는 마음이고, 도파민은 의욕과 열정이라고 한다. 이처럼 뇌에서 분비되는 물질에 따라 변질한 마음을 〈천인심성합일지도〉에서는 칠정으로 설명했다.

뇌에서 물질이 분비될 때 뜻에 영향을 받는다. 뜻은 한자로 의(意)라고 한다. 뜻에는 두 가지가 있다. '나'라는 주체가 생기기 전에 나오는 순수한 뜻이 있고, '나'라는 주체가 생긴 뒤에 나오는 이기적인 뜻이 있다. 순수한 뜻은 하늘마음을 따르므로 순수한 뜻을 가진 사람의 마음은 하늘마음이 변하지 않고 가슴으로 내려오지만, 이기적인 뜻을 가진 사람의 마음은 하늘마음이 변질하여 욕심으로 바뀐다. 뇌 과학자들은 아직 하늘마음을 인정하지 않으므로, 순수한 뜻과 이기적인 뜻을 구별하지 못하지만, 하늘마음을 아는 사람은 사람의 마음속에 변질하지 않은 하늘마음과 변질하여 생긴 욕심이 있음을 안다. 변질하지 않은 마음이 선이고, 변질한 마음이 악이다. 「삼일신고」에서 말한 뇌 속에 들어와 있는 하늘마음이 권근 선생의 〈천인심성합일지도〉를 통해 가슴으로 내려오는 과정이 설명되었고, 이황 선생의 『성학십도(聖學十圖)』에 실려 있는 〈심통성정도(心統性情圖)〉를 통해 이기심성론으로 완성되었다. 「삼일신고」가 없었다면 권근 선생의 〈천인심성합일지도〉가 나오기 어려웠을 것이고, 이황 선생의 이기심성론이 완성되기 어려웠을 것이다.

제3절 천국

「삼일신고」에서는 하늘에 대해 두 가지로 설명하는 듯하다. 하나는 하나인 본질을 하늘로 정의하여 하늘의 마음을 신(神)으로 정의한 것이고, 다른 하나는 환웅천왕이 신시로 내려오기 전에 살았던 고국을 천신국(天神國)으로 정의한 것이다. 『삼국유사(三國遺事)』에서는 환한 나라의 임금 환인이 아들 환웅을 지상으로 내려 보냈다고 설명하고 있다. 환웅에게는 아버지가 살던 환한 나라가 천국으로 인식되고, 환한 나라의 임금인 환인이 천신으로 인식되었다.

환국은 천국이었다. 환국에는 천신이 사는 천궁이 있었고, 천궁으로 들어가는 긴 계단이 있었으며, 그 계단 입구에는 문이 있었다. 그 궁전에는 환인이라는 하늘 같은 존재가 살고 있었고, 그 궁전에서 내려오는 계단을 통해 착한 사람들이 오르내리고, 덕망 있는 사람들이 그 문을 드나들었다. 그 궁전에는 영적으로 깨어있는 신령한 신하들과 사리에 밝은 명철한 신하들이 환인 하느님을 모시고 있었다. 그 궁전은 매우 상서롭고 광명한 장소였다. 이를 「삼일신고」에서는 다음과 같이 설명한다.

천신의 나라에는 하늘궁전이 있다. 거기에는 만선이 나오는 계단과 만덕이 나오는 문이 있다. 한 분의 천신이 거처하시는 곳은 여러 신령과 모든 현인이 모시고 호위하는, 크게 상서롭고 크게 광명한 곳이다. 오직 성으로 통하고 공을 완전히 이룬 자만이 그곳에 나아가 영원한 쾌락을 얻을 수 있다.[45]

---

45) 天神國 有天宮 階萬善 門萬德 一神攸居 群靈諸哲護侍 大吉祥大光明處 惟性通功
完者 朝永得快樂

한국인들은 지금도 시조(始祖)를 찾는다. 시조는 자기의 종족을 낳은 하늘이다. 사람들은 시조를 완전한 자로 믿고 흠모한다. 종족 중에는 시조를 믿고 따르며 제사 지내는 사람도 있다. 시조를 흠모하고 따르는 사람은 시조와 하나로 통한다. 시조에게도 시조가 있으므로, 계속 거슬러 올라가면 최초의 사람은 하늘과 닿아있다.

한 나무의 가지를 꺾어 심으면 또 한 그루의 나무가 된다. 원래의 나무와 새로운 나무는 원래 한 나무였다. 한 나무의 가지를 꺾어 심으면 두 나무가 되지만, 본래의 나무에서 보면 두 그루의 나무는 한 나무다. 원래의 나무를 모목(母木)이라 하고, 새로 심은 나무를 자목(子木)이라 한다. 모목은 자목이 생겼을 때부터 모목이므로, 모목과 자목은 나이가 같다. 자목이 생기기 전에는 자목과 모목은 하나였었다. 이를 알면 모든 나무는 태초부터 존재하는 영원한 나무임을 알 수 있다.

지금의 자목에는 모목과 하나인 몸이 있고 모목과 하나인 마음이 있다. 이러한 내용을 아는 자목과 모르는 자목은 다르다. 이러한 내용을 모르는 자목은 자기만을 위하는 마음으로 살겠지만, 아는 자목은 모든 자목이 하나의 모목에서 나온 것임을 알고, 모든 자목과 하나의 마음이 되어 모두를 위하는 삶을 살게 된다.

사람도 그렇다. 부모가 자기를 낳았을 때 비로소 부모가 되었기 때문에, 부모의 나이와 자기의 나이는 같다. 부모가 자기를 낳기 전에는 자기와 부모는 하나였었다. 부모는 조부모와 하나였었고, 조부모는 증조부모와 하나였었다. 이렇게 생각해보면 현재의 모든 사람은 태초의 사람과 하나이므로, 모두 하나임을 알 수 있다. 이러한 사실을 아는 사람은 모든 사람을 사랑하며 살지만, 모르는 사람은 자기의 이익을 위해 남과 경쟁하며 산다. 본래마음을 회복하여 남과 하나가 되어 사는 사람은 인류를 위해서 큰 공을 이룬다.

모든 사람과 하나가 되어 사는 사람은 영원한 삶을 산다. 그는 태초의 사람과 하나이고, 하늘과 하나이다. 그는 하늘의 궁전에 들어가 하늘과 하나가 되어서 살기도 한다. 태초의 사람은 하늘궁전에서 하늘로서 살았으므로 무한한 쾌락을 누리면서 사는 사람이다. 그에게는 고통이나 긴장이 없다. 그에게는 오직 행복으로 충만한 삶이 있을 뿐이다. 본마음으로 사는 사람 또한 그렇다. 그는 행복으로 충만한 삶을 산다. 그런 삶은 무한한 쾌락을 누리는 삶이다.

세상 사람들의 삶의 방식에는 두 가지 기준이 있다. 하나는 안락한 환경에서 사는 사람들의 기준이고 다른 하나는 열악한 환경에서 사는 사람들의 기준이다. 안락한 환경에서 사는 사람들은 자연 상태를 이상적인 것으로 보기 때문에 자연 상태를 선으로 생각하지만, 열악한 환경에서 사는 사람들은 자연 상태를 험악한 것으로 보기 때문에 자연 상태를 악으로 규정한다. 자연 상태를 선으로 보는 사람들은 자연 상태로 돌아가기를 바라지만, 자연 상태를 악으로 보는 사람들은 자연 상태의 극복을 바란다. 옛날로 갈수록 자연 상태에 가까우므로 안락한 환경에서 사는 사람들은 옛날을 그리워한다.

한국인은 안락한 환경에서 사는 사람들이다. 한국인들은 옛것을 그리워하고 좋아하는 정서를 가지고 있다. 따라서 한국인들은 옛 조상들이 살았던 장소를 이상향으로 여긴다. 단군 시대에는 환웅천왕 시대를 이상적인 시대로 여겼고, 환웅천왕 시대에는 환인천왕 시대를 이상적인 시대로 여겼다.

제4절 세계와 창조주

「삼일신고」에서는 하나인 본질을 하늘로 정의하고, 본질의 마음을 하늘마음으로 정의한 다음, 환웅의 아버지인 환인을 천신으로 정의하여, 천신을 천궁에 사는 천신으로 묘사했다. 그런 다음 천신과 하늘을 연결하여 동일시했다. 조상과 하늘의 동일시는 후대에 예수의 사상에서도 나타난다. 천신은 하늘이고, 세상을 창조하는 창조주이다.

밤에 하늘을 보면 너무나도 많은 별이 있다. 그 많은 별을 만들고 관장하는 주재자가 천신이다. 우주에서 보면 지구도 작은 알처럼 조그맣게 보인다.

천신은 지구에 생명체가 살 수 있도록 공기를 만들었다. 이를 환웅천왕은 '기를 불어 넣었다'는 말로 표현했다. 생명체가 살기 위해서는 햇빛이 있어야 했다. 햇빛으로 지구를 달구어야 비로소 생명체가 살 수 있다. 생명체가 삶을 유지하기 위해서는 열이 필요하다. 열은 생명체가 생명 활동을 할 수 있는 기본 에너지다. 열에너지는 생명체에게 색을 선물한다. 모든 생명체가 생명을 지속할 수 있게 된 까닭은 천신의 도움 덕이다. 천신이 세상을 만들어 유지하는 과정을 삼일신고에서는 다음과 같이 설명한다.

너희들은 빽빽하게 박혀 있는 저 별들을 보라. 그 수가 끝이 없다. 큰 별, 작은 별, 밝은 별, 어두운 별, 쓸쓸히 사라져가는 별, 즐겁게 반짝이는 별 등등이 많이도 있지만 같은 것은 하나도 없다. 한 분의 천신이 여러 세계를 만드시고, 그 중에 태양계를 맡은 사자를 시켜 칠백 세계를 거느리게 하시니, 너희 땅이 스스로 큰 것 같지만, 하나의 작은 알만한 것이다. 속에 있는 불덩어리가 흔들리고 요동쳐서 바다가 만들어지고 육지가 생겨 여러 가지 모습들이 만들어졌다. 천신이 모든 것에 생기를 불어넣고 햇빛으로 달구고 열로써 색을 내니, 걸어 다니는 동물, 날아 다니는 새, 허물 벗는 곤충, 헤엄치는 물고기, 땅에서 자라는 식물 등이 모두 번식하게 되었다.[46]

제5절 하늘과 만물의 세 요소

사람과 만물은 하나인 본질에서 벗어나 있지 않다. 『천부경』에서는 하나인 본질만 설명했지만, 「삼일신고」에서는 하나인 본질에 세 요소가 있는 것으로 설명하고, 사람과 만물이 그 세 요소를 받았다고 설명한다. 본질에서 보면 본질과 사람이 하나이므로 주고받는 관계가 아니지만, 본질인 하늘에서 사람이 생겨난 것으로 이해하여, 편의상 하늘의 세 요소를 사람이 받은 것처럼 설명했다.

사람과 만물이 함께 세 가지 참된 것을 받았으니, 본성과 목숨과 정기이다.[47]

---

46) 爾觀森列星辰 數无盡 大小明暗苦樂不同 一神造群世界 神勅日世界使者 舝七百世界 爾地自大 一丸世界 中火震盪 海幻陸遷 乃成見像 神呵氣包底 煦日色熱 行□化 游栽物 繁殖

47) 人物同受三眞曰性命精 원문에는 曰性命精 앞에 惟衆迷地三妄着根 眞妄對作三途라는 문장이 있는데 문맥을 따져보면 惟衆迷地 三妄着根은 曰心氣身 앞에 오고, 眞妄對作三途는 曰感息觸 앞에 오는 것이 타당해 보여, 위치를 옮겼다.

『천부경』에서 보면 하나인 본질[一]에서 만물이 만들어지기 시작하지만, 만들어지기 시작한 만물은 여전히 하나인 본질이므로 시작된 것이 없고, 만들어진 만물 또한 여전히 하나인 본질이지만, 「삼일신고」에서는 그 하나인 본질에 세 요소가 있음을 찾아내고, 만물에도 또한 세 요소가 있음을 밝혔다. 본질과 만물에 있는 세 요소는 분리되어 따로 있지 않다. 어디까지나 하나이지만, 세 방면의 작용이 있으므로, 그렇게 분류해서 이름 붙인 것일 뿐이다.

〈하늘의 세 요소〉

「삼일신고」에서 말한, 하나인 본질인 하늘의 세 요소는 본성[性]과 명령[命]과 정기[精]이다. 이 세 요소는 만물에 다 들어 있다. 하늘의 세 요소 중에 본성[性]은 하늘의 마음이고, 명령[命]은 하늘의 말씀이며, 정기[精]는 하늘의 몸이다. 「삼일신고」의 이 설명은 너무나 놀랍다. 유학의 심오한 경전으로 꼽히는 『중용』 첫머리에 '천명을 성이라 한다[天命之謂性].'라는 말이 있다. 하늘의 말씀이 사람의 본성이란 뜻이다. 이 말은 유학의 핵심 중의 핵심이고, 주자학 성립의 발판이 된 말이다. 그런데 「삼일신고」의 설명은 이와 다르다. 사람의 본성으로만 알고 있는 성(性)이 실은 하늘의 마음으로 되어 있다. 성(性)은 심(忄)과 생(生)을 합한 글자이므로, '살고 싶은 마음' 또는 '살리고 싶은 마음'이다. 하늘마음을 '만물을 살리고 싶어 하는 마음'으로 이해한다면「삼일신고」의 설명은 너무나 적절하다. 하늘의 마음과 사람의 마음은 본래 하나이므로, 하늘의 마음인 성(性)이 사람의 본마음인 성(性)임이 확실하다. 따라서 성(性)을 사람의 본성으로 보고, 본성의 내용 역시 '살고 싶은 마음'이고 '살리고 싶은 마음'으로 보는 설명은 타당하다.「삼일신고」의 설명을 참고하면 천명을 사람의 본성으로 정의한『중용』의 설명에서 나타나는 문제점을 말끔히 정리할 수 있다. 후대에 발달한 이기설(理氣說)에서는 천명을 성으로 보면서도 천명을 기(氣)라 하고, 성을 리(理)라 하는 모순을 드러낸다.「삼일신고」의 설명을 참고하면, 천성과 인성이 모두 리(理)이므로 아무런 모순이 생기지 않는다. 유학자 중에 '천명이 사람의 본성이다[天命之謂性].'라는 말을 의심한 사람은 아무도 없다. 그런 내용이「삼일신고」에서 뒤집혀 있으므로,「삼일신고」가『중용』이후에 나온 기록이라는 설명은 설득력이 하나도 없다.

하늘과 사람이 하나이므로, 하늘의 마음인 성이 사람의 마음이어야 하고, 하늘의 말씀인 명이 사람의 명이어야 하며, 하늘의 몸인 정이 사람의 몸이어야 하지만, 조금 뒤에 나오는「삼일신고」의 설명에서는 사람의 마음을 심(心)이라 하고, 사람의 명을 기(氣)라 하며, 사람의 몸을 신(身)이라 하여 하늘의 세 요소와 달리 표현했다.「삼일신고」에서는 그 까닭을 사람이 망령되어 하늘에서 받은 세 요소를 그대로 간직하지 못했기 때문이라고 했다. 물과 얼음의 관계에서 보면 물과 얼음은 본질에서 하나이지만, 얼음의 세 요소가 물의 세 요소를 온전하게 가지지 못할 수도 있다는 뜻이 된다.

성[善]	명[淸]	정[厚]
악(惡)	탁(濁)	박(薄)
심(心 : 마음)	기(氣 : 기운)	신(身 : 몸)

〈사람의 세 요소〉

하늘과 사람의 요소를 세 요소로 보는 「삼일신고」의 설명을 참고하면, 우리에게 풀리지 않는 의문점들이 많이 풀린다. 오늘날 사람들은 사람의 요소를 이분법적으로 설명한다. 오늘날 우리는 사람에게 몸과 마음의 두 요소가 있다고 이해한다. 마음이 몸을 움직이고, 몸 또한 마음에 영향을 준다고 생각하기도 한다. 그러나 아픈 사람은 마음이 몸을 움직이지 못한다. 이런 간단한 의문도 해결하기 어렵다. 그러나 세 요소라는 것을 알면 바로 의문점이 풀린다. 마음이 몸을 움직이는 것이 아니다. 마음이 기를 움직이고 기가 몸을 움직이는 것이므로, 기운이 없는 사람은 마음이 몸을 움직이고 싶어도 움직일 수 없다. 사람에게 마음과 몸의 두 요소가 있다고만 하면, 마음과 몸이 따로 있는 것처럼 오해하기 쉽지만, 마음과 몸 사이에 마음과 몸을 하나로 연결하는 기(氣)를 알면 오해가 바로 풀린다. 기(氣)에는 하늘의 명이 들어 있다. 명(命)은 생명이다. 마음과 몸은 별개로 존재하는 것 같지만 그렇지 않다. 몸이 죽어 있으면 마음이 몸에 영향을 주지 못하고 몸 또한 마음에 영향을 주지 못한다. 그러므로 마음과 몸이 서로 영향을 줄 수 있는 것은 몸에 생명력이 작용하고 있기 때문이다. 마음은 생명을 통해 발휘되고 몸 또한 생명을 통해 유지하므로 몸과 마음을 이어주는 연결고리는 생명이다.

사람의 요소를 마음과 몸의 두 요소로 보면 사람의 삶이 마음을 중시하는 삶과 몸을 중시하는 삶으로 분리되고, 사람의 가치 기준에 따라 마음을 몸보다 중시하는 사람과 몸을 마음보다 중시하는 사람으로 양분되어 갈등을 일으키기 쉽다. 인류 사회가 마음의 가치를 중시하는 사람들의 집단과 몸의 가치를 중시하는 사람들의 집단으로 나뉘어 투쟁하고, 인류 역사가 마음을 중시하는 시대와 몸을 중시하는 시대로 순환하며 흘러온 것 또한 사람에게 세 요소가 있음을 간과했기 때문이다. 만약 사람이 사람의 세 요소를 바탕으로 살게 된다면 인류에게 일어나는 근본 문제들을 해결할 수 있을 것이다. 이런 의미에서 본다면「삼일신고」의 중요성은 아무리 강조해도 지나치지 않을 것이다.

하늘의 요소를 세 요소로 이해하면, 『신약성서』의 「요한복음」에 있는 '태초에 말씀이 있었다.'라고 하는 말도 쉽게 이해할 수 있다. 태초부터 하느님에게는 마음과 말씀과 몸이 함께 있지만, 우리에게 전달되는 것이 말씀이므로 '태초에 말씀이 있었다.'라는 말이 성립된다. 갓난아이는 어머니의 마음과 몸을 알아보지 못한다. 갓난아이가 접하는 어머니의 요소는 어머니의 말씀뿐이다. 사람도 그렇다. 사람이 접하는 하늘의 요소 중에서 마음과 몸은 잘 알 수 없으므로, 사람이 접하는 요소는 오직 말씀뿐이다. 이를 알면 태초에 하늘의 말씀만 있는 것으로 오해하기 쉬운 난해한 구절이 쉽게 풀릴 수 있다.

우주의 공간에 빈틈없이 퍼져 있는 정기가 하늘의 몸이다. 하늘의 마음은 정기와 함께 있으므로, 우주의 공간에 하늘의 마음이 빈틈없이 퍼져 있다. 하늘의 마음 작용이 말씀이므로, 하늘의 마음이 있으면 바로 말씀이 있다. 말씀은 언제나 마음과 함께 있다. 하늘에서 만들어진 모든 물체는 본질에서 하늘과 하나이므로, 모든 물체에도 하늘의 마음이 있다. 이는 물과 얼음의 관계를 생각해보면 바로 이해할 수 있다. 호수의 물은 빈틈이 없이 퍼져 있고, 그 물에는 늘 마음이 함께 있다. 그 물에서 만들어진 얼음은 본질에서 여전히 물이므로, 모든 얼음에도 물의 마음이 있다. 물과 얼음의 마음은 온도의 변화에 따라 쉬지 않고 작동하는데, 그 작동을 기의 움직임과 같은 것으로 이해하면 된다.

물체는 우주에 가득히 퍼져 있는 정기가 부분적으로 뭉쳐져서 만들어진 것이다. 호수의 물이 얼면 얼음이 되었다가 녹으면 도로 물이 되는 것처럼, 우주에 가득한 정기가 부분적으로 뭉쳐지면 물체가 되었다가 흩어지면 도로 정기로 돌아간다. 물체로 뭉쳐지기 전의 물질을 「삼일신고」에서는 정(精)이라고 했다. 정(精)은 정밀하다는 뜻이다. 정밀하다는 말은 빈틈없이 촘촘하다는 뜻이다. 푸석푸석한 흙으로는 도자기를 만들 수 없다. 고령토 같은 찰진 흙으로 만들어야 도자기가 된다. 푸석푸석한 흙에 비해 찰진 흙이 정밀한 흙이다. 물체의 몸을 만드는 우주의 정기도 빈틈없이 촘촘하다. 그래서 「삼일신고」에서 물체의 몸을 만드는 하늘의 정기를 정(精)이라 한 것이다. 「삼일신고」에서 말하는 정(精)은 중국 송나라 때 학자인 장재(張載 : 1020~1077)가 말한 기(氣)에 해당한다.

하늘마음은 뜻으로 존재한다. 하늘마음은 만물을 만들고 싶어 하는 뜻이다. 하늘마음을 이어받아 만물을 만드는 일을 하는 것이 하늘의 명(命)이다. 명은 명령한다는 뜻이다. 물체를 만들고 보존하는 하늘의 명이 병졸들을 지휘하는 장군의 명령과 유사하다는 의미로 붙인 말이다.

하늘의 명은 물체의 종류와 물체가 처한 상황에 따라 각각 다르게 작동하지만, 그 내용을 한마디로 압축하면 '살아라'는 말로 압축된다. 하늘의 마음은 사람의 뇌에 들어 있다. 사람의 뇌에 들어 있는 마음은 사람을 살리는 뜻이다. 사람의 마음에 따라 사람을 살리는 방향으로 작동하는 움직임이 기(氣)이다. 「삼일신고」에서는 하늘의 명과 사람의 기를 연결했다. 하늘의 명과 사람의 기는 한 줄로 연결되어 있다. 말하자면, 하늘의 명이 사람의 기이고, 사람의 기가 하늘의 명이다. 사람의 몸에서 기의 작동이 멈추는 것이 죽는 것이다. 사람이 죽으면 명줄이 끊어졌다고 말하는 이유가 이 때문이다. 하늘의 성과 사람의 마음속에 있는 성이 하나이고, 하늘의 명과 사람의 기가 하나라면, 이기설에서 생겨나는 혼선이 정리된다. 하늘의 성과 사람의 성이 리(理)이고, 하늘의 명과 사람의 기가 기(氣)이다. 이렇게 정리하고 나면, 하늘의 명과 사람의 성을 하나로 연결한 『중용』의 문제점이 드러난다. 주자학에 국한해서 보면 「삼일신고」의 이 설명은 경천동지할 일이다.

하늘의 정(精)이 모여 생명체의 몸이 되면, 생명체는 하늘의 명을 받아 생명 활동을 시작한다. 생명체의 생명 활동은 하늘의 명(命)에 따른 기의 작동이다. 무생물에도 하늘의 명에 따른 기의 움직임이 있다. 무생물에 작동하는 기의 움직임은 무생물의 몸을 유지하는 작용이다. 자연과학자들이 발견한 만유인력의 법칙, 관성의 법칙, 작용과 반작용의 법칙, 가속도의 법칙 등은 모두 물체에 작동하는 기의 움직임에 해당한다. 기의 움직임은 물체를 움직이게 하는 바탕이다. 기의 움직임은 물체의 움직임보다 먼저 작동한다. 누워있던 사람이 일어나려 할 때는 먼저 몸을 일으키기 위해 기운을 쓴다. 기운을 조금 쓸 때는 몸을 일으키지 못하지만, 기운의 강도를 조금씩 높여서 일어날 만큼의 기운이 써졌을 때 비로소 일어날 수 있다. 이에서 보면 기의 움직임은 움직임이 가시화되기 전에 시작되는 것임을 알 수 있다. 한국인들은 예로부터 이를 알고 있었다. 한의학에서 기의 움직임을 중시하는 까닭도 이러한 이유 때문이다. 한국인이 만든 태극기에는 이러한 내용이 들어 있다. 기의 움직임은 음과 양으로 압축할 수 있다. 하루의 낮과 밤을 드러난 모습으로 분류하면, 해 뜨는 시각에서 해 지는 시각까지가 낮이고, 해 지는 시각에서 해 뜨는 시각까지가 밤이므로 그림으로 표현하면, ◐의 모습이 된다. ◐의 윗부분은 낮이고 아랫부분은 밤이다. 그러나 기의 움직임으로 보면 다르다. 낮을 만드는 기의 움직임은 밤 열두 시에 시작되고, 밤을 만드는 기의 움직임은 낮 열두 시에 시작되므로 ◑의 모습으로 표현해야 한다. ◑의 모습에서 보면 낮이 가장 왕성한 시점에서 밤의 기운이 시작되고, 밤이 가장 왕성한 시점에서 낮이 시작됨을 알 수 있다.

만물을 살리는 하늘의 명령이 사람의 몸에서 작동하는 기의 움직임이므로, 사람의 삶을 가장 충실하게 유지하는 방법은 하늘의 명을 따르는 것이고, 사람의 몸에서 작동하는 기의 움직임을 충실히 따르는 것이다. 하늘마음은 잠시도 쉬지 않고 우리에게 살도록 유도한다. 밥을 먹을 때가 되면 밥을 먹도록 유도하고, 피곤할 때는 쉬도록 유도하며, 잘 때가 되면 자도록 유도한다. 하늘마음은 사람의 머리를 통과해 가슴으로 들어온다. 하늘마음이 머리로 통과할 때 뇌에서 물질이 나와 느낌을 만들어내고, 그 느낌이 가슴에 자리 잡는다. 밥 먹을 때가 되었을 때 하늘마음이 밥을 먹도록 일깨우면, 뇌에서 밥을 먹도록 유도하는 물질이 나오고, 그 물질의 영향을 받아 밥 먹고 싶은 느낌이 가슴에 자리 잡는다. 느낌에는 뇌에서 분비된 물질이 들어가 있으므로 알아차릴 수 있다. 느낌은 기(氣)의 영역에 속한다. 느낌은 행동력을 동반한다. 사람이 밥 먹고 싶은 느낌이 들 때 밥을 먹게 되는 것이 바로 그러한 이치다. 쉬는 것도 그러하고 잠을 자는 것도 그러하다. 사람의 느낌은 사람의 삶을 주도하는 원동력이다. 이러한 이치를 이해하면 애매하던 주자학의 이기설(理氣說)이 쉽게 풀린다. 주자학에서는 성이 발한 것을 정이라고 한다. 성을 인의예지라고 하고, 성에서 발한 정을 측은지심, 수오지심, 사양지심, 시비지심의 사단이라 한다. 인의예지에서 왜곡되지 않고 발한 정이 사단의 정이고, 왜곡되어 발한 정이 칠정인 것으로 설명한다. 인의예지와 사단은 내용이 완전히 일치한다고 설명하지만, 성을 리(理)라고 하고, 사단의 정을 기(氣)라 한다. 인의예지와 사단의 차이는 발하기 이전과 이후의 차이밖에 없다. 그런데도 인의예지는 리가 되고, 사단은 기가 된다. 매우 애매하다. 왕양명은 사단의 정까지 포함한 마음 자체를 리로 설명하기도 한다. 이러한 애매함은 「삼일신고」의 설명을 참고하면 쉽게 풀린다. 성이 발하여 뇌를 통과할 때 뇌에서 물질이 분비되어 흘러 들어가 느낌으로 바뀐 것이 정이다. 정에는 물질적인 요소가 섞여 있으므로, 기(氣)임이 확실하다.

기(氣)는 사람의 몸에서 작동하는 하늘의 명이다. 기는 몸을 살리는 방향으로 작동한다. 기의 작동은 외부의 상황에 따라 전달되는 마음의 명령을 충실히 따르는 것이므로, 밥을 먹어야 할 상황이면 밥을 먹도록 유도하기 위해 배고픈 느낌이 들게 하고, 쉬어야 할 상황이면 쉬도록 유도하기 위해 피곤한 느낌이 들게 한다. 이처럼 기의 움직임은 상황에 따라 다르게 전달되는 마음을 따라 충실하게 작동하기도 하지만, 또한 몸에 들어있는 기관을 삶의 방향으로 끌고 가는 자동기계와 같은 움직임을 하기도 한다. 말하자면 허파를 움직여 숨을 쉬게 하고, 심장을 움직여 피를 순환하게 하며, 간에서 독성을 해독하고, 신장에서 독성을 걸러내는 등의 움직임은 외부 상황에 따른 마음의 움직임과 상관없이 작동하는 자동기계처럼 보인다. 그러나 엄밀히 살펴보면 반드시 그렇지는 않다. 생명을 향하는 마음이 없이 기 스스로는 움직이지 못한다. 자동기계처럼 움직이는 기의 움직임에도 삶을 향하는 마음이 깔려 있다. 또한 마음이 위급함을 느끼면 자동기계처럼 움직이던 심장이 갑자기 급하게 뛰기 시작하고, 마음에 심한 스트레스가 생기면 소화기(消化器)를 통해 소화를 시키던 기의 움직임이 원활하지 못해 설사하기도 한다. 이를 보면 기를 움직이는 원초적인 요인은 마음임을 알 수 있다.

제6절 사람과 만물의 차이

사람과 사람 이외의 만물은 똑같이 하늘과 하나이므로, 하늘의 마음과 명령과 몸을 다 같이 받았다. 그런데도 사람과 만물에 차이가 나는 까닭은 무엇 때문인가? 「삼일신고」에서는 이를 다음과 같이 설명한다.

사람은 온전하게 받았으나, 만물은 치우치게 받았다. 참된 마음에는 선함만 있고 악함이 없다. 이런 내용은 으뜸으로 밝은 이라야 통한다. 참된 말씀에는 맑음만 있고, 탁함이 없다. 이는 중간 정도의 밝은 이로서도 알 수 있다. 참된 정기는 중후하기만 하고 경박함이 없다. 이는 밝

은 정도가 낮은 이로서도 이를 보전할 수 있다. 참된 세 요소를 회복하면 한 분인 천신과 하나가 된다.[48]

   사람과 사람 이외의 만물과는 차이가 있다. 하늘의 마음과 하늘의 명령과 하늘의 정기를 온전히 받아들인 존재가 사람이고, 온전히 받아들이지 못하고 치우치게 받아들인 존재가 사람 이외의 만물이다.

   호수에는 호수의 물이 빈틈없이 존재하듯이, 우주에는 우주에 들어 있는 정기가 빈틈없이 존재한다. 그 정기가 뭉쳐질 때 골고루 조화를 이루면서 잘 뭉쳐지면 사람이 되고, 조화를 이루지 못하고 치우치게 뭉쳐지면 사람 이외의 만물이 된다. 하늘의 정기를 크게 분류하면 금(金), 목(木), 수(水), 화(火), 토(土)의 다섯 물질이다. 사람의 몸은 다섯 물질 중에서 우수한 물질이 온전하게 골고루 잘 뭉쳐져서 된 몸이고, 동물의 몸은 다섯 물질 중에서 덜 우수한 물질이 치우치게 뭉쳐져서 된 몸이며, 식물의 몸은 오행 중에서 목(木)과 수(水)의 성분이 지나치게 많이 뭉쳐져서 이루어진 몸이고, 무생물의 몸은 대개 하나 또는 두 개 정도의 요소가 지나치게 많이 뭉쳐져서 만들어진 몸이다. 이는 도예가가 같은 흙으로 만든 도자기라 하더라도 우수한 흙으로 만든 작품과 그렇지 못한 흙으로 만든 작품이 다르게 되는 것과 같은 이치이다.

   본성은 하늘마음이다. 하늘마음에는 선만 있고 악이 없다. 하늘마음은 만물을 낳고 기르는 마음으로 충만해 있으므로 성(性)이라는 이름을 붙였다.

---

48) 人全之 物偏之 眞性 善无惡 上哲通 眞命 淸无濁 中哲知 眞精 厚无薄 下哲保 返眞
   一神

본성이 발할 때 변질하지 않은 감정은 하늘의 마음과 마찬가지로 선한 마음뿐이지만, 왜곡되어 변질한 감정에는 선한 감정이 줄어드는 대신, 그 빈자리를 악한 감정이 차지한다. 악한 감정이 욕심이다. 욕심에 빠진 사람은 본성을 발휘하지 못한다. 욕심에 빠진 사람은 자기 마음이 악한 마음이라는 사실을 알지 못한다. 욕심에 빠지지 않고 하늘마음을 순수하게 지키고 있는 사람이 진실한 사람이다. 진실한 사람의 마음은 하늘마음과 하나로 통한다. 사람은 하늘마음을 온전하게 받았지만, 욕심에 빠지면 하늘마음을 상실한다.

사람의 몸은 순수한 물질이 고루 모인 우수한 몸이다. 사람의 몸에는 감각기관이 있다. 몸이 우수할수록 감각기관의 감각 능력이 뛰어나다. 감각이란 감각 대상을 구별하는 것이다. 감각기관의 구별능력이 분별하고, 헤아리고, 알아차리고, 생각하는 능력으로 발전하는데, 그런 능력을 통틀어서 의식작용이라 한다. 의식작용은 감각기관에서 나오고, 감각기관은 몸에 붙어 있으므로, 인간의 의식작용이 만물 중에서 가장 뛰어나다. 인간이 의식작용을 통해 분별하고, 헤아리고, 알아차리고, 생각하는 기능만 발휘하면 되었지만, 인간은 그렇지 못했다. 인간은 의식작용을 통해 '나'라는 헛것을 만들어버렸다. '나'라는 헛것을 만들기 전의 의식은 하늘마음을 유지하는 방향으로 작용했지만, '나'라는 헛것이 생긴 뒤에는 하늘마음을 왜곡하는 방향으로 작용하기도 한다. '나'라고 하는 헛것을 만들어 하늘마음을 왜곡하게 된 인간이 선악과를 따먹은 아담과 하와이고, 구멍이 뚫린 뒤의 혼돈이다. 사람이 하늘마음을 왜곡하기 시작하면 하늘마음을 거의 다 상실할 정도로 심하게 왜곡할 수도 있다. 하늘마음을 상실한 사람은 사람을 제외한 만물보다 훨씬 더 악하다. 선악의 기준으로 보면 악한 사람이 동물의 수준을 따라가기는 매우 어렵다. 선악의 기준으로만 보면 오늘날의 사람 중에는 생물이나 무생물보다 나은 사람이 드물다. 동물은 성폭행하지 않는다. 동물은 같은 종류끼리 서로 죽이지 않는다. 동물은 자연의 생태계를 파괴하지 않는다. 식물이나 무생물은 더욱 그렇다. 이점에서는 사람이 부끄럽다. 사람 이외의 생물이나 무생물은 거의 하늘의 마음을 따르지만, 욕심 많은 사람은 하늘마음과 반대의 마음으로 산다. 욕심 많은 사람은 하늘마음을 알지 못하므로, 하늘마음과 통하지 않는다.

참된 말씀이란 하늘의 명을 말한다. 만물에 들어와 있는 하늘의 명이 기(氣)이다. 참된 명에는 맑음만 있고, 탁함이 없듯이, 하늘과 하나인 사람의 기는 맑기만 하고 탁함이 없다. 기에는 맑은 기와 탁한 기가 있다. 맑은 기는 하늘의 명을 그대로 받아들이고, 탁한 기는 하늘의 명을 거역한다. 하늘의 명은 사람에게 삶으로 향하도록 인도한다. 맑은 공기를 마시게 하며, 맑은 물을 마시게 하며, 맑은 음식을 먹게 하며, 밥 먹어야 할 때 먹게 하며, 먹지 않아야 할 때 먹지 않게 하며, 쉬어야 할 때 쉬게 하며, 자야 할 때 자게 하므로, 맑은 기를 가진 사람은 하늘의 명을 따른다. 몸의 기는 얼굴에도 나타난다. 맑은 기는 맑게 나타나고, 탁한 기는 탁하게 나타나므로, 보통 정도의 사람이라도 알 수 있지만, 욕심에 빠진 사람은 욕심을 채우는 데 급급하여 기가 맑은지 탁한지를 알지 못한다. 사람의 몸에 들어있는 기와 우주에 가득한 기는 원래 하나였다. 이를 맹자는 호연지기라고 불렀다. 호연지기는 맑기만 하다. 그러나 욕심 많은 사람은 자기의 몸에 있는 기를 밖의 기와 통하지 않도록 차단하여 탁하게 만든다. 욕심 많은 사람은 자기의 기가 탁한지 어떤지를 알지 못한다.

참된 정(精)은 하늘의 몸이다. 하늘의 몸은 중후함만 있고, 경박함이 없다. 사람의 몸이 태어날 때는 하늘의 정을 모아서 태어나므로 중후한 몸만 있고, 경박한 몸이 없다. 몸은 눈에 보이므로 몸의 상태를 알기는 어렵지 않다. 자기 몸이 뚱뚱한지 날씬한지, 자기 몸에 힘이 있는지 없는지, 혈색이 좋은지 나쁜지 등은 몸을 보면 바로 알 수 있다. 날씬하고 힘이 있으며 혈색이 좋은 몸은 중후하고, 그 반대의 몸은 경박하다. 몸은 눈에 보이므로 지혜의 수준이 낮은 정도의 사람들도 중후한 몸이 되기 위해 노력한다. 그러나 자기의 몸이 병들어 있어도 알아채지 못하고, 비만해도 고치려 하지 않는 사람이 있다. 그런 사람은 지혜가 거의 없는 사람이다.

사람의 몸이 중후한 정으로만 모여 있다면 그 몸은 하늘의 정 그 자체이다. 중후한 몸으로 사는 사람은 하늘의 정으로 사는 사람이다. 사람이 본성을 발휘하여 하늘의 마음으로 살고, 호연지기에 충만하여 하늘의 명으로 살며, 중후한 몸이 되어 하늘의 정으로 살면 천신의 삶과 하나가 된다. 만물을 만들어내는 하늘은 모습을 드러내지 않지만, 하늘에 의해 만들어진 만물이 모두 하늘의 모습이기 때문에 만물을 보면 하늘을 알 수 있다.

제7절 사람의 고통과 그 원인

사람은 본래 하늘과 하나이지만, 사람이 물질에 미혹되어 망령을 부리면 본래의 세 요소를 제대로 유지하지 못한다. 이를 「삼일신고」에서는 다음과 같이 말한다.

오직 밝지 못한 사람들은 땅의 요소에 미혹되어 세 가지 망령된 요소가 생겨 마음과 기와 몸에 뿌리내린다. 마음이 본성을 따르다가 선과 악이 생기는데 선한 사람은 복을 받고 악한 사람은 화를 당한다. 기가 하늘의 명령에 따르다가 맑음과 흐림이 생기는데, 맑은 기를 가진 사람은 오래 살고, 탁한 기를 가진 사람은 요절한다. 몸은 하늘의 정이 모일 때 중후함과 경박함의 차이가 있다. 중후한 몸을 가진 사람은 귀한 몸이 되고, 경박한 몸을 가진 사람은 천한 몸이 된다.[49]

사람들은 땅에서 산다. 하늘은 보이지 않고 땅은 늘 보인다. 하늘을 서로 가지려고 다투는 사람은 없어도 땅을 가지려고 다투는 사람은 많다. 땅에서는 곡식을 비롯해 많은 재화를 생산한다. 땅을 가지려고 다투는 까닭은 거기서 생산되는 재화 때문이다. 사람이 물질을 보면 물질을 가지고 싶은 소유욕이 발동한다. 땅은 물질의 상징이다. 물질에 현혹된 사람일수록 땅에 집착한다. 물질에 현혹된 사람은 본래의 마음을 왜곡시켜 욕심을 만들어낸다. 사람이 욕심을 가지면 욕심을 채우기 위

---

49) 惟衆迷地 三妄着根 曰心氣身 心依性 有善惡 善福惡禍 氣依命 有淸濁 淸壽濁夭 身依精 有厚薄 厚貴薄賤

해 남을 해친다. 남을 해치는 마음이 악이다. 사람이 욕심을 채우기 위해 악행을 저지르면 화를 당한다.

사람이 본성을 왜곡하고 악행을 저지르는 원인은 어디에 있는 것인가? 「삼일신고」에서는 '마음이 하늘의 마음인 성을 따르다가 선과 악이 생긴다.'라고만 했다. 마음이 하늘의 마음인 본성을 따르다가 어떻게 선과 악이 생기는가에 관해서는 자세히 설명하지 않았다. 자세히 설명하지 않아도 사람들이 알아들었기 때문일 것이다. 그러나 후대로 내려오면서 사람들이 많이 타락했기 때문에 그 이유에 대한 자세한 설명이 필요해졌다.

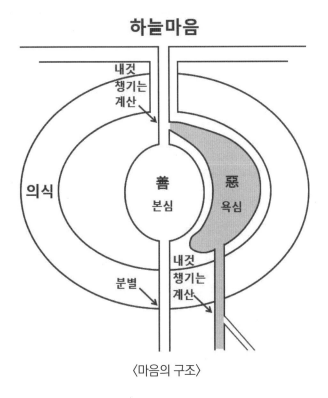

〈마음의 구조〉

하늘마음은 하나의 마음이다. 하늘마음은 만물을 낳고 싶어 하는 마음이고, 만물을 살리고 싶어 하는 마음이다. 하늘마음이 사람의 몸에 들어온 것이 한마음이다. 한마음을 가진 사람은 남과 나를 구별하지 않는다. 그러나 사람의 의식에 '나'라는 헛것이 들어간 뒤에는 남과 나를 구별하고, 내 것을 가지기 위한 이기적인 마음이 생긴다. 한마음은 남과 조화를 이루는 마음이므로 선이지만, 이기적인 마음은 남과 갈등을 일으키므로 악이다.

이를 「삼일신고」에서는 '마음이 본성을 따르다가 선악이 생겼다.'라고 표현했다.

사람에게 악이 생기기 시작하고 난 뒤에는 가속도가 붙어 악이 점점 더 많아지다가 급기야 마음속을 가득 메우게 된다. 사람이 선을 하는 것은 하늘마음을 따르는 것이지만, 악을 하는 것은 하늘마음을 거스르는 것이다. 자녀가 부모의 말을 듣지 않을 때 부모에게 회초리를 맞게 되는 것처럼, 사람이 하늘마음을 거스르면 하늘에게 벌을 받는다. 하늘에게 벌을 받은 결과가 고통이다. 선한 사람은 하늘마음으로 사는 사람이다. 하늘마음은 전지전능하다. 하늘은 사람을 불행하게 놓아두지 않고 늘 삶에 충실하도록 유도한다. 밥을 먹어야 할 때는 밥을 먹도록 유도하고 자야 할 때는 자도록 유도한다. 위험한 곳을 피하고 안전한 곳을 택하도록 유도한다. 늘 건강하고 행복하도록 유도하고 성공하도록 유도한다. 따라서 하늘마음을 따르는 선한 사람은 복을 받지만, 하늘마음을 거스르는 악한 사람은 벌을 받아 고통스럽게 산다.

몸의 기(氣)는 하늘의 명에 따른다. 하늘의 명은 하늘의 마음에서 나오는 작용이다. 하늘의 마음에서 나오는 작용은 만물을 살리는 방향으로 진행되는데, 그러한 진행이 장군이 사병들에게 명령하는 것과 같다는 의미에서 천명(天命)이라 했다. 하늘의 명은 귀에 들리지 않는다. 하늘의 명은 하늘 높은 곳에서부터 사람의 귀로 들어오는 것이 아니다. 하늘의 명은 사람의 몸이 만들어지는 순간 바로 몸속에 들어와 있다. 사람의 몸속에 들어와 있는 하늘의 명이 기(氣)이다. 천명과 기는 일치한다. 기는 온몸 구석구석까지 빈틈없이 작동한다. 기가 사람을 깨우치는 수단은 느낌이다. 밥 먹어야 할 때 배고픔을 느끼는 것도 기의 작용이고, 쉬어야 할 때 피곤함을 느끼는 것도 기의 작용이며, 위험한 장소에 다가갈 때 왠지 께름칙함을 느끼는 것도 기의 작용이다. 기가 맑으면 사람의 느낌이 선명해지고, 기가 탁하면 사람의 느낌이 둔해진다. '하늘의 명은 맑기만 탁한 것은 없다.'라고 한 말의 뜻은 선뜻 이해하기 어렵지만, 명을 기로 바꾸어 '하늘의 기는 맑기만 하고 탁한 것이 없다.'라고 말하면 쉽게 이해할 수 있다. 밤과 낮의 교차와 사계절의 순환을 하늘의 명에 따른 움직임이라 해도 되고, 하늘의 기의 작용에 따른 움직임이라 해도 된다. 맹자가 말한 호연지기(浩然之氣)는 하늘의 기를 말한다.

하늘의 기는 맑기만 하지만, 사람의 몸에 들어와서 탁해지기도 한다. 밖의 맑은 공기가 방에 들어온 뒤에 문을 열어두며 맑음을 유지하지만, 문을 닫아두면 탁해지는 것과 같다. 몸이 천지의 기운에 따르는 사람은 호연지기로 사는 사람이다. 호연지기로 사는 사람은 생명력이 충만해진다.

사람의 몸에 들어온 하늘의 기가 탁해지는 이유에 관해서는 「삼일신고」에서 설명하지 않았다. 이 또한 자세히 설명하지 않아도 사람들이 알아들을 수 있었기 때문일 것이다. 하늘마음은 사람에게 삶의 방향으로 유도하므로, 착한 사람은 하늘의 맑은 기를 유지할 것이지만, 악한 사람은 하늘마음을 거스르므로 하늘의 맑은 기를 유지하지 못할 것이다. 악한 사람은 욕심을 채우느라 성급해져서 숨이 가빠지고, 숨이 가빠질수록 호연지기를 깊이 들이쉬지 못하여 몸의 기를 탁하게 한다. 욕심이 많은 사람은 욕심을 채울 수 있는 곳으로 몰린다. 욕심을 채울 수 있는 곳은 대개 기가 탁한 곳이다. 기가 탁한 곳에 모여 욕심 채우느라 여념이 없는 사람은 호연지기를 흡수하지 못해 기가 탁해진다. 기가 맑은 사람은 장수하지만, 기가 탁한 사람은 요절한다.

사람의 몸은 하늘의 정을 모아서 된 것이다. 하늘의 정은 중후하여 경박하지 않으므로, 사람의 몸 또한 중후하여 경박하지 않다. 그러나 사람이 망령되면 몸을 중후하게 유지하지 못하고 경박해진다. 「삼일신고」에서는 사람의 몸이 경박해지는 원인에 관해서는 자세하게 설명하지 않았다. 아마 당시의 사람들은 자세하게 설명하지 않아도 알아들을 수 있었기 때문일 것이다.

몸에는 마음과 기가 들어 있다. 몸은 마음과 기를 담고 있는 그릇이다. 물을 담는 그릇도 담고 있는 물의 청탁에 따라 달라진다. 맑은 물을 담고 있는 그릇은 깨끗함을 유지하지만, 탁한 물을 담고 있는 그릇은 더러워진다. 또한 사람의 몸도 마찬가지다. 착한 마음과 맑은 기를 담고 있는 몸은 중후하지만, 악한 마음과 탁한 기를 담고 있는 몸은 경박하다. 맑은 공기와 깨끗한 물을 마시고, 정갈하고 오염되지 않은 음식을 먹으며, 예에 맞게 움직이면 중후한 몸을 유지하지만, 탁한 공기와 흐린 물을 마시고, 더럽고 오염된 음식을 먹으며, 예를 어기고 경거망

동하면 몸이 경박해진다. 중후한 몸은 귀하지만, 경박한 몸은 천하다.

사람이 하늘마음으로 착하게 살고, 하늘 기운으로 맑게 살며, 하늘 몸으로 중후하게 살면 하늘과 하나 되어 참된 삶을 산다. 이보다 더 행복한 삶은 없다. 그러나 사람이 망령되어 착한 마음과 악한 마음, 맑은 기와 탁한 기, 중후한 몸가짐과 경박한 몸가짐이 뒤섞이면, 삶이 복잡해지면서 고통의 늪에 빠진다. 이를 「삼일신고」에서는 다음과 같이 설명한다.

참된 세 요소와 망령된 세 요소가 대립하면서 세 갈래의 다른 길을 만들어내니, 느낌과 숨과 접촉을 통해서이다. 이 셋이 열여덟 가지의 다른 것을 만들어낸다. 느낌에는 기쁨, 두려움, 슬픔, 화남, 탐욕, 싫음이 있고, 숨에는 향기로운 숨결, 썩은 숨결, 찬 숨결, 더운 숨결, 마른 숨결, 습한 숨결이 있고, 접촉의 대상에는 소리, 색, 냄새, 맛, 성감(性感), 촉감 등이 있다.[50]

참됨과 망령됨이 대립한다는 말은 참된 마음과 망령된 마음, 맑은 숨결과 탁한 숨결, 몸의 참된 접촉과 망령된 접촉 등의 대립을 포함한다. 사람의 세 요소 중에 참된 마음과 망령된 마음은 느낌으로 나타나고, 참된 기와 망령된 기는 숨결로 나타나며, 참된 몸과 망령된 몸은 접촉 대상을 접촉하는 데서 나타난다.

「삼일신고」에서는 느낌과 숨결과 접촉의 종류를 각각 여섯 가지씩

---

50) 眞妄對 作三途 曰感息觸 轉成十八境 感 喜懼哀怒貪厭 息 芬寒熱震濕 觸 聲色臭味 淫抵

열거하여 열여덟 가지로 설명했다.

마음의 작용은 느낌으로 감지한다. 느낌에는 기쁨, 두려움, 슬픔, 화남, 탐욕, 싫음으로 요약된다. 기쁨에도 착한 마음에서 나오는 기쁨이 있고 악한 마음에서 나오는 기쁨이 있다. 두려움, 슬픔, 화남, 탐욕, 싫음 등도 다 그렇다. 착한 마음에서도 기쁨, 두려움, 슬픔, 화남, 탐욕, 싫음 등의 여러 가지 감정이 나오고, 악한 마음에서도 기쁨, 두려움, 슬픔, 화남, 탐욕, 싫음 등의 여러 가지 감정이 나온다. 느낌의 종류는 무수히 많지만, 「삼일신고」에서는 느낌의 종류를 다 열거할 수 없으므로, 여섯 가지로 압축했다. 착한 마음에서 나오는 감정들은 고요하고 잠잠한 것이므로 번뇌로 이어지지 않지만, 악한 마음에서 나오는 감정들은 번뇌로 이어져 마음을 동요시키고 혼란하게 한다.

숨에는 향기로운 숨결, 썩은 숨결, 찬 숨결, 더운 숨결, 마른 숨결, 습한 숨결이 있다. 사람은 쉬지 않고 숨을 쉰다. 산다는 것은 숨을 쉬는 것이다. 맑은 기운이 충만한 사람의 몸에서는 숨결에 향기가 나지만, 탁한 기로 인해 병든 사람의 몸에서는 숨결에 썩은 냄새가 난다. 찬 몸에서 나오는 숨결은 차고, 뜨거운 몸에서 나오는 숨결은 뜨뜻하다. 몸의 상태에 따라 숨결도 다 달라진다. 숨결에서 나오는 냄새를 맡아보면 몸 상태를 알 수 있다.

몸은 끊임없이 외부의 대상을 접촉한다. 귀로는 소리를 접촉하고, 눈으로는 색을 접촉하며, 코로는 냄새를 접촉하고, 입으로는 맛을 접촉하며, 피부는 촉감으로 외부의 물체와 접촉한다. 「삼일신고」에서는 오감으로 외부의 대상을 접촉하는 것 외에 성감을 음(淫)으로 표현하여, 접촉 대상으로 넣었다. 사람의 몸을 음양으로 구분할 수 있다. 사람이 오감으로 감각 대상을 접촉하지만, 감각기관이 감각 대상을 접촉할 때 바탕에 음양의 기운이 작용한다. 음은 양을 좋아하고, 양은 음을 좋아한다. 모든 감각 대상의 바탕에 성감이 있다. 소리, 색, 냄새, 맛, 촉감 등에도 공통으로 성감이 있다.

사람의 삶은 마음과 기와 몸의 접촉으로 나타나는 열여덟 가지의 요소가 복잡하게 진행하면서 온갖 고통을 자아낸다.

제8절 고통 극복의 방법

사람은 본래 하늘과 하나였다. 마음도 하늘마음이었고, 기도 하늘의 기이었으며, 몸도 하늘의 몸이었다. 그러나 눈·코·귀·입 등의 감각기관에 현혹되어 망령을 일으키면 '나'라는 헛것이 생겨 하늘과 하나인 본질에서 이탈한다. 사람의 마음은 원래 착했고, 사람의 기는 원래 맑았으며, 사람의 몸은 원래 중후했지만, 사람이 망령되어 '나'가 생기면 마음이 악해지고, 기가 탁해지며, 몸이 경박해진다. 하늘에서 이탈하여 '나의 삶'을 사는 사람은 남과 경쟁하느라 늘 긴장하고 늘 피곤하다. 남을 이기려고 할수록 삶은 복잡해진다. 천신만고 끝에 남을 이겨서 성공해도 늙어야 하고, 병들어야 하며, 죽어야 한다. 삶은 비극이다. 사람의 삶이 비극이 된 까닭은 하늘에서 이탈했기 때문이다. 현명한 사람은 이를 알고 하늘과 하나인 본래의 모습을 회복하여 참된 삶을 산다. 「삼일신고」에서는 본래의 모습을 회복하는 방법을 다음과 같이 설명한다.

보통의 사람들은 선악과 청탁과 후박을 뒤섞어 열여덟 가지 다른 길을 좇아 마음대로 달리다가 나고 자라고 늙고 병들고 죽는 고통에 빠지지만, 밝은 사람은 느낌을 멈추고, 숨을 고르게 하며, 접촉을 금하여 오로지 한뜻으로 본래의 모습을 회복하는 수행을 하여, 망령됨을 벗어나서 참됨으로 나아가 크게 신령한 자질을 발휘함으로써, 본성에 통하고 공을 다 이룬다. 이것뿐이다.[51]

사람이 하늘과 하나인 본질에서 벗어나면 욕심을 좇아 안 가는 곳이 없다. 그럴수록 본질에서 점점 멀어져 결국 본질을 회복하지 못하고, 늙고 병들어 죽어야 하는 숙명적인 고통에서 벗어나지 못한다.

사람이 마지막에 도달하는 숙명적인 고통을 간파하는 현명한 사람은 본질 회복이 가장 중요하다는 것을 안다. 본질을 회복한 사람은 생로병사의 숙명에서 벗어난다. 본질을 회복한 사람은 참되고 행복한 삶을 산다. 「삼일신고」에서는 본질 회복 방법을 설명해놓았다.

본질을 회복하는 방법에는 세 가지가 있다. 하늘의 착한 마음을 회복하고, 하늘의 맑은 기를 회복하며, 하늘의 중후한 몸을 회복하는 것이다.

하늘의 착한 마음을 회복하는 방법으로 「삼일신고」에서는 느낌을 멈추는 방법을 제시했다. 하늘마음을 상실하는 까닭은 욕심에 빠지기 때문이다. 욕심에서 벗어나기만 하면 하늘마음이 회복된다. 욕심에 빠진 사람은 조금도 쉬지 않고 욕심에 끌려 다니고, 계속해서 욕심을 채우는 방향으로 느낌이 솟아난다. 욕심을 채우는 길이 온갖 방향으로 나 있으

---

51) 衆 善惡淸濁厚薄相雜 從境途任走 墮生長肖病歿苦 哲 止感調息禁觸 一意化行 改妄卽眞 發大神機 性通功完 是

므로, 욕심을 채우기 위한 느낌이 오만 가지의 방향으로 솟아나 사람을 끌고 다닌다. 이미 욕심의 노예가 된 사람은 욕심에 끌려 다니느라 정신이 없다. 오직 현명한 사람만이 욕심에 끌려다니는 삶이 얼마나 헛되고 불행한 삶인지를 알아서, 욕심에서 벗어나기 위해 노력한다. 욕심에서 벗어나면 참된 삶이 돌아온다. 욕심에서 벗어나는 방법은 욕심에서 솟아나는 느낌을 잠재우는 것이다. 불교식으로 말하면 번뇌와 망상을 끊는 것이다. 욕심에서 솟아나는 느낌을 잠재우는 방법에는 다음의 방법이 있다. 가만히 앉아서 끊임없이 일어나는 번뇌와 망상을 관찰하여 그때마다 번뇌와 망상이 일어나는 뿌리를 뽑아버리면 된다. 번뇌와 망상은 잠재의식에 깔린 기억에서 생겨나는 것이므로, 기억을 떠올려서 하나하나 지워버리면 된다. 번뇌와 망상을 잠재우는 또 하나의 방법은 번뇌와 망상이 일어나지 않도록 마음을 하나에 집중하는 방법이다. 번뇌와 망상이 사라지면 욕심이 사라지고, 욕심이 사라지면 하늘마음이 돌아온다. 하늘마음은 번뇌와 망상을 일으키지 않는다. 하늘마음은 언제나 잠잠하다. 잠잠하다가도 대처해야 할 상황이 생기면, 문득 느낌이 일어나 알맞게 대처하고, 대처한 뒤에는 다시 잠잠해진다. 하늘마음은 마치 물체를 비추는 거울 같다. 거울은 텅 비어 있다가도 물체가 나타나며 바로 비추고, 물체가 사라지면 다시 텅 빈 상태로 돌아간다. 하늘마음으로 사는 사람도 이와 같다. 마음이 텅 비어 있다가도 작동해야 할 때가 되면 작동하고 작동이 끝나면 다시 텅 빈 상태로 돌아가므로, 작동한 흔적이 없다.

하늘의 기를 회복하는 방법은 하늘의 기를 깊이 흡수하는 것이다. 「삼일신고」에서는 이 방법을 조식(調息)이라 했다. 조식은 숨을 고르게 쉬어 맑은 공기를 깊이 들이마시는 수련법이다. 맑은 공기를 깊이 들이마셔서 온몸 구석구석까지 도달하게 하면 온몸의 기운이 깨끗해진다. 하늘의 기는 코로 받아들인다. 몸을 방에 비유하면 코는 창에 비유할 수 있다. 방의 공기를 맑게 하기 위해서는 창을 열고 외부의 맑은 공기를 깊이 받아들여 방 구석구석까지 환기해야 한다. 공기가 탁한 곳에 있으면 아무리 창을 열어도 맑은 공기를 받아들일 수 없으므로, 조식 수련을 하는 장소는 공기가 맑은 곳이어야 한다. 조식 수련의 내용은 외부의 호연지기를 코로 깊이 받아들여 온몸 구석구석까지 스며들도록 하는 것이다. 그 구체적인 방법에 관해서는 「삼일신고」에서 설명하지 않았다. 아마도 당시의 사람들은 조식 수련을 수시로 했을 것이므로 설명하지 않아도 되었을 것이다. 조식 수련은 맹자에게도 전달되었던 것으로 짐작된다. 맹자는 호연지기를 기르는 방법을 설명했는데, 그 내용이 조식 수련에 관한 것으로 보인다. 맹자는 다음과 같이 말했다.

호연지기는 지극히 크고 굳센 것이니, 곧은 마음으로 길러서 해침이 없으면 천지 사이에 꽉 찰 것이다. 이 호연지기는 의(義)와 도(道)에 짝이 되는 것이니, 의와 도가 없어지면 줄어든다. 이 호연지기는 의로움을 지속할 때 생겨나는 것이지, 한번 의롭게 행동해서 얻을 수 있는 것이 아니다. 행동할 때 마음에 흡족하지 않음이 있으면 줄어든다. 나는 그 때문에 고자는 의를 알지 못한다고 한다. 그는 의를 마음 밖에 있는 것으로 여기기 때문이다. 반드시 일삼아야 하지만, 도달할 목표를 미리 설정하지 말 것이며, 마음속에서 잠시도 잊지 않아야 하고, 조장하지도 말아서 송나라 사람처럼 하지 않아야 한다. 송나라 사람 중에 자기 곡식의 싹이 자라지 않는 것을 걱정하여 뽑아 올려놓은 자가 있었는데, 그는 헐떡거리며 집에 가서 집의 사람들에게 "나는 오늘 몹시 피곤하다. 싹을 도와 자라게 했다."라고 말했다. 그 아들이 쫓아가서 보니 싹이 말라 죽어 있었다. 세상에 싹을 도와 자라게 하지 않는 사람이 드물다. 도움이 안 된다고 생각하고 놓아두는 것은 싹의 김을 매지 않는 것이고, 도와서 자라게 하는 것은 싹을 뽑아 올리는 것이다. 도움이 되지 않을 뿐만 아니라 더욱 해치게 된다.[52]

호연지기는 천지에 가득한 맑은 기이다. 호연지기는 모든 물체에 통해 있다. 사람의 몸에도 원래부터 호연지기가 운행하고 있었다. 그랬지만, 탐욕이 생겨 호연지기가 차단됨으로써 몸의 기가 탁해졌다. 바닷속 물통에 들어 있는 물은 바닷물 전체와 하나의 물이지만, 그 물통이 자기 통속에 있는 물을 잃지 않기 위해 뚜껑을 닫으면 물통 속의 물은 바닷물과 격리되어 썩게 된다. 사람의 기도 그렇다. 사람의 몸과 우주의 호연지기는 호흡을 통해 연결되어 있지만, 사람이 욕심을 부리면 호흡이 가빠져 호연지기를 흡수하지 못하므로 몸속의 기가 호연지기와 격리되어 위축되고 탁해진다. 몸속의 기가 탁해지면 착한 마음을 유지하기도 어렵고, 안전과 건강을 지키기도 어렵다. 이런 점에서 보면 호연

---

52) 其爲氣也 至大至剛 以直養而無害 則塞於天地之間 其爲氣也 配義與道 無是 餒也 是集義所生者 非義襲而取之也 行有不慊於心則餒矣 我故曰告子未嘗知義 以其外之也 必有事焉而勿正 心勿忘 勿助長也 無若宋人然 宋人 有閔其苗 之不長而揠之者 芒芒然歸 謂其人 曰今日 病矣 予助苗長矣 其子 趨而往視之 苗則槁矣 天下之不助苗長者寡矣 以爲無益而舍之者 不耘苗者也 助之長者 揠苗者也 非徒無益 而又害之 (『孟子』公孫丑章句 上)

지기의 회복은 매우 중요하다. 기에는 마음이 실려 있으므로 호연지기를 회복하기 위해서는 먼저 마음을 바로잡아야 하고, 다음으로 기 자체를 맑게 해야 한다. 맹자는 이 두 가지 방법을 다 설명한다. 우선 마음을 바로잡기 위해 마음을 곧게 유지하는 것을 강조한다. 인간의 마음에는 두 마음이 있다. 하늘마음에서 곧게 내려온 마음과 내려오다가 왜곡된 마음이다. 곧게 내려온 마음은 하늘마음이 변하지 않은 것이기 때문에 하늘마음 그 자체이다. 하늘마음은 하늘의 기에 담겨 있다. 하늘의 기가 호연지기이다. 사람도 원래는 하늘마음으로 살았기 때문에 사람의 기 또한 호연지기였다. 사람이 자라면서 하늘마음을 곧게 발휘하지 못하고 욕심으로 살게 되면서 사람의 기 또한 호연지기로부터 격리되었으므로, 호연지기를 되찾기 위해서는 하늘마음을 곧게 실천해야 한다. 곧은 마음을 계속 실천하여 호연지기를 해치지 않으면 원래의 호연지기가 온전히 회복되어 하늘과 땅 사이에 가득한 호연지기와 하나가 된다. 호연지기는 하늘의 마음을 싣고 있는 것이므로 맹자는 호연지기를 의(義)와 도(道)에 짝이 된다고 했다. 하늘의 마음이 도이고, 하늘마음이 내 마음에 들어와 있는 것이 인의예지이다. 그런데 맹자는 인의예지의 실천 방법을 중시해서 의(義)를 강조했으므로 인의예지를 대표해서 의만 언급한 것이다. 나의 인의예지가 한마음이고, 인의예지의 짝이 되는 나의 기가 호연지기이므로, 나의 인의예지가 위축되면 호연지기도 위축된다. 호연지기가 의와 도에 짝이 된다는 것은 하늘마음과도 짝이 되고, 사람의 본마음과도 짝이 된다는 것이다.

사람이 항상 의롭게 살아야 호연지기가 위축되지 않고 유지된다. 호연지기를 상실한 사람이 잠깐 의로운 행동을 한다고 해서 회복되는 것은 아니다. 호연지기는 의로움을 지속할 때 회복된다. 의롭게 행동할 때는 늘 흡족하지만, 의롭지 않게 행동할 때는 흡족하지 않다. 사람이 자기의 행동이 의로운 것인지 아닌지를 판단하는 방법은 행동한 뒤에 마음에 흡족한지 아닌지를 돌아보면 된다.

다음으로 맹자는 자기의 기 자체를 호연지기로 바꾸는 직접적인 방법을 제시했다. 그 방법은 『삼일신고』에서 설명한 조식(調息)과 일치한다. 조식은 호흡할 때 코로 들고 나는 공기의 양을 고르게 하는 방법이다. 들숨을 쉴 때도 코로 들어가는 공기가 고르게 들어가도록 하고, 날숨을 쉴 때도 코에서 나가는 공기가 고르게 나가도록 하면 된다. 조식 호흡은 잠시도 쉬지 않고 지속해야 한다. 잠깐씩만 하면 효과가 없다. 그래서 맹자는 '반드시 일삼아야 한다.'라고 했다. 공기의 양을 고르게 하면 들숨과 날숨의 시간이 2초, 3초, 4초 등으로 자꾸 길어진다. 들숨 날숨의 길이와 기가 맑아지는 정도는 비례한다. 이때 주의해야 할 것이 있다. 현재 2초 호흡을 하는 사람이 '일주일 후에 10초 호흡을 하겠다.'라는 식으로 미리 작정하는 것은 금물이다. 호흡은 자연스러워야 한다. 미리 호흡의 길이를 작정하면 호흡에 자연성을 상실하므로 지속할 수 없다. 그래서 맹자는 '도달할 목표를 미리 설정하지 말아야 한다.'라고 했다. 조금도 잊지 말고 조식을 지속해야 하지만, 호흡의 길이를 억지로 늘어뜨리는 것은 특히 금해야 한다. 예를 들면 현재 3초 호흡을 하는 사람이 억지로 호흡을 늘어뜨려 5초 호흡을 한다든가 하면 뇌에 산소가 부족하여 치료하기 어려운 병이 생긴다. 이를 맹자는 '마음속에서 잠시도 잊지 않아야 하고, 조장하지도 않아야 한다.'라고 설명한다. 호흡을 늘어뜨리면 매우 위험하므로, 맹자는 곡식의 싹이 빨리 자라도록 뽑아 올린 송나라 사람의 예를 들어 설득력 있게 설명했다.

맹자가 호연지기를 기르는 방법에 관해 설명하면서 조식이란 단어도 쓰지 않았고, 숨을 고르게 쉬는 내용도 설명하지 않았는데, 그 이유는 이미 숨을 고르게 쉬는 내용을 사람들이 알고 있었기 때문일 것이다. 그래서 맹자는 조식 수련에서의 주의사항만을 말한 것으로 보인다. 조식 수련은 남송 때의 주자에게도 전승되었고, 조선의 학자들에게도 전승되었다. 퇴계 이황 선생은 주자의 〈조식잠(調息箴)〉을 그의 저서 『잠명제훈(箴銘諸訓)』에 실었다. 조식잠의 내용을 보면 조식의 내용을 조금은 짐작할 수 있다.

> 코끝에 흰 부분이 있으니
> 나는 그것을 바라보곤 한다.
> 어느 때 어느 곳에서나
> 편안하고 부드러운 모습으로
>
> 들숨이 끝나 숨을 내쉴 때는
> 봄 연못의 물고기처럼 서서히
> 날숨이 끝나 숨을 들이쉴 때는
> 뭇 벌레들이 겨울잠 자듯 깊이
>
> 천지의 기운이 열리고 닫히는
> 그 오묘한 작용 끝이 없으니

누가 그것을 주재하는가.
저절로 이루어지는 일이라네

구름에 누워 하늘 나는 신선의 일은
내가 감히 논할 바 아니지만
이 하나를 지켜 조화로움에 처하면
천이백 세 누릴 수 있으리

조선의 학자들이 정좌에 집중하면서 가장 많이 했던 수련법이 조식이었던 것으로 보인다.

사람의 몸은 원래 하늘의 몸과 하나였다. 하늘의 몸은 무한히 크고 무한히 무거우므로, 사람의 몸 또한 무한히 크고 무한히 무거웠다. 그러나 사람이 '나'라는 헛것을 만들어 하늘과 분리된 뒤로 사람의 몸 또한 하늘의 몸과 분리되었으므로, 작고 가벼운 몸이 되었다. 하늘의 몸과 분리된 뒤에는 사람의 몸이 몸 바깥에 있는 여러 대상과 끊임없이 접촉하면서 그 대상에 끌려가고, 그럴수록 몸은 자꾸 경박해진다. 사람의 눈이 여러 색과 접촉하면서부터 사람들은 좋은 색을 찾아서 돌아다닌다. 경치 좋은 곳을 찾아다니고, 흔하게 볼 수 없는 것을 보기 위해 먼 곳까지 찾아간다. 사람의 귀가 소리와 접촉하면서부터 사람들은 좋은 소리를 듣기 위해 좋은 소리를 들을 수 있는 곳을 두루 찾아다닌다. 사람의 입이 맛과 접촉하면서 맛있는 과일이나 음식이 있는 곳을 찾아 원근을 가리지 않고 찾아다닌다. 코가 향기와 접촉하면서부터 사람들은 향기를 맡기 좋아하며 갖가지 향수를 개발한다. 사람의 피부가 촉감을 가지면서 촉감이 좋은 것을 멀리까지 찾아다닌다. 그 중에서도 특히 성감을 느끼게 하는 것에 많이 끌린다. 사람의 몸이 하늘의 몸과 하나였을 때는 무한히 크고 무거워서 어떤 대상에도 끌려가지 않았다. 관폭도(觀瀑圖)를 보면, 폭포를 구경하러 간 사람이 폭포를 보지 않고, 폭포를 등지고 앉아 있는 모습이 보인다. 폭포와 하나인 사람은 폭포를 볼 필요가 없고, 폭포에 마음을 뺏길 일이 없다. 폭포를 등지고 앉아 있는 사람의 몸은 전체와 하나가 되어 있다. 중후하기 그지없다.

모든 접촉을 중단하여 사람의 몸이 외부에 끌려가지 않으면 사람의 몸이 차츰 하늘의 몸과 하나가 되어, 경박하던 몸이 점차 중후해진다.

「삼일신고」에서는 하늘에서 분리된 사람이 하늘과 하나인 본질을 회복하는 방법으로 이상의 세 가지를 소개했다. 본래의 착한 마음을 회복하고, 본래의 맑은 기를 회복하고, 중후한 본래의 몸을 회복하면 하늘과 하나가 된다. 하늘에서 분리된 채 탐욕에 눈이 멀어 망령된 삶을 사는 것은 헛된 삶을 사는 것이고, 남과 경쟁하느라 긴장되고 피곤한 삶을 사는 것이며, 늙어 죽어야 하는 숙명적인 고통을 짊어지고 사는 것이지만, 착한 마음과 맑은 기와 중후한 몸을 회복하여 하늘과 하나 되어 진실한 삶을 사는 것은 참된 삶을 사는 것이고, 남을 나처럼 사랑하며 느긋하고 건강한 삶을 사는 것이며, 영원하고 행복한 삶을 사는 것이다. 사람이 추구해야 할 가장 중요한 목표는 망령된 삶을 바꾸어 참된 삶을 사는 것이다. 이를 「삼일신고」에서는 '망령됨을 벗어나서 참됨으로 나아가는 것'이라 했다. 사람이 기회를 놓치지 않고 큰 능력을 발휘하여 하늘과 하나 되는 것이 사람에게 주어진 가장 큰 과제이다. 이를 「삼일신고」에서는 '본성에 통하여 공을 다 이루는 것'이라 했다. 사

람을 깨우치는 것 중에 이것 이상은 없다. 「삼일신고」의 마지막에 시
(昰)라는 글자 하나로 끝낸 것이 바로 이 뜻이다.

초대 단군의 깨우침

초대 단군은 조선이라는 나라를 세우고 아사달에 도읍하여 신시시대의 환웅을 이어 이상 정치를 펼친 성군으로 알려져 있다. 『단군세기』에 기록되어 있는 초대 단군의 훈시 내용을 보면 정치의 목적과 내용을 알수 있다.

제1절 천인일체의 삶

단군 할아버지의 훈시는 다음과 같이 시작된다.

하늘의 법은 오직 하나이고, 하늘 법을 따르는 문은 둘이 아니다. 너희들은 오직 순수하고 성실하여 너희들의 마음을 한결같이 해야 천국에 들어갈 수 있다. 하늘의 법은 언제나 하나이고 사람의 마음은 오직같을 뿐이니 자기 속에 있는 마음을 잘 붙잡아서 다른 사람의 마음을

헤아리도록 하라. 다른 사람의 마음이 하늘마음으로 바뀌면 또한 하늘의 법에 합치되리니, 그렇게 되면 만방을 다스릴 수 있을 것이다[53].

제1항 인생의 목표인 하늘

『천부경』에서는 사람이 처음부터 끝까지 하나인 본질에서 벗어나지 않아야 함을 밝혔고, 「삼일신고」에서는 하나인 본질을 하늘로 설정한 뒤, 사람의 삶의 목표가 하늘과 하나인 본래의 모습을 회복하는 것이어야 함을 설파했는데, 하늘과 하나 되어야 하는 이 목표가 단군 할아버지의 훈시 첫머리를 장식한다. 하늘에서 이탈하지 않고 늘 하나가 되어야 하는 삶의 목표는 오늘날까지 이어지는 한국철학의 핵심인 듯하다. 하늘은 자연이다. 사람은 자연에서 벗어나서도 안 되고, 벗어날 수도 없다. 천지 만물 또한 자연에서 벗어난 적이 없다. 자연의 움직임은 생명으로 향하여 흐르는 거대한 흐름이다.

하늘을 모든 존재의 본질이라는 의미에서 고향으로 이해한다면, 한국인의 마음에 깔린 핵심은 고향을 떠나기 싫어하는 정서로 이해할 수 있다. 한국인의 마음속에는 고향이 크게 차지하고 있다. 달리 말하면 한국인의 마음속에는 하늘이라는 큰 공간이 들어 있다고 할 수 있다.

한국인은 하늘에서 멀어질 때 마음이 공허해지고 고독해져서 불행해진다. 그래서 단군 할아버지는 제일 먼저 하늘을 이야기한다.

하늘은 만물을 살리는 방향으로 쉬지 않고 움직인다. 하늘은 자녀를 살리려고 쉬지 않고 애쓰는 부모와도 같다. 하늘은 밤낮을 교차시키고

---

53) 天範惟一 弗二厥門 爾惟純誠 一爾心 乃朝天 天範恒一 人心惟同 推己秉心 以及人心 人心惟化 亦合天範 乃用御于萬邦

사계절을 순환시킨다. 만물 중 어느 하나도 빠뜨리지 않고 삶을 이어가 도록 이끌어준다. 하늘이 하는 모든 일은 만물을 살려가기 위한 하나의 마음뿐이다. 마음이 하나이기 때문에 무한히 다르게 작용할 수 있다. 하늘의 움직임을 물의 흐름에 비유하면 이해하기 쉽다. 물의 마음은 아래로 가는 것 하나뿐이므로 주어진 상황에 따라 천변만화한다. 평평한 곳에서는 천천히 흐르다가 낭떠러지를 만나면 떨어진다. 바위가 앞에 있으면 돌아서 흐르고, 둑이 가로막고 있으면 고여서 채운 뒤에 넘어간 다. 물의 마음이 둘이면 헷갈려서 천변만화할 수 없다. 하늘의 마음도 그러하다. 하늘의 마음은 만물을 살리는 마음 하나뿐이므로 상황에 따라 천변만화한다.

제2항 하늘의 존재 원리

하늘은 만물 밖에서 만물을 살리는 것이 아니다. 하늘의 몸과 마음 은 우주 공간에 빈틈없이 가득하므로 만물 밖에만 존재하지 않는다. 하늘은 만물의 안과 밖으로 나누어지지 않으므로 만물 속에도 들어와 있다. 「삼일신고」에서는 하늘이 만물에 다 들어와 있는 것을 이해하기 쉽게 설명하기 위해 그 아들이 만물 속에 들어와 있다고 설명했다. 부모와 자녀가 하나이듯이, 만물에 들어와 있는 하늘은 하늘 그 자체이 다. 사람에게 들어와 있는 하늘은 뇌에서 가슴으로 내려와 느낌으로 알려준다. 하늘이 보내는 신호는 쉬지 않고 계속된다. 하늘은 참되다. 하늘은 본질이다. 사람이 하늘의 신호에 따를 때 사람의 삶이 참되고 행복해진다.

제3항 하늘과 하나 되는 삶

사람의 본질이 하늘이다. 사람의 마음과 몸이 하늘에서 벗어나 있지 않다. 사람의 마음이 본래 하늘마음이지만 욕심이 끼어들면 하늘마음이 가려진다. 사람이 욕심에 빠지면 욕심에 눈멀어 하늘마음을 놓친다. 하늘마음을 놓치고 욕심에 갇혀서 욕심 채우는 삶을 살면 사람의 삶이 헛된 삶으로 바뀌어 사람이 불행해진다. 그러므로 사람이 해야 할 첫 번째 일은 욕심에서 벗어나 하늘마음을 되찾는 것이다. 하늘마음은 하나뿐인 마음이므로 순수하고 한결같다. 그러므로 하늘마음을 되찾기 위해서는 마음속에 있는 순수한 마음을 붙잡아 계속 유지해야 한다. 순수한 마음을 유지하다가도 잠시만 방심하면 그 순간에 바로 욕심이 덮어버리므로, 잠시도 방심하면 안 된다. 잠시도 방심하지 않고 지속하는 것이 성실이다. 순수한 마음을 성실하게 한결같이 지키면 잃었던 하늘마음이 돌아오고, 하늘마음이 돌아오면 하늘과 하나가 된다. 그래서 단군 할아버지는 '너희들은 오직 순수하고 성실하여 너희들의 마음을 한결같이 해야 천국에 들어갈 수 있다.'라고 훈시했다. 단군 할아버지는 훈시의 첫머리에서 하늘의 내용을 설명하고, 이어서 하늘마음을 회복하는 비법을 전했다.

제4항 지상천국 건설

단군 할아버지는 먼저 사람들에게 하늘과 하나 되는 법을 깨우쳤다. 자기 자신이 하늘과 하나 되는 법을 깨달아 하늘과 하나 되는 것보다 더 중요한 것이 없다. 이 세상에서 자기보다 더 중요한 것은 없다. 자기 가정이 중요한 까닭은 자기가 그 가정에 속한 사람이기 때문이고, 자기 마을이 중요한 까닭은 자기가 그 마을에 속하기 때문이며, 자기 나라가 중요한 까닭은 자기가 그 나라에 속하기 때문이고, 지구가 중요한 까닭은 자기가 지구에서 살기 때문이다. 사람은 이를 잊어서는 안 된다. 나라를 위해 목숨을 바치자고 하는 사람이 있다면 그는 문제 있는 사람이다. 지구를 위해 희생해야 한다고 주장하는 사람이 있다면 그 또한 문제 있는 사람이다. 단군 할아버지는 이를 가장 먼저 밝혔다. 자기가 가장 먼저 해야 할 가장 중요한 일은 자기가 참되고 행복해지는 것이고, 그 내용은 하늘마음을 되찾아서 하늘이 되는 것이다.

그러나 자기가 하늘과 하나 되어 참되고 행복해진다면 그것으로 다 끝나는 것이 아니다. 자기가 하늘과 하나 되면, 남들도 모두 하늘과 하나라는 사실을 안다. 하늘과 하나 되지 못하고 고통에 빠진 사람은 착각에 빠진 사람이다. 욕심은 원래 없었고, 실체도 없다. 실체가 없는 욕심에 빠진 사람은 헛것에 홀린 사람이다. 헛것에 홀린 사람이라도 하늘과 하나인 본질에서 벗어나 있지는 않다. 다만 그 사실을 모르고 있을 뿐이다. 하늘과 하나 된 사람은 헛것에 홀린 사람도 하늘과 하나인 본질에서 벗어나 있지 않음을 알기 때문에 자기와 하나라는 것을 안다. 남들이 남으로 보일 때는 그들이 자기와 상관이 없지만, 그들이 자기와 하나라는 사실을 알면 그들을 깨우쳐 하늘과 하나 된 본질을 회복하도록 도와야 한다. 하늘과 하나 된 사람에게는 남을 깨우치는 일이 자기의 일로 다가오는 것이다.

그러나 여기에 매우 주의해야 할 점이 있다. 자기가 섣불리 남을 바꾸려고 하면 부작용이 생긴다. 사람은 누구나 지금까지 살아온 업이 있어서 쉽사리 바꾸려고 하지 않으므로, 성급하게 남을 바꾸려고 하면 오히려 싸움이 일어난다. 사람이 남을 바꾸기는 어렵다. 남을 바꾸는 가장 좋은 방법은 남들 스스로가 바뀌도록 하는 것이다. 남을 바꾸려고 하는 사람이 나타나 남들과 싸움을 시작하면 나라가 혼란해져 망하게 된다. 단군 할아버지의 훈시에서는 이점을 놓치지 않는다.

　헛것에 홀려 있는 사람에게 헛것에 홀려 있다고 깨우쳐도 알아듣지 못한다. 자기도 헛것에 홀려 있었을 때가 있었다. 그때는 남이 자기에게 그 사실을 말해도 잘 알아듣지 못했었다. 그 사실을 안다면 함부로 남에게 그런 말을 하지 않을 것이다. 자기의 마음을 잘 헤아려 보면 자기가 어떻게 헛것에서 빠져나왔는지도 알 수 있다. 그런 다음에는 다른 사람의 마음을 잘 헤아려 다른 사람에게 다가갈 수 있다. 하늘과 하나 된 사람의 마음에서는 하늘의 태양처럼, 따뜻한 사랑이 뿜어져 나온다. 본질에서 보면 사람의 마음은 모두 하나이므로, 하늘과 하나 된 사람에게서 뿜어 나오는 사랑은 다른 사람 마음 깊숙한 곳에 있는 하늘마음에서 솟아나는 마음과 하나이다. 사람의 마음속 깊은 곳에 들어있는 하늘마음은 그 사람에게 헛것에서 깨어나라고 쉬지 않고 깨우치지만, 그 깨우침이 두꺼운 욕심을 뚫고 나가지 못하므로, 사람이 알아차리지 못한다. 그러다가 하늘과 하나 된 사람의 따뜻한 사랑을 받으면 자기 마음속에 있는 하늘마음의 깨우침이 강렬해지고, 그로 인해 사람이 바뀐다. 이러한 이치에서 단군 할아버지의 훈시에서는 '사람의 마음을 바꾼다.'고 하지 않고, '사람의 마음이 오직 바뀐다.'고 했다. 이런 이치에서 보면 남들이 바뀌지 않는 까닭은 남들의 탓이라기보다 나의 탓임을 안다. 내가 아직 하늘과 완전히 하나 되지 못했기 때문이고, 나의 사랑이 태양처럼 강렬하지 못했기 때문이다.

나의 마음에서 사랑이 태양처럼 강렬하게 뿜어져 나오면, 저절로 남들의 마음이 바뀌고, 남들의 마음이 바뀌면 남들이 모두 하늘과 하나가 된다. 남들의 마음이 하늘마음으로 바뀌면 온 세상 사람의 마음이 하늘마음으로 바뀌어 모든 사람이 하늘과 하나가 된다. 이러한 방법을 놓아두고 만방을 다스리려고 하면 세상은 오히려 지옥을 향해 달려가게 된다. 단군 할아버지의 훈시에서는 이를 놓치지 않고 정확하게 깨우치고 있다. 온 세상이 하늘처럼 되면 이 세상이 천국이 된다. 천국은 다른 곳에 있지 않다. 하늘과 하나 된 사람이 사는 곳이 천국이다. 천국은 모두가 한마음이 되어 사는 홍익인간이다. 홍익인간이 천국이고, 천국이 홍익인간이다. 단군 할아버지는 훈시의 첫머리에서 개인의 바람직한 삶의 방식과 세상을 천국으로 바꾸는 방법을 확실하게 깨우치고 있다. 후대의 사람들이 이 훈시의 내용을 확실하게 기억하고 있었더라면 나라를 망치는 일도 없었을 것이고, 세상을 혼란하게 하는 일도 없었을 것이다.

제2절 효도의 본질

단군 할아버지는 사람들에게 삶의 방법과 세상을 다스리는 큰 원칙을 깨우친 뒤에 하늘과 하나 되는 구체적 실천 방법으로 효도를 제시했다.

너희는 부모로 말미암아 태어났고 부모는 하늘에서 내려왔으므로, 오직 너희 부모를 잘 공경해야 하늘을 잘 공경할 수 있고 온 나라를 잘 다스릴 수 있으리니, 그 요체는 오직 충성과 효도이다. 너희들이 이 도

를 잘 체득하면 하늘이 무너져도 반드시 먼저 벗어날 수 있을 것이다.[54]

제1항 하늘과 하나 되는 실천 방법

하늘마음을 회복하는 방법으로 단군 할아버지는 순수한 마음으로 성실하게 사는 방법을 제시했지만, 그 방법에도 어려움이 있다. 순수한 마음을 유지하는 노력은 마음공부에 해당한다. 단군 할아버지는 마음공부의 어려움을 보완하기 위해, 실천을 통한 방법인 효도를 제시한다.

부모는 조부모에게서 나왔고, 조부모는 증조부모에게서 나왔다. 이런 방식으로 거슬러 올라가면 부모는 결국 하늘에서 내려온 것이 된다. 부모는 하늘에서 내려온 것이므로, 부모의 몸과 마음은 하늘의 몸과 마음이다. 효도란 부모와 하나 되는 것이다. 효도를 통해 부모와 하나가 되면, 하늘과 하나가 된다. 하늘과 하나가 된 사람은 온 나라 사람들과 하나임을 알기 때문에, 모든 사람을 내 몸처럼 아낄 수 있고, 내 몸처럼 아낄 수 있는 사람은 세상을 다스릴 수 있다.

효도는 모든 사람과 하나라는 사실을 확인하는 출발점이기도 하다. 모든 사람은 다 하나이므로 보이지 않은 끈으로 연결되어 있다. 물밑에 가라앉아 있는 그물의 코는 다 연결되어 있어도, 물밑에 있으므로 보이지 않지만, 그물코 하나만 들어 올리면 모든 코가 다 드러나 모두 하나로 연결되었음을 알 수 있듯이, 사람과 사람을 연결된 끈 하나만 확인하면 모든 사람을 연결한 끈이 다 드러난다. 사람과 사람을 연결한 끈을 느낄 수 있는 관계는 부모와 자녀와의 관계이므로, 효도를 통해서

---

54) 爾生惟親 親降自天 惟敬爾親 乃克敬天 以及于邦國 是乃忠孝 爾克體是道 天有崩 必先脫免

그 끈을 확인한다면, 부모와 형을 연결한 끈을 확인할 수 있고, 부모와 동생을 연결한 끈도 확인할 수 있다. 이처럼 확대하면 형과 동생을 연결한 끈을 확인할 수 있고, 삼촌과 조카를 연결하는 끈을 확인할 수 있다. 이렇게 퍼져나가면 모든 사람, 모든 물체를 연결하는 끈을 다 확인할 수 있다. 효도의 힘은 이처럼 크다.

효도하여 부모와 자녀가 하나 되면 온 나라 사람들과 하나 되므로 나라에 충성할 수 있다. 나라에 충성한다는 말은 온 나라 사람들을 내 몸처럼 사랑한다는 뜻이다. 효도하는 사람은 위기에서 벗어날 수 있다. 자연의 움직임은 생명으로 향하는 방향으로 흐른다. 사람이 하늘과 하나 된다는 사실은 자연과 하나 됨을 의미하는 것이기도 하다. 자연과 하나 된 사람은 자연의 생명력에 충만하다. 자연재해가 발생했을 때 사람보다 동물들이 잘 피하는 이유는 동물들이 사람보다 자연에 가깝기 때문이다. 사람이 동물보다 위기에서 벗어나기 어려운 이유는 사람에게 욕심이 생겨 자연에서 이탈했기 때문이다. 자연에서 이탈하지 않은 사람의 마음은 하늘마음이고 자연의 마음이지만, 자연에서 이탈한 사람의 마음은 자연의 마음을 밀어내고 들어온 욕심으로 바뀐다. 욕심이 가득한 사람은 자기 것만 챙기느라 부모 위할 줄도 모른다. 그런 사람은 자연의 생명력을 상실한다. 위기에 처했을 때 자연의 생명력을 가진 사람은 피할 수 있지만, 자연의 생명력을 상실한 사람은 피하기 어렵다. 사람들이 위기에 처했을 때 효자들이 살아남을 확률이 높은 이유가 그 때문이다. 이러한 이치에서 보면 효자들이 모여 사는 집안은 위기에서 벗어날 수 있고, 효자들이 모여 사는 나라 또한 위기에서 벗어날 수 있다.

부모에게 효도한 뒤에라야 나라에 충성할 수 있으므로, 순서로 보면 효충이라 말해야 하지만, 단군이 충효로 말한 까닭은 효충이라 발음하기보다 충효라고 발음하는 편이 발음하기가 부드럽기 때문이다.

효도는 참으로 중요하다. 효도하는 사람은 자기가 행복해지고 위험에서도 벗어난다. 효도하는 마음이 퍼져나가면 그 행복이 집안에 가득해지고 나라에 가득해지며, 집안이 안전해지고, 나라가 안전해진다.

제2항 정치는 효도의 확장

나라를 다스리는 마음과 가정을 안정시키는 마음이 따로 있는 것이 아니다. 정치는 가정에서 하는 효도를 국가의 단위로 확장하는 것일 뿐이다. 가정을 안정시키는 방법과 나라를 다스리는 방법이 따로 있다고 생각하는 사람은 집안을 안정시키는 노력을 건너뛰고 나라 다스리는 일에 뛰어든다. 가정을 안정시킬 수 없는 사람은 나라를 다스릴 수 없다. 가정을 안정시키지 못하면서 나랏일에 뛰어드는 사람은 나라를 사랑하기 위해서가 아니라, 높은 관직에 올라가 욕심을 채우기 위해서다. 그런 사람이 높은 관직에 올라가면 자기 개인의 욕심을 채우느라 나라를 망친다.

가정의 일과 나라의 일이 다르지 않다. 다르다고 생각하는 사람이 나설수록 나라를 망친다. 단군 할아버지는 이를 통렬하게 깨우친다.

제3절 가정의 가치

단군 할아버지의 훈시는 개인의 도리에서 시작하여 부모와 자녀의 도리로 이어지고, 다시 남녀의 관계로 이어진다. 단군 할아버지는 이 대목에서 남녀 관계를 유지하는 최고의 방법을 설파한다. 오늘날 남녀 문제가 매우 복잡해졌다. 그 중에서도 부부 사이의 문제가 더욱 심각해졌다. 그런데 이를 해결하는 비법이 먼 곳에 있지 않다. 바로 단군 할아버지의 훈시에 들어 있다. 단군 할아버지는 훈시한다.

짐승들도 짝이 있고, 헌 신도 짝이 있는 법이니, 너희들은 남녀가 잘 화합하여 원망함이 없어야 하고, 질투함이 없어야 하며, 음란함이 없어야 할 것이다.[55]

단군 할아버지의 훈시는 우선 남녀의 짝을 맺는 데서 시작한다. 남녀가 짝을 맺어 가정을 이루는 데서 사람의 행복한 삶이 시작되기 때문이다.

제1항 가정의 의미

사람들은 흔히 사람을 만물 중에서 가장 우수한 동물이라고 생각하기도 하고, 그렇게 말하기도 하지만, 반드시 그렇지는 않다. 사람이 짐승보다 뛰어난 부분은 지능지수가 높다는 것뿐이다. 사람이 직립보행을 하고, 언어를 사용하며, 무리 생활을 하고, 불을 사용하며, 기구를

---

55) 禽獸有雙 弊履有對 爾男女 以和無怨無妬無淫

만들어 문화생활을 하는 고등동물이라고 하지만, 그렇게 된 원인은 지능지수가 높은 데서 기인한다. 사람은 지능지수가 높아서 다른 동물보다 뛰어난 점이 많지만, 그 대신 잃어버린 것도 많다. 사람은 지능지수가 높아 구별능력이 뛰어나다. 사람은 자기와 남을 구별하고 만물과 자기를 구별함으로써 자연에서 이탈했다. 자연에서 이탈한 정도로 보면 만물 중에서 사람이 가장 많이 이탈했다. 자연과 하나인 상태가 본질이고, 참이며, 진리인 점에서 보면, 사람이 진리에서 가장 많이 멀어져 있고, 가장 많이 타락했다. 동물은 성폭행하지 않는다. 동물은 동족을 서로 죽이지 않는다. 동물은 자연을 파괴하지 않는다. 자연에서 이탈할수록 고통이 커진다. 만물 중에서 사람이 느끼는 고통이 가장 클 것이다. 본질로 돌아가는 측면에서 보면 사람이 동물에게 배울 점이 많다. 단군 할아버지는 사람의 삶의 지혜를 동물의 삶에서 찾아내곤 한다. 사람은 남과의 경쟁에서 이기는 방법에 주목한다. 그럴수록 욕심이 커지고, 욕심이 커질수록 자연을 등지고 불행을 향해 달려간다. 단군 할아버지는 이러한 사람의 삶에서 나타나는 문제점을 환히 간파하고 있다. 그래서 단군 할아버지의 깨우침은 독특하다. 단군 할아버지는 잃어버린 자연의 모습을 회복하는 방향으로 인도한다. 그래서 단군 할아버지는 동물에게서도 지혜를 얻는다.

짐승들도 짝이 있고, 헌신짝도 짝이 있다. 짝을 지어 사는 것이 자연이다. 사람도 마땅히 짝을 이루어야 한다. 남자는 여자와 짝을 짓고, 여자는 남자와 짝을 지어야 한다. 외톨이로 사는 것은 자연이 아니다. 짝을 지어 가정을 이루어야 자연이다. 남녀가 짝을 지어 이상적인 가정을 이루어야 행복하다. 단군 할아버지는 행복의 비결을 우리에게 깨우친다.

제2항 가정의 중요성

나라를 구성하는 최소의 단위는 개인이 아니라 가정이다. 한국에서는 더욱 그렇다. 사람은 본래 자연이었다. 자연 상태에서의 사람은 모두와 하나였다. 사람은 모두와 하나인 본질을 유지해야 참되고 행복하다. 그러나 현실은 그렇지 못하다. 사람이 무리를 이루어 사회생활을 하면서 각각 남남이 되어 무한 경쟁을 벌인다. 그러면서 모두와 하나인 본질을 자꾸 상실하게 되어 점점 외로워진다. 경쟁이 치열할수록 외로움은 커지고 그럴수록 고통도 함께 커진다.

고통이 커질수록 사람은 고통에서 벗어날 수 있는 방법을 찾게 마련이다. 외로움에서 오는 고통에서 벗어나는 방법으로 사람은 남남의 관계가 아닌 사람이 모인 집단을 찾게 되는데, 그 최소한의 단위가 가정이다. 한국인들은 자연으로 돌아가고 싶은 향수가 유난히 많다. 한국인들은 남남끼리 경쟁하며 살아야 하는 현실을 감당하기 어렵다. 그럴수록 한국인들은 가정에 집착한다. 한국인들은 가정에서 외로움을 해소한다. 한국인들에게는 국가를 구성하는 최소한의 단위가 가정이다. 가정이 파괴되면 한국에는 걷잡을 수 없는 혼란이 일어난다. 한국을 안정시키는 기본 단위는 가정이다. 가정이 튼튼하면 한국은 안정된다. 가정은 한 남자와 한 여자의 결합으로 출발한다. 가정을 안정시키는 비법은 가정의 두 기둥인 남자와 여자가 사랑으로 화합하는 데 있다. 단군 할아버지는 사랑의 비법을 우리에게 깨우친다.

제3항 사랑의 의미

1. 사랑은 주는 것이다.

이기적인 사람일수록 남에게 받기를 바란다. 사랑도 마찬가지다. 이기적인 사람은 사랑받기 위해 사랑한다. 받기 위한 사랑은 사랑이 아니라 욕심이다. 사람들은 욕심을 채우고 싶다는 말을 사랑한다는 말로 표현한다. 사랑한다는 말을 쉽게 하는 사람일수록 욕심 많은 사람이다. 욕심을 채우기 위해 하는 사랑은 욕심을 채울 때는 뜨거워지지만, 욕심을 채우고 나면 식어버린다. 욕심을 채우는 사랑은 더 큰 욕심을 채울 수 있는 대상이 나타나는 순간 식어버린다. 그런 사랑은 늘 변한다. 그런 사랑은 불안하다. 욕심을 채우기 위한 사랑은 참된 사랑이 아니다.

참된 사랑은 상대와 내가 만나 하나가 되는 것이다. 하나가 되는 사랑은 위대하다. 원래 사람은 모두 자연이었다. 그렇지만 사람이 '나'를 만들어 자연에서 이탈하면 각각 남남이 되어버린다. 남남끼리 경쟁하며 살면 외로워진다. 이를 해소하는 방법은 사람이 모두 하나로 연결된 끈을 찾아내는 데 있는데, 그 끈을 찾는 출발점은 사랑하는 사람과의 끈을 찾는 데서 시작하면 된다. 사람 중에 남으로 여겨지지 않는 사람이 있다. 바로 사랑하는 사람이다. 사랑하는 사람을 보면 남으로 여겨지지 않는다. 남으로 여겨지지 않는 느낌을 확실하게 드러내는 것, 그것이 사랑이다. 진정한 사랑은 사랑하는 사람과 완전히 하나가 되는 것이다. 사랑하는 사람과 하나가 되면 사랑하는 사람과 연결된 끈이 확실해지고, 그 끈으로 인해 다른 모든 사람과 연결된 끈이 확실해진다. 모든 사람과 하나가 되는 것이 본질을 회복하는 것이므로, 진정한 사랑은 본질을 회복하는 출발점이다. 사랑은 그만큼 중요하다.

사람은 욕심 채우는 사랑을 하지 말고, 하나가 되는 사랑을 해야 한다. 한국인은 '사랑한다.'라는 말을 할 때 '나는 당신을 사랑합니다.'라고 말하지 않고, 그냥 '사랑합니다.'라고만 말한다. 내가 당신을 사랑한다는 말에는 나와 당신이 남남이라는 전제가 깔려 있다. 내가 남을 사랑한다는 말에는 내가 남을 사랑하여 남과 함께 어울린다는 뜻이 들어있다. 진정한 사랑은 내가 너를 사랑하는 것이 아니라, 나와 네가 하나가 되는 것이다. 나와 네가 하나가 되는 사랑에는 '나'와 '너'가 사라지고 사랑만 남는다. 하나 되는 사랑은 희생하는 사랑이다. 사랑하는 사람을 위해 희생하고 사랑하는 사람을 위해 죽을 수도 있는 사랑이 참된 사랑이다. 희생하는 사랑은 주는 사랑이다. 주는 사랑만이 참된 사랑이다.

　그러나 욕심을 채우기 위한 사랑은 그렇지 않다. 욕심을 채우기 위한 사랑은 받는 사랑이다. 한국인은 특히 대접받으려는 습성이 많다. 하늘과 하나임을 강조하는 한국인의 정서가 잘못 나타나면 하늘처럼 대접받고 싶은 심리로 나타난다. 하늘처럼 대접받고 싶은 한국인의 심리가 나타나는 대표적인 형태가 왕자병과 공주병이다. 사랑하는 사람 사이에 왕자병과 공주병이 나타나면 남자는 여자에게 왕자처럼 대접받으려 하고, 여자는 남자에게 공자처럼 대접받기를 원한다. 이러한 심리는 결혼한 뒤에 더욱 두드러지게 나타나 남편과 아내 사이에 원한이 맺힌다. 남편은 아내에게 왕자로 대접받지 못해 원망하고, 아내는 남편에게 공주로 대접받지 못해 원망한다. 남편과 아내가 서로 원망하는 사이가 되면 가정을 원만하게 유지하지 못한다. 주는 사랑이 참된 사랑이다. 주는 사랑을 해야 행복하다. 그래서 단군 할아버지는 남자와 여자 사이에 원망함이 없어야 한다고 깨우친다.

2. 사랑은 질투하지 않는다.

참된 사랑은 질투하지 않는다. 남자와 여자가 처음 만났을 때 설렘이 일어날 수 있다. 설레는 마음이 사랑의 시작이다. 나를 설레게 하는 사람이 다른 사람과 손을 잡고 걷고 있다면 속이 타겠지만, 손을 놓으라고 강요할 수는 없다. 손을 놓으라고 강요하는 사람이 있다면 그는 제정신을 가진 사람이 아니다. 손을 놓으라고 강요하지는 못하지만, 설레는 마음이 계속되고 잠도 오지 않는다면 이미 마음에 사랑이 싹트고 있다. 그런 사랑을 짝사랑이라고 한다. 그러다가 사랑하는 사람이 혼자 있는 모습을 발견하고 그와 차도 마시고 이야기도 하면서 가까워졌다면 마냥 행복해진다. 그러나 그 사람이 또 다른 사람과 손을 잡고 걷는 모습을 보았다면 전에 속 탔을 때보다 더 속이 타지만, 여전히 손을 놓으라고 강요하지는 못한다. 그러나 그 다음에 다시 혼자 있는 모습을 발견하고 함께 어울려 사랑을 약속했다면 행복은 극에 달한다. 그런데 그 사람이 다시 다른 사람과 손을 잡고 걷는 모습을 보면 더는 참지 못하고 강력하게 항의한다. 처음에는 잡은 손을 놓으라는 말을 하지 못하다가 나중에는 강력하게 항의하게 된 까닭은 무엇이 달라졌기 때문인가? 그 까닭은 마음이 바뀌었기 때문이다. 처음에는 사랑하는 사람을 '내 것'이라고 생각하지 못하다가 사랑하게 되면서 '내 것'이라는 욕심이 생겼기 때문이다. '내 것'이라는 욕심이 생기면, 남이 '내 것'을 건드리도록 놓아두지 못한다. 그런 것이 질투이다. 질투는 사랑을 욕심으로 끌고 갈 때 생긴다. 욕심으로 끌고 간 사랑은 참된 사랑이 아니다. 욕심으로 끌고 가지 않는 사랑이라야 참되고 순수한 사랑이다. 욕심으로 가지 않는 사랑에는 언제나 처음 만났을 때와 같은 설렘이 있다. 오래 사랑했어도 처음과 같은 설렘이 있다. 결혼한 지 오래되었어도 처음과 같은 설렘이 있다. 사랑은 언제나 설레고 신선해야 한다. 신선한 사랑에는 속 타는 일은 있어도 질투는 없다. 그런 사랑이 지고지순한 사랑이다. 단군 할아버지는 지고지순한 사랑이 어떤 것인지 깨우치고 있다.

3. 사랑은 음란하지 않다.

본질에서 벗어나지 않은 사람은 언제나 자연이다. 남자와 여자가 사랑해도 자연에서 벗어나지 않는다. 자연의 사랑에는 음란함이 없다. 동물들은 배란기가 아닐 때는 짝짓기를 하지 않는다. 그러한 모습이 자연이다. 그러나 사람은 그렇지 않다. 사람은 자연에서 멀리 이탈했다. 사람은 타락하여 자연의 이치를 망각하고 있다. 암컷과 수컷이 짝짓기 하는 일은 힘든 일이므로, 하늘이 짝짓기 하도록 쾌감이라는 선물을 준다. 마치 어릴 때 어머니께서 약을 먹지 않는 아이에게 약을 먹이기 위해 약 먹을 때 사탕을 주는 것과 같다.

남녀 간의 결합도 힘든 일이므로, 가임기가 되면 하늘이 결합을 유도하기 위해 쾌감이라는 달콤한 사탕을 준다. 달콤한 사탕의 의미는 힘든 일을 하라는 하늘의 선물이다. 달콤한 사탕은 가임기가 아닐 때는 주어지지 않는다. 그렇지만 사람이 타락하여 욕심에 빠지면 쾌감의 의미를 잊어버리고, 쾌감의 달콤함만을 기억해버린다. 쾌감만을 기억한 사람은 가임기가 아닐 때도 쾌감을 얻기 위해 무리하게 결합을 시도한다. 그리하여 결합의 목적이 쾌락을 얻기 위한 수단으로 전락한다. 음란해진 것이다. 타락한 사람일수록 음란해진다. 음란함이 심해지면 성 중독자가 되기도 한다. 성적(性的) 결합의 측면에서 보면 사람이 동물보다 진리에서 훨씬 더 멀어져 있음을 알 수 있다.

단군 할아버지는 사랑의 비법을 끄집어내어 요소요소에 맥을 짚어놓았다. 단군 할아버지의 훈시에는 사람을 진리로 인도하는 탁월한 내용이 압축되어 있다. 오늘날 사람들에게는 뜬구름 같은 이야기로 들릴 수도 있다. 사람들이 그만큼 타락해버렸기 때문이다. 곰곰이 생각해볼 일이다.

제4절 화합

사람의 삶에서 가장 크게 차지하는 비중이 자기 개인의 문제, 부모와 자녀 사이에서의 문제, 남편과 아내 사이에서의 문제이다. 단군 할아버지는 이 세 부분에서의 삶의 비법을 깨우친 뒤에 범위를 가정과 국가로 확대한다. 많은 사람이 국가라는 테두리 속에서 함께 살아간다. 나라 안에서 많은 사람과 어울리다 보면 서로 경쟁하느라 하나인 본질을 잃어버리기 쉽다. 단군 할아버지는 이를 걱정하여 서로 화합하도록 당부한다.

너희들은 열 손가락을 깨물어보라. 큰 손가락이나 작은 손가락 할 것 없이 모두 아플 것이다. 너희들은 서로 사랑하여 서로 헐뜯지 말 것이며, 서로 도와서 해치는 일이 없어야 집안과 나라가 일어날 것이다. 너희들은 소와 말을 보라. 오히려 꼴을 나누어 먹지 않더냐? 너희들은

서로 양보하여 빼앗지 말 것이며, 함께 일하고 훔치지 않아야 나라와 집안이 번영하리라.[56]

제1항 한마음 사랑

본질을 잃어버리지 않은 사람은 모두와 하나임을 안다. 모두와 하나임을 아는 사람은 남의 슬픔이 나의 슬픔이 되고, 남의 아픔이 나의 아픔으로 다가온다. 단군 할아버지의 말씀처럼, 손가락이 여러 개가 있지만 깨물어보면 어느 손가락 할 것 없이 모두 아프다. 손가락이 손에 연결되어 있듯이, 모든 존재는 자연이라는 손에 연결되어 있고, 하나인 본질에 연결되어 있다. 그러므로 본질에서 이탈하지 않은 사람에게는 남의 아픔이 나의 아픔으로 다가온다. 그러나 사람이 본질에서 이탈하면 달라진다. 오늘날 사람들은 살면서 남에게 많은 상처를 받는다. 상처를 받을수록 사람은 외로워진다. 외로워진 사람은 외로움을 달래기 위해 반려동물을 가까이하기도 한다. 반려동물을 사랑하는 사람은 반려동물의 아픔을 자기의 아픔으로 느낀다. 반려동물을 사랑하는 사람의 동물사랑은 다른 동물에게도 퍼져나간다. 사랑은 동물들에게보다 사람에게 더 많이 퍼져나가야 할 것이지만, 오히려 사람에게는 사랑의 문을 닫는 경우가 많다. 그 까닭은 사람들에게 상처를 받기 때문이다. 이 대목에서 우리는 단군 할아버지의 훈시 내용을 돌이켜봐야 한다. 다른 사람의 아픔이 나의 아픔으로 다가오지 않은 까닭이 다른 사람에게 상처받기 때문이라면 다른 사람을 탓하기 전에 나는 다른 사람에게 상처 주지 않는지를 살펴봐야 할

---

56) 爾嚼十指 痛無大小 爾相愛 無胥讒 互佑無相殘 家國以興 爾觀牛馬 猶分厥蒭 爾互讓 無胥奪 共作無相盜 國家以殷

것이다. 내가 자연에서 많이 이탈할수록 다른 사람에게 많은 상처를 준다. 내가 다른 사람에게 상처 주는 사람이라는 사실을 알았다면, 다른 사람을 나무라기 전에 나부터 바꾸어야 한다. 내가 자연에서 많이 이탈했고, 본질을 많이 상실했다는 사실을 알았다면 나부터 바꾸어야 한다. 『천부경』과 「삼일신고」의 가르침에서는 내가 바꾸어야 함을 역설한다. 내가 바뀔수록 단군 할아버지의 훈시가 귀에 들어온다. 내가 완전해지면 나와 다른 사람이 하나라는 사실을 안다. 다른 사람과 하나가 된 사람은 다른 사람에게 상처받을 일이 없다. 오히려 다른 사람의 아픔이 나의 아픔으로 다가온다. 그래야 사랑할 수 있고, 헐뜯지 않을 수 있고, 해치지 않을 수 있으며, 그래야 집안과 나라가 흥할 수 있다. 이 대목에서 단군 할아버지의 훈시를 다시 한 번 상기해 볼 필요가 있다.

너희들은 열 손가락을 깨물어보라. 큰 손가락이나 작은 손가락 할 것 없이 모두 아플 것이다. 너희들은 서로 사랑하여 서로 헐뜯지 말 것이며, 서로 도와서 해치는 일이 없어야 집안과 나라가 일어날 것이다.

집안과 나라를 일으킬 비법을 단군 할아버지는 우리에게 깨우쳐 주었다. 나라 일으키는 방법을 다른 데서 찾으면 안 된다. 사람이 모두 하나임을 알면, 집안일이 나랏일이고 나랏일이 집안일임을 알 수 있다.

제2항 가정과 국가의 일체
단군 할아버지는 집안과 나라 일으키는 방법을 진리의 실천에 두었다. 진리는 자연에 바탕을 두고 있다. 자연에서 참된 삶의 방법을 찾아내는 단군 할아버지는 짐승의 삶에서 힌트를 얻는다. 소와 말들이 다투지 않고 꼴을 나누어 먹는 모습을 보면 사람이 어떻게 살아야 하는지를 알 수 있다.

사람이 소와 말을 보면 부끄러워해야 할 것이 많다. 사람은 먹잇감을 서로 차지하기 위해 치열하게 싸운다. 남의 물건을 훔치기도 하고 빼앗기도 한다. 심지어 다투다가 죽이기도 한다. 사람이 전쟁을 일으키면 남녀노소를 가리지 않고 무자비하게 죽인다. 소와 말을 보면 참으로 부끄럽다. 단군 할아버지는 사람을 깨우치기 위해 소와 말을 예로 들었다. 소와 말은 늘 사람 곁에 있는 친근한 동물이다. 친근한 동물을 예로 들면 빨리 알아차릴 수 있다.

단군 할아버지가 집안과 나라 일으키는 방법을 설명할 때, 한번은 집안과 나라라 하고, 한번은 나라와 집안이라 했다. 단군 할아버지의 이린 설명을 통해 우리는 단군 할아버지가 집안과 나라를 분리하지 않고, 완전히 일치시키고 있음을 알 수 있다. 집안일과 나랏일은 다르지 않다. 집안일처럼 나랏일을 하면 되고, 나랏일처럼 집안일을 하면 된다.

예로부터 한국인들은 남의 일을 내 일로 알고 거드는 상부상조의 전통이 있었다. 농촌에서 힘든 일이 있을 때는 품앗이라는 방법을 통해 온 동네 사람이 함께 모여 함께 일했다. 단군의 깨우침이 후대까지 전해왔기 때문일 것이다.

서로 사랑하는 것, 헐뜯지 않는 것, 서로 돕는 것, 해치지 않는 것, 서로 양보하는 것, 빼앗지 않는 것, 함께 일하는 것, 훔치지 않는 것, 등이 집안과 나라를 일으키는 근본 방법이다. 이 방법은 사람들에게 강요한다고 해서 시행되는 것이 아니다. 모두가 하나임을 알아야 비로소 가능해진다.

제5절 나라를 유지하는 비법

집안을 책임지는 사람은 집안을 망하지 않게 해야 하고, 나라를 다스리는 사람은 나라가 망하지 않게 해야 한다. 집안과 나라를 유지하는 비법은 사람의 본성을 잃지 않고 유지하는 데 있다. 본성은 본래의 마음이고 본래의 마음은 하늘마음이다. 하늘마음은 전지전능하므로, 하늘마음을 잃지 않고 유지하기만 하면 집안과 나라를 지킬 수 있다. 단군 할아버지는 다음과 같이 훈시한다.

너희들은 범을 보라. 강포하고 신령스럽지 못해 재앙을 일으키느니라. 너희들은 사납고 급하여 본성을 해치는 일이 없도록 하고 남에게 상처 주는 일이 없도록 하라. 항상 하늘의 법을 따라 만물을 두루 사랑하라. 너희들은 넘어지는 자를 붙잡아 주고 약한 자를 능멸하지 말 것이며, 불쌍한 사람을 도와주고 비천한 사람을 무시하지 말라. 너희들이 하늘의 법칙을 어기면 영원히 신의 도움을 얻지 못하고 그로 인해 너희 몸과 너희 집이 망할 것이다.[57]

범도 자연의 모습으로 사는 동물일 것이지만, 포악하게 행동하는 동물의 예로 들기에 적당하리라 생각한다. 단군 할아버지가 사람들에게 포악하게 행동하지 말라고 당부하면서 드는 예로써 효과가 있을 것이다. 단군 할아버지는 집안과 나라를 일으키는 비법을 깨우친 뒤에 망하

---

57) 爾觀于虎 彊暴不靈 乃作孼 爾無桀驁以戕性 無傷人 恒遵天範 克愛物 爾扶傾 無陵
弱 濟恤 無侮卑 爾有越厥則 永不得神佑 身家以殞

게 되는 이유를 설명한다. 망하는 이유를 알려면 흥하는 이유를 뒤집으면 된다. 흥하는 이유는 하늘과 하나인 본래의 모습을 회복하는 데 있고, 망하는 이유는 본래의 마음을 상실하는 데 있다.

제1항 본마음을 해치지 말라

개인이든, 집안이든 나라이든 망하는 근본 이유는 하나다. 그것은 사람이 하늘마음을 잃게 되는 데 있다. 하늘마음을 잃게 되는 까닭은 욕심에 끌려가기 때문이다. 욕심에 끌려가는 순간 사람은 사나워지고 급해진다. 욕심을 채우기 위해서는 남과 싸워서 이겨야 한다. 싸워서 이기기 위해서는 사납고 빨라야 하는데, 그런 동물 중의 대표가 범이다. 싸울 때의 범의 모습은 날래고 사납다. 사람도 욕심을 채우기 위해 남과 싸울 때 사납고 급해지므로, 욕심에 끌려가지 않기 위해서는 사납고 급하게 행동하지 않으려고 노력해야 한다.

사람이 사납고 급하게 욕심을 채울수록 남에게 상처를 준다. 내가 욕심을 채우기 위해 남의 것을 빼앗으면 빼앗긴 사람은 크게 상처받는다. 내가 남을 이기기 위해 남을 누르고 그 위로 올라가면 억눌린 사람이 상처받는다. 욕심을 많이 채우는 사람의 주위에는 상처투성이인 사람들이 즐비하다. 내가 남에게 상처를 줄수록 남들은 나의 적이 되어 나에게 등을 돌린다. 그럴수록 나의 멸망이 다가온다. 남을 사랑하여 얻게 되는 이로움보다 상처 주어 얻게 되는 손실이 더 크다. 그래서 단군할아버지는 사랑하는 것보다 상처 주지 않는 것을 먼저 말했다.

제2항 남을 상하게 하지 말라.

내가 나에게 상처 주는 근본 원인은 하늘마음을 상실하는 데 있다. 사람들은 자기가 남을 상처 주고 있다고 생각하기 어렵지만, 하늘마음을 상실하여 다른 사람을 남으로 생각하게 되는 순간부터 상처 주는 삶이 시작된다. 남남끼리는 경쟁하는 관계가 되므로 긴장할 수밖에 없다. 내가 다른 사람을 남으로 여기면 남을 긴장시킨다. 그 자체가 이미 남에게 상처 준 것이다.

내가 하나인 본질을 회복하여 나와 남을 구별하지 않아야 남에게 상처 주지 않을 수 있다. 단군 할아버지는 우리에게 근원적인 문제점을 깨우쳐 준다.

제3항 만물을 사랑하라.

본질을 회복하여 하늘마음을 되찾은 사람은 하늘이 만물을 사랑하듯, 모두를 사랑한다. 남에게 상처를 주지 않는다고 한 말은 소극적으로 표현한 말이고, 남을 두루 사랑한다고 한 말은 적극적으로 표현한 말이지만, 둘 다 본질을 회복한 사람의 마음을 표현한 설명이다.

나처럼 여기는 것보다 더 귀한 사랑은 없다. 사랑에는 욕심으로 하는 사랑이 있고, 본심으로 하는 사랑이 있다. 욕심으로 하는 사랑에는 상대방에게 욕심을 채워달라는 암시가 들어있으므로 상대방은 부담스러워한다. 부담을 주는 사랑은 효과가 없다. 오직 본심으로 사랑해야만 남과 하나가 될 수 있다. 단군 할아버지가 "만물을 사랑하라."라고 한 말에는 '본심으로'라는 말이 생략되어 있다. 본심으로 대해야 남에게 상처를 주지 않고, 본심으로 사랑하여 남과 하나가 되어야 나라를 안전하게 지킬 수 있다.

본심으로 남을 사랑하는 사람은 넘어지는 자를 보면 바로 붙잡아 준다. 약자를 더 많이 도와주고, 비천한 자를 무시하지 않는다. 이 세 가지는 본심으로 사는 사람에게서 나타나는 삶의 방식이고, 본심으로 사는 사람이 나라를 지키므로, 단군 할아버지는 나라 지키는 비법으로 이 세 가지를 특히 강조했다.

제4항 넘어지는 자를 붙잡아 주라

넘어지는 자는 위기에 처한 자이다. 욕심에 빠진 사람은 경쟁하여 이기기 위해 남을 넘어뜨리려고 한다. 넘어지는 자를 붙잡아 주지 않고 밀어버린다. 특히 오늘날 자본주의 시대에 더욱 그러하다. 기업이 위기에 처하면 도와주기보다 그 기업을 손에 넣으려는 기업들이 사방에서 모여든다. 개인이 위기에 처하면 다른 사람이 넘어뜨리고, 집안이 위기에 처하면 다른 집이 넘어뜨리며, 기업이 위기에 처하면 다른 기업이 넘어뜨리고, 나라가 위기에 처하면 다른 나라가 넘어뜨린다. 오늘날은 넘어지는 자를 붙잡아 주는 자를 찾기가 쉽지 않다.

그러나 사람이 하늘마음을 가지면 달라진다. 하늘마음을 가지면 남을 나처럼 사랑한다. 하늘마음으로 사는 사람은 넘어지는 자를 붙잡아 주고, 하늘마음을 가진 사람의 집안은 넘어지는 집안을 붙잡아 준다. 하늘마음으로 경영하는 사람의 기업은 넘어지는 기업을 붙잡아 주고, 하늘마음으로 다스리는 사람의 나라는 넘어지는 나라를 붙잡아 준다. 하늘마음으로 사는 사람에게는 적이 없고, 하늘마음으로 다스리는 나라는 적이 없다. 하늘마음으로 다스리는 것이 나라를 안전하게 지키는 최고의 방법이다. 하늘마음을 잃은 사람이 하늘마음을 가진 것처럼 흉내 낼 때가 문제다.

제5항 약자를 능멸하지 말고, 구해주라.

약자를 보살피는 이치도 마찬가지다. 한마음을 가진 사람은 약자부터 먼저 보살핀다. 오늘날은 많은 나라가 약자를 보살펴야 하는 법을 만들어 시행하고 있다. 법에 따라 약자를 보살피는 것도 좋은 방법이기는 하다. 그러나 법을 지키기 위해 약자를 보살피는 것도 좋지만, 한마음으로 약자를 보살피는 것이 더 좋다. 마음에서 우러나 약자를 보살피면 모두가 하나가 될 수 있지만, 법에 따라 약자를 보살피면 하나가 되지 못한다. 나라는 모두가 하나가 되어 지켜야 가장 안전하다.

제6항 비천한 자를 무시하지 말라.

한국인에게는 하나인 본질을 중시하는 특징이 있다. 하나인 본질을 『천부경』에서는 일(一)이라 했고, 「삼일신고」에서는 하늘이라 했다. 본질에서는 모두가 하나이고, 모두가 하늘이다. 한국은 하늘과 가까운 곳에 있는 나라이다. 한국인들은 자기가 하늘과 이어져 있다고 생각한다. 이러한 생각으로 인해 한국에서는 후대에 〈천인무간(天人無間)〉, 〈천아무간(天我無間)〉, 〈인내천(人乃天)〉 등의 표현이 나온다. 자기가 원래 하늘과 하나임에도 불구하고 현재 하늘처럼 살고 있지 않은 자신의 처지를 알게 되면 한이 맺힌다. 한국인의 한은 현재 처해 있는 자기의 처지를 수긍할 수 없을 때 생긴다. 한국인은 한이 맺힐수록 그 한을 풀어야 한다. 한을 풀지 못하면 안타까워 견디기 어렵다.

한을 푸는 가장 좋은 방법은 하늘과 하나인 원래의 모습을 회복하는 것이고, 하늘의 모습을 회복하는 가장 좋은 방법은 하늘마음을 회복하는 것이다. 하늘마음을 회복하는 가장 좋은 방법이 수련이다. 한국인들은 마음을 수련하여 하늘마음을 회복해야 한이 풀린다. 한국인이 한의 원인을 잘 모르고, 한을 푸는 방법을 잘 모를 때 문제가 생긴다.

하늘은 가장 높은 곳에 있고 만인이 다 우러러본다. 한국인이 하늘과 하나라는 정서를 가졌으면서도 하늘과 하나 되는 참된 방법을 잘 모르면, 높은 자리에 올라 모두에게 대접받는 것을 하늘과 하나 되는 것으로 착각할 수도 있다. 대접받고 싶은 왜곡된 정서에서 나타나는 한국인의 병이 왕자병이고, 공주병이다. 왕자처럼 대접받고 싶어 하는 병이 왕자병이고, 공주처럼 대접받고 싶어 하는 병이 공주병이다. 왕자병을 앓는 남자가 왕자처럼 대접받지 못하고, 공주병을 앓는 여자가 공주처럼 대접받지 못하면, 한이 맺히고 화병(火病)이 생긴다. 왜곡된 방식이긴 하지만, 화병을 치유하는 가장 빠른 방법은 자기보다 못한 사람을 무시하는 방법이다. 이는 남을 무시하면 자기가 남보다 높은 자리에 오른다고 착각하는 데서 오는 잘못된 방법이다. 한의 원인을 잘 알아서 제대로 한을 풀면 하늘처럼 되어, 남들이 모두 하늘임을 알고 남들을 하늘처럼 받들며, 만물이 모두 하늘임을 알고 만물을 내 몸처럼 사랑한다. 그런 사람은 거룩한 사람이다. 그러나 한국인의 정서를 왜곡하여 남을 무시하는 사람은 추한 한국인이 되어, 자기도 불행한 삶을 살게 되지만, 남들에게도 심한 상처를 준다. 추한 한국인은 자기보다 못한 사람에게 상처를 주고, 한국보다 못하다고 판단되는 나라 사람들에게도 상처를 준다. 추한 한국인이 주변 나라 사람들에게 상처를 준 대가는 가혹하다. 상처받은 사람들은 앙심을 품고 한국을 멸망시키려 한다. 한국은 끊임없이 주변의 나라들로부터 침략을 받았고, 때로는 지배당하기도 했다. 추한 한국인들이 오랫동안 주변 나라 사람들을 무시해왔으므로, 주변 나라 사람들의 앙심이 오래 쌓여서 한국을 침략했다. 그것이 한국이 외세에 지배당한 원인 중의 하나이다.

단군 할아버지는 이를 염려했다. 할아버지는 간곡하게 당부한다. '약한 자를 능멸하지 말고, 비천한 자를 무시하지 말라'고.

제7항 충돌하지 말라

한국이 망하는 원인은 추한 한국인이 이웃 나라 사람들을 무시하는 것 외에도 또 있다. 그것은 내부에서 한국인끼리 충돌하는 경우이다. 한국인은 충돌하면 물불을 가리지 않는다. 특히 편을 갈라서 충돌하면 나라도 돌아보지 않는다. 단군 할아버지의 나라 걱정은 다음의 훈시로 다시 이어진다.

너희들이 만약 충돌하여 논에 불을 지르면 곡식이 다 타 없어져 신들과 사람들이 화를 낼 것이니, 너희들이 비록 두텁게 감싸더라도 냄새가 반드시 새어 나갈 것이다.[58]

하늘과 사람이 하나라는 정서가 왜곡되어 자기에게만 적용하면, 나는 하늘과 하나이지만 남은 아니라는 착각을 하게 된다. 내가 하늘과

---

58) 爾如有衝 火于禾田 禾稼將殄滅 神人以怒 爾雖厚包 厥香必漏

하나라는 정서를 잘 의식하여 그 원인을 알면 매우 좋은 방향으로 나타나지만, 내가 하늘과 하나라는 정서를 의식하지 못하고 무의식에 잠재해 있으면 문제가 생긴다. 무의식에 잠재해 있는 그 정서는 여러 가지 형태로 표출된다. 단체의 우두머리에게 그 정서가 나타나면 그 우두머리는 그 단체에서 자기가 하늘인 것처럼, 무소불위의 권력을 휘두른다. 평소 조용하게 있던 사람이 권력을 휘두를 수 있는 자리에 있게 되면 갑자기 저승사자가 된 것처럼, 무소불위의 칼을 휘두르기도 한다. 평소 남에게 무시를 당하면서 억눌려 있던 사람이 더는 참지 못할 만큼 무시를 당해 이성을 잃을 정도가 되면 물불을 가리지 않고 날뛰며 무슨 짓을 할지 모르는 사태가 벌어지기도 한다. 집안이 망해도 아랑곳하지 않고, 나라가 망해도 아랑곳하지 않는다. 집을 불태워버리기도 하고, 온 마을을 불태워버리기도 한다. 심지어는 나라를 팔아넘기기도 한다.

하늘과 하나라는 정서는 한국인의 마음속에 큰 공간을 만들어 그 속에 자리 잡고 있다. 하늘과 하나라는 정서가 제대로 발휘되면 실제로 하늘과 하나 되기 위한 노력을 집중한다. 한국에서 종교가 발전하는 원인도 여기에 있고, 수양 철학이 발달하는 원인도 여기에 있다. 철저한 수양을 통해 하늘과 하나 된 사람이 나타나면, 하늘과 하나 되고 싶은 한국인의 열정이 그를 매개로 하여 일시에 표출하고, 그를 매개로 하여 모두 하나가 된다. 한국인이 모두 하나가 되면 기적을 일으킨다.

그러나 한국인의 정서가 왜곡될 때는 매우 위험해질 수 있다. 한국인의 마음속에 있는 큰 공간에 하늘과 하나 되고 싶은 열정 대신 다른 원리가 자리 잡게 되면 한국인은 그 원리를 위해 물불을 가리지 않는다. 좌파 이론이 자리 잡으면 좌파 이론을 지키느라 나라도 팔아넘기고, 우파 이론이 자리 잡으면 우파 이론을 지키느라 나라도 팔아넘긴다. 잘못된 종교 이론이 그 공간에 자리 잡으면 잘못된 종교를 위해 나라도 팔아넘긴다.

한국인의 마음속 공간에 자리 잡은 잘못된 이론이나 원리가 집단을 이루어 집단끼리 편을 갈라 싸우면 나라는 매우 위험해진다. 한국은 무시당한 이웃 나라로부터의 공격으로 망하기도 하지만, 편을 갈라 싸워서 생긴 내부분열로 인해서도 망한다. 단군 할아버지는 이를 몹시 염려하여 간곡히 당부한다.

너희들이 만약 충돌하여 논에 불을 지르면 곡식이 다 타 없어져 신들과 사람들이 화를 낼 것이다.

나라를 지키는 신들과 나라를 지키는 사람들이 화를 내면 나라가 망한다. 단군 할아버지의 깨우침을 잊었을 때 우리는 망했다. 고구려가 망할 때도 연개소문의 아들들이 고구려에 불을 질렀다. 후백제가 망할 때도 견훤이 나라에 불을 질렀고, 조선 시대의 천주학자 황사영은 천주교를 지키려고 청나라 황제에게 조선을 멸망시키도록 간청했다. 당파 싸움하는 작자들은 자기 당의 이익을 위해 나라에 불을 질렀다. 조선말의 이완용은 일본의 앞잡이가 되어 나라에 불을 질렀다. 오늘날도 불 지르는 일이 곳곳에서 일어나고 있다. 국보 1호 남대문도 불을 지질러 태웠고, 지하철도 불을 질러 많은 사람이 죽었다. 마을 사람들에 불만을 가진 사람이 뒷산에 불을 질러 온산과 마을을 다 태우기도 했다. 오늘날 우리는 좌우로 나뉘어 나라에 불 지르고 있지는 않은지 의심스럽다. 우리는 단군 할아버지의 깨우침을 귀에 담고 있는지 생각해 볼 일이다.

제8항 근본적인 해결책은 한마음을 회복하는 것

단군 할아버지는 지금까지 나라 망하게 하는 내용을 열거하고 그 해결책을 내놓았지만, 그 근본 해결책은 방법에 있는 것이 아니다. 근본 해결책은 마음에 있다. 마음을 수련하여 하늘마음을 회복하면 모든 해결책은 저절로 찾아진다. 단군 할아버지는 마지막으로 마음의 문제를 거론하고 마무리한다.

너희들은 본성을 경건하게 간직하여 간특한 마음을 품지 말 것이며, 악한 마음을 숨겨 놓지 말 것이며, 재앙을 일으키는 나쁜 마음을 감추어두지 말라.[59]

한국인에게 가장 중요한 것은 본래의 하늘마음을 지키는 것이다. 하늘마음을 잠시 잊었다면 빨리 하늘마음을 회복해야 한다. 그래야 개인도 행복하고 나라도 지켜진다. 하늘마음을 굳건히 지키지 못하면 간특한 마음과 악한 마음과 재앙을 일으키는 마음이 틈을 비집고 들어온다. 간특한 마음과 악한 마음과 재앙을 일으키는 마음은 탐욕에서 나오는 마음이다. 탐욕을 마음속에 감추어두면 무럭무럭 자라 하늘마음을 밀어내므로, 마음속을 잘 살펴 탐욕이 나오려고 고개를 내밀면 감추어두

---

59) 爾敬持彝性 無懷慝 無隱惡 無藏禍心

지 말고 바로 밖으로 내보내야 한다.

　마음속에 숨어 있는 탐욕을 모두 내보내고 온전히 하늘마음을 유지하면 하늘과 하나가 되고 만물과도 하나가 된다.

제6절 천인일체와 만물일체

　단군 할아버지는 마지막으로 하늘과 하나 되고, 백성과 하나 되도록 당부하고 훈시를 끝맺었다.

　하늘을 잘 공경하여 백성들과 하나가 되어야 너희들의 복록이 무궁하리라. 너희 오가의 무리여! 부디 공경할지어다.[60]

　한마음을 유지하는 방법에는 여러 가지가 있지만, 그 중에서도 부모에게 효도하고, 하늘을 공경하는 것이 으뜸이다. 하늘과 하나 되면 모든 사람과도 하나가 되고, 만물과도 하나가 된다. 한국인들이 한마음으로 모두와 하나가 되어 뭉친다면 기적을 일으킨다. 단숨에 최고의 글자를 만들기도 하고, 열두 척의 배로 수백 척의 배를 무찌르기도 한다. 한마음으로 이루어야 할 최고의 목표는 지상천국을 건설하는 것이다. 단군 할아버지의 목표는 홍익인간을 건설하는 것이었다. 홍익인간이 지상천국이고, 지상천국이 홍익인간이다. 우리는 단군 할아버지의 목표

---

60) 克敬于天 親于民 爾乃福祿無窮 爾五加衆 其欽哉

를 세종대왕 때에 달성했지만, 오래가지 못하고 나라가 혼란해지다가 급기야 나라를 잃는 아픔을 겪었다. 지금 나라는 되찾았지만, 다시 분열하여 아픔을 겪고 있다. 이제 단군 할아버지의 깨우침을 절실하게 되새겨야 할 때가 되었다.

제4장

을보륵(乙普勒)의 철학과 교육

단군조선 시대의 제3대 가륵단군(嘉勒檀君) 때 을보륵(乙普勒)이란 이름을 가진 걸출한 선생이 나타났다. 을보륵 선생은 당시 벼슬이 삼랑 (三郎)이었는데, 단군 할아버지의 물음에 답한 내용에서 우리는 그의 심오한 철학과 교육 내용을 살필 수 있다. 다음 항에서 그 대강을 살펴 보기로 한다.

제1절 신과 인간의 관계

을보륵 선생은 먼저 신(神)과 인간의 관계에 관해 설명한다.

신은 만물을 끌어내어 각각 자기의 본성을 온전하게 갖추게 하니, 신 의 묘한 작용을 백성들이 모두 믿고 의지합니다.[61]

---

61) 神者 能引出萬物 各全其性 神之所妙 民皆依恃也

삼랑은 주로 삼신을 받드는 관직의 이름이다. 물에서 얼음이 만들어지듯, 하나인 본질에서 만물이 생성된다. 하나인 본질이 하늘이고 자연이다. 하나인 본질에서 만물이 생성되는 과정을 자연의 섭리로 보아도 되고, 하늘의 마음에 따른 움직임으로 보아도 된다. 을보륵 선생은 하늘의 마음을 신으로 표현한다. 하늘마음이 하늘의 몸에서 만물을 만들어낸다. 우주 공간에 가득한 물질이 하늘의 몸이고, 그 물질을 모아 만물을 만드는 의지가 하늘의 마음이다. 만물은 하늘과 하나이다. 만물에는 하늘의 몸만 있는 것이 아니라, 하늘의 마음도 주어져 있다. 만물에 갖추어져 있는 하늘의 마음을 을보륵 선생은 성(性)이라 했다. 만물이 갖추고 있는 성은 하늘마음이므로, 그 자체로 온전하다. 만물은 온전한 하늘마음으로 각자의 몸을 온전하게 유지한다.

사람에게도 하늘마음이 주어져 있고 하늘의 몸이 모여 있으므로, 사람은 온전한 마음으로 각자의 삶을 온전하게 유지한다. 사람의 마음이 하늘마음이므로 하늘이 하는 일을 알고, 믿으며, 하늘과 하나가 되어 움직인다. 하늘의 마음이 하늘의 몸을 움직이는 작용을 명(命)이라 하고, 사람의 마음이 사람의 몸을 움직이는 작용을 기(氣)라 한다. 사람의 몸에 들어와 있는 하늘마음이 본마음인 성(性)이고, 사람 몸에서 작동하는 하늘의 명이 사람의 기(氣)이며, 하늘의 몸이 뭉쳐져서 사람의 모습으로 된 것이 사람의 몸이다. 사람의 본질이 하늘이므로 사람은 모두 하늘을 믿고 따른다. 그것은 마치 자녀가 부모를 믿고 따르는 것과도 같다.

제2절 왕과 인간의 관계

하늘과 사람이 하나이지만, 사람 중에는 본래의 모습을 유지하고 있는 사람도 있고, 본래의 모습을 잃어버린 사람도 있다. 본래 모습을 잃어버린 사람은 참된 삶을 유지하지 못하고 불행의 늪에 빠진다. 하늘은 불행의 늪에 빠진 사람을 구하려고 하지만, 눈도 없고 입도 없으므로 직접 구하기가 어렵다. 이에 하늘의 모습을 유지하고 있는 사람이 하늘을 대행하여 사람들은 구해야 한다. 하늘을 대행하는 사람이 왕이므로 을보륵 선생은 신과 사람의 관계를 설명한 뒤, 이어서 왕과 사람의 관계를 설명한다.

왕은 바르고 의로운 마음으로 세상을 다스려 각자 타고난 명을 편안하게 따르도록 해주시니 왕이 베푸시는 것을 백성들은 모두 복종하여 따르는 것입니다.[62]

왕의 마음은 하늘마음이므로 바르고 의롭다. 바른 마음은 비뚤어지지 않은 마음이고, 의로운 마음은 상황에 알맞게 대처하는 마음이다. 비뚤어진 마음을 가진 사람은 사람을 공평하게 대하지 못하고 차별하며, 의롭지 못한 사람은 사람 개개인에게 가장 알맞은 방향으로 인도하지 못한다. 오직 바르고 의로운 마음을 가진 사람이라야 모든 사람에게 공평하게 대하면서도 사람들 각자에게 마땅한 길을 제시할 수 있다.

---

62) 王者 能德義理世 各安其命 王之所宣 民皆承服也

을보륵 선생은 세상을 다스린다는 뜻을 말할 때, 치세(治世)라고 하지 않고 리세(理世)라고 했다. 치세란 힘으로 다스리는 것을 말하지만, 리세란 세상을 원래의 모습으로 되돌려 놓는 것을 말한다. 세상은 원래 하늘이 만든 천국이었지만, 사람들이 타락하여 천국의 모습을 잃어버렸으므로 하늘마음을 가진 사람이 원래의 모습으로 돌려놓는 것이 다스리는 것이다. 인간의 차원에서 인간의 힘으로 세상을 다스리려고 하면 세상을 원래의 모습으로 돌려놓을 수 없다.

사람의 몸은 하늘의 몸을 받아서 생겨난 것이지만, 하늘의 몸이 모이는 과정에서 각각 차이가 난다. 하늘의 몸은 우주 공간에 빈틈없이 퍼져 있지만, 만질 수도 없고 모양도 없다. 하늘의 몸이 뭉쳐져 중간 단계의 질료로 구체화한 것을 금·목·수·화·토의 오행이다. 오행이 뭉쳐져 사람의 몸이 될 때, 오행의 순수성에도 차이가 있고 오행의 배합 비율도 각각 다르므로, 사람의 몸은 각각 다르게 태어난다. 힘센 사람도 있고 약한 사람도 있다. 키가 큰 사람도 있고 작은 사람도 있다. 두뇌가 명석한 사람도 있고 우둔한 사람도 있다. 만물도 각각 다르다. 말은 빨리 달리지만 소는 느리게 걷는다. 개는 멍멍하고 짖고 소는 음매 하며 운다. 백 년을 넘게 사는 거북이도 있지만, 하루밖에 살지 못하는 하루살이도 있다. 만물이 모두 다르다는 사실만 보면 모든 것이 불공평하게 보일 수도 있다. 욕심이 많을수록 자기에게 없는 것을 가지고 싶고, 그럴수록 자기의 처지에 불만이 많아지고 불행해진다.

하늘은 만물은 사랑한다. 하늘은 사람에게 행복하게 살도록 유도한다. 어떻게 해야 사람이 행복해질 수 있을까? 사람이 행복해지는 비법은 먼저 하늘마음을 회복하는 것이다. 하늘마음에서 보면 모든 사람의 몸이 모두 자기의 몸이다. 하늘마음으로 사는 사람은 각각의 몸에 맞는 삶을 선택한다. 키 큰 사람은 키 큰 사람에게 알맞은 일을 하고, 작은 사람은 작은 사람에게 알맞은 일을 한다. 힘센 사람은 힘센 사람에게 알맞은 일을 하고 연약한 사람은 연약한 사람에게 알맞은 일을 찾아서 한다. 사람들은 모두 자기의 타고난 소질과 적성에 맞는 일을 찾아서 하므로, 불만을 가진 사람이 없다. 모든 사람에게 불만이 없도록 하는 정치가 바람직한 정치이다.

제3절 교육 방법과 교육의 효과

정치의 핵심은 교육이다. 정치를 하여 세상을 원래의 모습으로 바꾸는 것은 교육을 통해서 가능하다. 을보륵 선생은 정치의 내용을 설명한 뒤 교육 방법과 효과에 관해 설명한다.

종(倧)은 나라에서 선발한 자이고 전(佺)은 백성들이 천거한 자이니, 모두 이레를 한 주기로 삼아 삼신에게 나아가 맹세합니다. 세 고을에서 뽑은 사람은 전(佺)이 되고 구환(九桓)에서 뽑은 사람은 종(倧)이 됩니다. 그들이 가르치는 도리는 이렇습니다. 아버지 역할을 하려고 하면 바로 아버지 역할을 하게 되고, 임금 역할을 하려 하면 바로 임금 역할을 하게 되며, 스승 역할을 하려고 하면 바로 스승 역할을 하게 됩니다. 아들 역할을 하거나 신하 역할을 하거나 제자 역할을 하려고 하면 또한

곧 아들 역할을 하게 되고, 신하 역할을 하게 되며, 제자 역할을 하게 되는 것입니다.[63]

　나라를 본래의 모습인 지상천국으로 만들려면 본래의 모습을 가진 스승이 나서야 한다. 교육의 승패는 스승에 달려 있다. 자격 있는 사람이 스승이 되면 교육은 성공하지만, 자격 없는 사람이 스승이 되면 교육은 망한다. 을보륵 선생은 스승을 모시는 일을 먼저 거론한다.

제1항 교육자 선발

　스승은 나라 전체에서 가장 온전한 사람이어야 한다. 온전한 사람은 하늘과 하나로 통하는 사람이다. 단군조선에서는 스승을 두 가지 방식으로 선발했다. 하나는 정부가 전국에서 찾아내는 방식이고, 다른 하나는 백성들이 추대하는 방식이다. 정부가 찾아낸 스승이 종(倧)이고, 백성이 추대한 스승이 전(佺)이다. 종은 사람이라는 뜻의 인(亻)과 가장 높다는 뜻의 종(宗)을 합한 글자이므로, 가장 높은 사람이란 뜻이다. 전은 인(亻)과 완전함을 뜻하는 전(全)을 합한 글자이므로, 완전한 사람이란 뜻이다. 가장 높고 완전한 사람은 하늘과 하나인 사람이다. 하늘과 하나인 사람을 임금과 백성이 함께 찾아서 스승으로 추대한다. 스승인 종과 전은 7일에 한 번씩 삼신에 맹세한다. 삼신은 신(神)이 셋이란 뜻이 아니다. 하늘의 세 요소인, 하늘의 마음[性], 하늘의 말씀[命], 하늘의

---

63) 倧者國之所選也 佺者民之所擧也 皆七日爲回 就三神執盟 三忽爲佺 九桓爲倧 盖其道也 欲爲父者 斯父矣 欲爲君者 斯君矣 欲爲師者 斯師矣 爲子爲臣爲徒者 亦斯子斯臣斯徒矣

몸[精]을 삼신이라 한다. 하늘과 하나인 사람이 세상의 일에 뛰어들다 보면 가끔 하늘에서 이탈할 수도 있으므로, 그렇게 되는 것을 방지하기 위해 7일에 한 번씩 삼신에게 가서 하늘에서 벗어나지 않기 위해 맹세한다. 최고의 교육 목표는 사람들을 완전한 사람이 되도록 인도하는 것이어야 한다.

제2항 교육 목표

사람은 모두 본질에서 보면 완전하다. 호수에 떠 있는 얼음덩어리들이 본질에서 보면 모두 물이고, 모두 물과 하나 되어 움직이는 완전체이듯이, 사람도 본질에서 보면 하늘과 하나이고, 하늘과 하나 되어 움직이는 완전체이다. 그렇지만 사람이 자기 몸에 '나'라는 의식이 들어가면 달라진다. 자기 몸을 '나'라고 여기는 순간부터 하늘과 이탈하여 '나'가 주체가 되어 움직인다. 본질에서 이탈한 '나'는 남과 하나가 되지 못하므로, 남과의 온전한 어울림이 불가능해진다. 그뿐만이 아니다. '나'는 너무나 왜소하고, 너무나 외롭다. 남과 싸워서 이기기 위해 동분서주해야 하고, 늙고 죽는 숙명에서 벗어나지 못한다. '나'는 너무나 불쌍한 존재가 된다.

인간의 불행은 '나'를 만드는 데서 시작되므로, 스승은 사람들에게 '나'라는 것을 지워 하늘과 하나인 본질로 돌아가도록 가르친다. 물은 '나'가 없으므로 언제나 남과 하나가 된다. 네모 통에 들어가면 네모가 되고, 세모 통에 들어가면 세모가 되며, 둥근 통에 들어가면 둥글게 된다. 평평한 곳에서는 천천히 흐르고, 낭떠러지에서는 떨어진다. 큰 바위가 가로막고 있으면 돌아서 가고, 둑이 막으면 채워서 넘어간다. 사람도 '나'를 없애서 완전해지면 그렇게 된다. 멈춰야 할 상황에서는 멈추고, 가야 할 상황에서는 간다. 빨리 가야 할 상황에서는 빨리 가고, 천천히 가야 할 상황에서는 천천히 간다. 아버지 역할을 해야 할 상황이 되면 아버지 역할을 하고, 스승 역할을 해야 할 상황에서는 스승 역할을 한다.

교육 목표는 사람들에게 완전한 사람이 되게 하는 것이어야 한다. 을보록 선생은 완전한 사람의 모습을 "아버지 역할을 하려고 하면 바로 아버지 역할을 하게 되고, 임금 역할을 하려 하면 바로 임금 역할을 하게 되며, 스승 역할을 하려고 하면 바로 스승 역할을 하게 됩니다. 아들 역할을 하거나 신하 역할을 하거나 제자 역할을 하려고 하면, 또한 곧 아들 역할을 하게 되고, 신하 역할을 하게 되며, 제자 역할을 하게 되는 것입니다."라고 압축했다.

'나'가 삶의 주체가 되면, 아버지 역할을 해야 할 상황에서는 아들과 하나가 되지 못하므로, 아버지 역할을 제대로 할 수 없다. 아들과 하나가 되지 못하면, 아들에게 가르치려고 들고, 아들이 고분고분하지 않으면 버릇이 없다고 꾸짖기 바쁘다. 임금 역할을 해야 할 상황이 되어도 백성과 하나가 되지 못하므로, 임금 역할을 제대로 할 수 없다. 위에서 백성들을 내려다보며 고자세를 취하고, 따르지 않는 백성들을 탄압하려 든다. 스승도 마찬가지다. 학생들과 하나가 되지 못하는 스승은 스승 역할을 제대로 할 수 없다. 아들 역할, 신하 역할, 제자 역할도 마찬가지다. 아버지와 하나가 되어야 아들 역할을 제대로 할 수 있고, 임금과 하나가 되어야 신하 역할을 제대로 할 수 있으며, 스승과 하나가 되어야 제자 역할을 제대로 할 수 있다.

을보륵 선생의 교육철학을 참고하면 공자의 정명(正名)을 제대로 이해할 수 있다. 제나라 경공이 공자에게 정치에 관해 물었을 때 공자는 다음과 같이 답변한 적이 있다.

임금은 임금다워야 하고, 신하는 신하다워야 하며, 아버지는 아버지다워야 하고, 아들은 아들다워야 합니다.[64]

위 인용문의 내용은 공자 정명사상의 핵심이다. 공자의 정명사상은 맹자의 혁명사상과 순자의 명분론에 영향을 주었다. 맹자의 혁명사상은 임금답지 못한 임금을 축출하고 임금다운 임금을 추대해야 한다는 사상이고, 순자의 명분론은 임금은 아무리 못나도 임금이고, 신하는 아무리 우수해도 신하이므로 신하가 임금 자리를 넘보면 안 된다는 이론이다.

공자의 정명사상을 오해한 후대의 학자들은 공자가 왕권을 강화하고 봉건 체제를 옹호하는 보수적인 사상가라고 비판하기도 했다. 그만큼 공자의 정명사상은 난해하여 여러 의미로 해석할 수 있는 소지가 있다.

그러나 을보륵 선생의 철학을 참고하면 공자 정명사상의 내용은 다음과 같이 선명해진다. 공자 정명사상의 내용은 "임금이 되었을 때는 임금 역할을 제대로 하고, 신하가 되었을 때는 신하 역할을 제대로 하며, 아버지가 되었을 때는 아버지 역할을 제대로 하고, 아들 되었을 때는 아들 역할을 제대로 한다."라는 뜻이다. 원래부터 사람이 임금과 신하, 아버지와 아들로 정해져 있지 않다. 한 남자가 아버지에게는 아들

---

64) 君君臣臣父父子子(『論語』□淵篇)

이 되고, 아들에게는 아버지가 되며, 부인에게는 남편이 된다. 그 남자는 '나'가 없어야 아버지에게 아들 노릇을 제대로 하고, 아들에게 아버지 노릇을 제대로 하며, 부인에게 남편 노릇을 제대로 할 수 있다. 원래부터 임금으로 태어나는 사람은 없다. 특히 단군조선 시대에는 임금이 세습되지 않았다. 화백회의에서 임금을 추대하므로, 누가 임금이 될지모른다. 신하 노릇을 하다가도 임금으로 추대되면 임금이 될 수 있으므로, 신하일 때는 신하 노릇을 제대로 해야 하고, 임금이 되었을 때는 임금 노릇을 제대로 해야 한다. 그러기 위해서는 '나'가 없어야 가능하다. 온 나라 사람들이 인간 되는 교육을 받아, '나'가 없어지고 하나인 본질을 회복하면, 모든 사람이 각각의 자리에서 제 역할을 제대로 하게 되어, 나라가 지상천국이 된다. 정치의 목적은 모든 사람에게 본질을 회복하게 하여, 나라를 지상천국으로 만드는 데 있다. 을보륵 선생의 철학을 알면 공자 정명사상의 심오함을 이해할 수 있다. 공자가 살던 주나라에서는 일반인이 임금이 되는 기회가 없으므로, 공자의 정명사상을 을보륵 선생의 교육내용처럼 이해하기는 쉽지 않지만, 공자 정명사상의 연원이 을보륵 선생의 철학에 닿아있다고 보면 공자 정명사상의 내용이 심오하고 선명해진다.

제4절 을보륵 선생의 철학

을보륵 선생의 교육 목표가 사람들을 완전한 사람이 되도록 인도하는 것이었으므로, 을보륵 선생은 완전한 사람이 되는 철학적 방법을 먼저 제시해야만 했다. 을보륵 선생은 배달국 시대의 철학을 참고하여 완전한 사람이 되는 방법을 설명한다.

제1항 사람 개개인의 궁극 목표 : 지아구독(知我求獨)

사람이 완전한 사람이 되기 위해서는 먼저 최고의 사람이 되기 위한 목표를 설정해야 한다. 사람은 원래 하늘과 하나이므로 그 자체로 완전한 사람이었으나, 본질을 상실한 뒤에 욕심에 눈이 멀어 불행한 삶을 사는 불행한 존재가 되었다. 자기의 본래 모습과 현재의 모습을 안다면, 자기의 목표가 무엇인지 알 수 있다. 사람의 목표는 자기를 돌아보면 알 수 있다. 사람의 목표는 자기를 아는 데서부터 시작된다. 자기에게는 두 가지 모습이 있다. 본질에서 벗어나지 않은 본래의 자기와 본질에서 벗어난 현재의 자기가 있다. 본래의 자기는 모두와 하나인 자기이고 현재의 자기는 모두와 남남이 되어 있는 자기다. 본래의 자기는 남과 나를 하나로 여기므로, 남을 나처럼 여기고 사랑하지만, 현재의 자기는 남과 경쟁하느라 시기하고 질투한다. 본래의 자기는 하늘과 하나이므로 자기에게 태어남도 없고 죽음도 없지만, 현재의 자기는 하늘과 떨어져 있으므로, 자기에게 태어나고 늙어 죽는 숙명이 있다. 본래의 자기는 고통이 없으므로 행복하기만 하지만, 현재의 자기는 고통에서 벗어나지 못한다. 본래의 자기는 참되지만, 현재의 자기는 헛되다. 이를 도식으로 표현하면 다음과 같다.

본래의 자기 = 모두 하나 = 사랑 = 영생(永生) = 행복 = 참됨

현재의 자기 = 각각 남남 = 경쟁 = 노사(老死) = 불행 = 헛됨

사람이 자기를 알면 목표는 저절로 세워진다. 사람이 목표로 삼아야 할 것은 헛된 자기를 극복하여 참된 자기를 회복하는 것 외의 다른 것이어서는 안 된다. 이것이 을보륵 선생이 말한 지아구독(知我求獨)이다. 지아(知我) 즉, 나를 안다는 것은 나에게 본래의 나와 현재의 나가 있다는 사실을 아는 것이다. 구독(求獨) 즉, 하나임을 구한다는 것은 모두가 하나인 본래의 모습을 구한다는 것이다.

을보륵 선생은 사람의 목표를 제시한 뒤 목표를 달성하는 심오한 철학을 설파한다.

제2항 지상 최고의 철학 : 공아존물(空我存物)

호수의 물에서 온갖 모양의 얼음덩어리들이 만들어져도 물이라는 본질에서 보면 모든 얼음덩어리가 모두 물이다. 물이라는 본질에서 얼음덩어리들은 차이가 없다. 우주 공간에도 보이지도 않고 만질 수도 없는 물질이 빈틈없이 있다. 그 물질에서 만물이 만들어져 나온다. 그 물질을 중국의 장재는 기(氣)라 불렀지만, 「삼일신고」에서는 정(精)이라 불렀다. 정(精)은 하늘의 몸이다. 모든 얼음의 본질이 물이듯이, 만물의 형체를 구성하는 근본 물질이 정(精)이다. 갖가지 모양을 한 얼음덩어리가 모두 물의 모습이듯이, 제각각 다른 만물의 모습이 모두 정(精)의 모습이다. 정(精)이 하늘의 몸이므로 만물의 형체가 모두 하늘의 몸이다. 하늘의 몸이라는 본질에서 보면 모두 하나일 뿐이다.

얼음덩어리 하나에 눈이 생겨서 다른 얼음덩어리를 바라보다가, 바라보는 얼음덩어리를 '나'라고 하고, 보이는 얼음덩어리를 '너'라고 착각하게 되면, 모든 얼음덩어리가 각각 다르게 되는 것처럼, 사람의 몸덩이 하나가 눈에 현혹되어 바라보는 몸덩이를 '나'라고 의식하면, 보이는 몸덩이를 '너'로 의식하고, '그'로 의식하고, '산'으로 의식하고, '물'로 의식하고, '나무'로 의식하고, '바위'로 의식하는 등, 만물을 온갖 이름을 가진 만물로 의식하게 된다. '너', '그', '산', '물', '나무', '바위' 등의 만물은 모두 나의 의식이 만들어낸 허상이다. 이른바 일체유심조(一切唯心造)이다. '나'를 포함한 온갖 이름의 '만물'은 나의 의식이 만든 가짜이고 헛것이다. '나'라는 헛것은 만물을 헛것으로 만든 장본인이다. 내가 해야 할 중요한 일은 만물을 만물의 본래 모습으로 되돌려놓는 일이다. 그 방법은 '나'를 지우면 된다. '나'를 지우면 만물은 만물의 허상이 사라지고 하늘과 하나인 본래의 모습을 되찾는다. 이러한 내용을 을보륵 선생은 공아존물(空我存物)이라 했다. 공아(空我)는 나를 지우는 것이고, 존물(存物)은 만물의 본래 모습을 보존하는 것이다.

'나'가 없어지면, 나는 하늘과 하나인 본래의 모습이 되고, 만물도 본래의 모습으로 바뀌어, 이 세상이 참된 세상으로 되돌아온다. 참된 세상이 천국이고, 복이 넘치는 세상이다.

을보륵 선생의 공아존물 철학에서 노자의 철학이 나오고, 장자의 철학이 나오며, 불교의 공(空) 사상도 나온다. 노자는 "비우기를 끝까지 하고, 고요함을 철저하게 지키면, 만물이 아울러 일어난다.[65]"라고 했다. 비우기를 끝까지 하고, 고요함을 철저하게 지킨다는 말은 나를 지운다는 뜻이다. 하늘과 하나인 본래의 나에게는 '나'라는 것이 없었다. '나'는 본래의 내가 만들어낸 착각이고 헛것이므로, 이를 끝까지 비우

---

65) 致虛極 守靜篤 萬物竝作(『老子』 16장)

면 본래의 나로 돌아간다. 본래의 나는 만물과 구별되지 않은 하나이므로 나의 본마음은 지극히 고요하다. 그 고요함을 철저하게 지키면 나는 하나인 본질에서 이탈하지 않는다. 내가 본질의 모습이 될 때 만물도 본질의 모습으로 되살아난다. 만물이 되살아나는 것을 노자는 '만물이 아울러 일어난다.'고 표현했다. 노자가 을보륵 선생의 공아존물 철학을 참고했을 수도 있고, 하지 않았을 수도 있다. 그러나 을보륵 선생의 철학이 노자 철학의 원형임은 부인할 수 없다.

장자는 이 세상의 본래 모습을 '무하유지향(無何有之鄕)'으로 표현했다. '무언가 있다고 할 것이 없는 고을'이란 뜻이다. 장자가 말하는 무하유지향은 을보륵 선생이 말하는 공아존물을 통해 드러나는, 나와 만물이 하나인 본래의 세계이다. 본래의 세계에서는 이름 붙일 수 있는 것이 하나도 없으므로, 무하유지향이다. 장자 역시 을보륵 선생을 철학을 참고했을 수도 있고, 안 했을 수도 있지만, 을보륵 선생의 철학이 장자 철학의 원형임은 확실하다.

을보륵 선생의 공아존물은 불교 공(空) 사상의 원형이기도 하다. 나와 만물이 본질로 돌아가 '나'도 없고, 만물도 없는 상태가 공(空)이다. 석가모니가 을보륵 선생의 철학을 참고하지 않았더라도, 을보륵 선생의 공아존물 철학은 공 사상의 원형임은 확실하다.

이렇게 정리하고 보면, "옛 한국인의 심오한 철학이 유·불·도 삼교를 포함한다."라고 한 최치원 선생의 말씀은 설득력이 있다.

개개인이 완전한 사람이 되는 내용을 설명한 을보륵 선생은 모든 사람에게 완전한 사람이 되도록 인도하기 위해 정치적 역할을 설명한다.

제5절 정치의 정의와 내용

이 세상을 이끌어가는 주체는 하늘이다. 하늘을 을보륵 선생은 천신으로 표현한다. 천신은 만물을 살리는 방향으로 세상을 이끌어간다. 천신은 밤낮을 순환시키고, 사계절을 순환시킨다. 해와 달이 돌게 하고, 눈과 비가 내리게 한다. 이 모든 작용이 천신이 하는 일이다. 천신은 만물과 분리되어 있지 않다. 천신과 만물은 하나로 이어져 있다. 생명체에는 삶으로 향하는 생명력이 작용한다. 그 생명력이 만물을 살리는 천신의 힘이다. 생명체는 대자연의 흐름과 하나가 되어 흐른다. 그러한 움직임이 생명을 유지하는 방법이다. 그런데 생명체에 욕심이 생기면 자연의 움직임에서 이탈한다. 특히 사람이 그렇다. 사람에게 욕심이 생기면 욕심을 채우기 위해 자연에서 이탈한다. 사람을 살리는 천신의 힘은 느낌으로 전달되지만, 사람에게 욕심이 많아지면 그 느낌이 욕심에 가려 차단되므로, 삶을 제대로 이어가지 못하고 불행해진다. 천신에게는 말할 수 있는 입이 없고, 행동할 수 있는 몸이 없으므로, 천신에게는 느낌이 차단된 사람을 이끌어갈 방법이 없어진다. 이렇게 되면 천신과 하나가 된 사람이 왕이 되어 천신을 대신해서 사람들을 이끌어가야 한다. 왕은 불행해진 사람들을 눈으로 볼 수 있고, 입으로 말할 수 있으므로 사람들을 직접 이끌 수 있다.

을보륵 선생은 정치의 정의를 내린 뒤에 정치의 내용을 설파한다.

천신을 대신하는 왕으로서 세상의 사람을 다스릴 때는 도를 넓혀서 모든 사람에게 도움이 되게 하여, 한 사람도 본성을 상실함이 없게 해야 하고, 모든 임금을 대신하는 사람으로서 사람 사이에 있는 만물을 다스릴 때는 병을 없애고 원한을 풀어주어 미물 하나도 생명을 손상함이 없게 해야 합니다.[66]

왕은 천신을 대신하여 세상 사람들이 본성을 회복할 수 있도록 깨우치고 도와야 한다. 사람의 본성은 하늘마음이므로 사람이 본성을 회복하면 하늘과 하나인 본래의 모습을 회복한다. 하나의 지하수가 모든 옹달샘에 솟아나듯이, 하나의 본성이 모든 사람의 몸으로 흘러나온다. 물이 흐르면 물길이 생기듯이, 본성이 사람의 몸으로 계속 흘러들어오므로, 본성이 흘러들어오는 길이 생기는데, 그 길을 도(道)라 한다. 본성이 계속 제 길로 흘러들이오면 본성의 길이 확고하고 분명해지지만, 계속 딴 길로 흘러가 욕심으로 바뀌면 본성이 흘러들어오던 길이 희미해져 알기 어렵다. 본성이 흘러내리는 길을 알지 못하면 본성을 알기도 어렵고, 회복하기도 어렵다. 그러므로 왕이 가장 먼저 해야 할 일은 모든 사람이 알 수 있도록 본성에서 흘러나오는 길을 넓고 확실하게 드러내는 것이다. 길을 환하게 드러내면 모든 사람이 본성을 알 수 있고 회복할 수 있다. 그러므로 본성이 흘러들어오는 길을 넓고 환하게 드러내는 것이 사람들에게 가장 큰 도움이 된다. 을보륵 선생은 이를 홍도익중(弘道益衆) 즉, "도를 넓혀서 모든 사람에게 도움이 되게 하는 것"이라 했다.

---

66) 代天神而王天下 弘道益衆 無一人失性 代萬王而主人間 去病解怨 無一物害命

사람이 본성을 완전하게 회복하면 하늘과 하나가 되고, 부처님과도 하나가 된다. 이보다 더 중요한 것은 없다. 홍도(弘道)는 도를 넓힌다는 뜻이고, 익중(益衆)은 모든 사람에게 도움이 된다는 뜻이다. 정치의 내용 중에 가장 중요한 것은 사람들을 도와서 하늘과 하나가 되도록 하는 것이다. 하늘과 하나가 되는 길이 도(道)이므로, 사람들을 돕는 가장 좋은 방법은 도를 넓히는 것이다. 도를 넓혀서 모든 사람에게 도를 실천할 수 있게 하면, 한 사람도 본성을 잃어버리는 일이 없게 된다.

하늘은 사람과 만물 전체를 다 다스리므로, 하늘을 대신한 왕도 사람과 만물을 다 다스려야 하지만, 그럴 여유가 없다. 왕은 세상 사람들을 다스리기에도 벅차다. 시간적으로도 여유가 없고 공간적으로도 여유가 없다. 그러므로 을보륵 선생은 "본성을 회복하여 왕과 하나가 된 사람이 왕을 대신하여 사람과 사람 사이에 있는 만물을 다스려야 한다."라고 설명한다.

을보륵 선생은 이전부터 있는 홍익인간이란 말의 뜻을 정확하게 풀이했다. 홍익이란 '홍도익중'을 의미하고, 인간이란 사람 사이에 있는 만물을 의미하므로, 홍익인간이란 '도를 넓혀 모든 사람에게 도움이 되게 하고, 만물에 이르기까지 모두 참되고 행복하게 하여, 온 세상이 낙원이 되게 한다.'라는 뜻이다.

만물을 다스린다는 의미를 을보륵 선생은 '주인간(主人間)'이라 했다. '주인간'이란 사람 사이에 있는 만물의 주인이 된다는 뜻이다. 주인은 손님을 대접한다. 만물의 주인이 된다는 말의 뜻은 만물을 대접한다는 뜻이다. 만물을 대접하는 최고의 방법은 병을 없애고 원한을 풀어주는 것이다. 만물은 사람처럼 본질에서 많이 이탈하지 않았으므로, 본질을 회복해야 할 일이 없다. 그래서 을보륵 선생은 '만물을 위해 도를 넓혀야 한다.'라는 말을 하지 않았다.

다스린다는 본래의 뜻은 '다 살린다.'라는 뜻이다. 만물을 다 살리는 가장 좋은 방법은 만물을 자연 상태로 놓아두는 것이다. 만물이 자연 상태에서 병드는 것은 그것이 만물이 살아가는 방법이므로, 하늘의 뜻이다. 하늘의 뜻으로 병드는 것을 없앨 필요는 없다. 을보륵 선생이 '병을 제거해야 한다.'고 말한 뜻은 인간에 의해 생기는 병을 제거해야 한다는 뜻이다. 인간은 동식물을 가만히 놓아두지 않고 병들게 한다. 닭을 좁은 공간에 너무 많이 넣어 길러서 닭이 병들었다면, 그것은 인간이 그렇게 한 것이다. 동식물의 먹이를 인간이 다 먹어 치워서 동식물이 병들었다면, 그것은 인간이 그렇게 한 것이다. 인간이 오염시킨 환경으로 인해 동식물이 병들었다면, 그것 역시 인간이 그렇게 한 것이다. 인간이 동식불을 병들게 하면 안 된다.

원한을 풀어준다는 말의 뜻은 만물에 원한이 생기게 하지 않아야 한다는 의미이다, 만약 만물에게 원한이 생겼다면 생기기 이전의 상태로 돌려놓아야 한다는 뜻이다.

『환단고기』에서는 생물들에게 원한이 생기지 않게 하는 구체적인 방법으로, 알을 품고 있는 새를 죽이지 않는 것, 병아리를 거느린 어미 새를 죽이지 않는 것, 어린 생명을 죽이지 않는 것, 필요 없이 많이 죽이는 것 등을 들었지만, 오늘날의 사람들은 생명체들에게 원한을 사게 하는 일들을 훨씬 더 많이 저지르고 있다.

만물을 자연 상태로 돌려놓아 하나의 미물도 목숨을 잃지 않게 해야 한다는 말의 뜻을 잘못 이해하면 만물 하나도 죽이지 않아야 한다고 오해할 수 있지만, 잘 생각해보면 그렇지 않다. 사자가 사슴을 잡아먹지만, 사슴이 사자를 원망하지 않을 것이다. 왜냐하면 사슴들이 초원에 계속 살기 위해서는 초원의 풀을 뜯어 먹고 살 수 있을 정도의 사슴의 수만 있어야 하므로, 사슴의 수가 너무 많아지지 않도록 사자가 조절해주기 때문이다. 사자가 초원의 사슴을 잡아먹는 것은 자연이다. 사자가 사슴을 잡아먹는 까닭은 모든 것을 다 살리려는 하늘의 뜻이고 자연의 생명력이다. 사자가 사슴을 다 잡아먹는 일이 없고 사자가 사자를 다 잡아먹는 일도 없다. 미물 하나라도 비자연적인 방식으로 손상하면 안 된다.

사람이 동식물을 먹을 때는 자연에 따르지 않아서 문제가 생긴다. 사람들은 생물을 멸종시킨다. 매머드를 다 잡아먹어 멸종시켰듯이, 수많은 종류의 생명체들을 멸종시키고 있다. 을보륵 선생의 깨우침은 오늘날에 매우 설득력이 있다. 오늘날 만물은 인간의 잘못으로 인해 많이 병들었다. 산천초목이 공해로 찌들어있고, 생물들이 인간이 버린 각종의 독극물과 플라스틱 등의 폐자재에 오염되어 병들어가고 있고, 많은 생물이 인간에 의해 멸종되고 있다. 오늘날의 생명체들은 사람에 의해 병들고 사람에 의해 멸종되므로, 사람들에게 원한이 많을 것이다. 사람에게 원한을 갖는 것은 생명체뿐만이 아니다. 오늘날은 지구가 사람들 때문에 몸살을 한다. 육지가 사람들에 의해 이리저리 찢기어 울부짖고, 나무를 잘려버린 산들이 벌거숭이가 되어 신음한다. 인간에 의해 오염된 바닷물이 눈물바다로 바뀌고 있다. 인간에 대한 지구 전체의 원한은 극에 달했다. 그래서 이제 지구를 버리고 떠날 준비를 하는 사람들도 있다.

오늘날 사람들의 위기의식은 심각하다. 탄소 발생을 줄이기 위해 기후협약을 맺기도 하고, 환경파괴를 막기 위해 여러 가지 방안을 강구하기도 한다. 지구 살리기 운동을 세계적으로 전개하기도 한다. 사람들의 이런 노력은 상당한 효과를 거두기는 하겠지만, 지구를 살릴 수 있는 완전한 방법은 되지 못할 것이다. 왜냐하면 지구를 살리기 위한 사람들의 목적은 이익을 바탕으로 하기 때문이다. 환경을 파괴하면 먼 장래에 사람이 살수 없는 환경이 될 것을 우려하여 환경을 보호하는 운동은 환경을 파괴하지 않으면 당장 살 수 없다고 판단하는 사람들에게 설득력이 없다.

지구를 살리는 근본적인 방법은 인간의 본래 모습을 회복하는 것뿐이다. 인간이 자기의 본래 모습을 회복하면 만물과 자기가 하나라는 사실을 안다. 만물과 하나가 된 사람은 자신의 몸을 해치지 않듯이, 만물을 해치지 않는다. 자기의 몸을 해치지 않듯이 지구를 해치지 않는다. 이 점에서 을보륵 선생의 철학은 오늘날 매우 중요하다.

제6절 정치의 방법

정치의 핵심은 교육이다. 을보륵 선생은 정치의 내용을 설명한 뒤, 사람을 교육하는 구체적인 방법을 제시한다.

나라 사람에게 망령된 삶에서 벗어나 참된 삶으로 나아가는 것을 알게 하고, 21일을 단위로 기일을 정해 사람을 모아 온전한 사람이 되는 계율을 지키게 해야 합니다.[67]

---

67) 使國中之人 知改妄卽眞 而三七計日 會全人執戒

제일 먼저 사람들에게 깨우쳐야 하는 내용은 삶의 방향이다. 삶의 목표가 잘못되어 엉뚱한 방향을 향해 간다면 아무리 성공해도 행복할 수 없다. 잘못된 방향으로 향해 갈수록 더 불행해진다. 사람들은 망령된 삶을 살고 있다. 본질은 모두와 분리되지 않은 하나였으나, 사람들은 '나'를 본질에서 분리하여 나의 삶을 살기 시작했다. 그것이 잘못이다. 나의 삶을 산다면 성공도 없고 행복도 없다. 사람에게 가장 중요한 것은 삶의 방향을 바로잡는 것이다. 방향을 바로잡아 망령된 삶에서 벗어나 참된 삶으로 향해야 한다. 사람들에게 그 사실을 깨우쳐 준 뒤에는 바른 삶을 회복하는 바른 방법을 제시해야 한다. 을보륵 선생이 제시하는 방법은 21일 간의 수련에 참여하는 것이다. 21일 간의 수련은 배달국 시대 때부터 있었던 방법이었다. 참된 삶을 잃고 망령된 삶을 사는 것은 헛된 삶이다. 헛된 삶을 살면 살아 있어도 살아 있는 것이 아니고, 죽은 것이다. 헛된 삶에서 벗어나 참된 삶을 되찾는 것은 죽었다가 살아나는 부활이다. 21일 간의 수련 기간은 부활하는 기간이다. 단군조선 시대 때는 사람들이 21일 간의 수련을 통해 참된 삶을 회복했다.

제7절 정치의 효과

정치가 제대로 행해지면 사람들이 하늘과 하나인 본래 모습을 회복하여 참되고 행복한 삶을 살게 된다.

조정에는 종훈(倧訓)이 있고 민간에는 전계(佺戒)가 있어 우주의 정기가 온 누리에 깨끗하게 모이고, 삼신의 광명과 오행의 정기가 모든 사람의 뇌에 응결하여 현묘한 도를 자득하고 광명한 지혜로 세상을 다 건지니 이것이 바로 거발환(居發桓)의 정신입니다.[68]

조정은 관료들이 모여 있는 서울이고, 민간은 서울에서 떨어진 지방이다. 서울에는 서울의 스승인 종(倧)의 가르침으로 사람들이 참된 모습을 회복하고, 지방에는 지방의 스승인 전(佺)의 가르침으로 사람들이 참된 모습을 회복하면, 온 세상이 본래의 모습을 회복한다. 현묘한 도는 하늘과 하나 되는 진리이다. 사람들이 모두 현묘한 도를 터득하면 하늘의 지혜로 세상을 낙원으로 만든다. 거발환은 환인을 지칭하는 이름이고, 환인을 이어받은 환웅을 지칭하는 이름이기도 하다. 환인과 환웅의 목표는 세상을 천국으로 만드는 데 있다.

3대 단군 할아버지는 을보륵 선생의 말에 따라 훌륭한 정치를 베풀어 세상을 지상천국으로 바꾸었다.

임금이 구환에 이 가르침을 베푸니 구환의 백성들 모두가 하나같이 가르침을 따라 참된 인간이 되었다.[69]

구환은 옛 한국인이 거주하던 지역을 통틀어서 일컫는 이름이다. 3

68) 自是 朝有倧訓 野有佺戒 宇宙精氣 粹鍾日域 三光五精 凝結腦海 玄妙自得 光明共濟 是爲居發桓也
69) 施之九桓 九桓之民 咸率歸一于化

세 단군은 을보륵 선생의 건의를 받아들여 훌륭한 정치를 했다. 그로
인해 사람들이 참된 인간이 되었고, 나라가 지상천국이 되었다.

제2편

한국철학의 전개와
단군조선의 쇠퇴

한국철학의 특징

제1편에서 서술한 『천부경』, 「삼일신고」, 단군의 훈시 내용, 을보륵 선생의 철학과 교육 등을 한국철학의 원형으로 볼 수 있다. 한국철학의 원형에서 찾아낼 수 있는 한국철학의 특징을 정리하면 다음과 같다.

제1절 본질에서의 불리불탈(不離不脫)

제1항 불리불탈의 철학

한국철학의 특징은 본질에서 이탈하지 않은 데 있다. 한국인들은 예로부터 본질을 중시했다. 본질은 하나이고, 하늘이고, 자연이고, 도이다. 온 세상에 물 이외에 아무것도 없다면 물속에 있으면서도 물인 줄 알 수 없듯이, 하나인 본질에서 한 번도 벗어나지 않은 사람은 하나인 본질을 알 수 없다. 하나인 본질은 의식으로 파악할 수 있는 대상이 아니다. '나'라는 주체 의식이 생기기 전에는 '나'와 '나 이외의 것'이 분리되지 않으므로, 내가 '나 이외의 것'을 파악할 수 없고, 의식할 수 없다. '나'라는 주체 의식이 생긴 뒤에라야 내가 '나 이외의 것'을 파악할 수 있고, 의식할 수 있다. 한국인들은 예로부터 '나'가 생기기 이전의 본질을 중시해 왔다. 그 때문에 최근까지도 한국인들은 '나'라는 말 대신 '우리'라는 말을 많이 쓴다.

본질을 중시하는 한국인의 특징은 『천부경』에서 가장 잘 나타나 있다.

하나에서 시작하지만 시작함이 없다. … 〈중략〉 … 하나가 마치지만 마침이 없다. 하나이니까

본질은 하나이다. 하나에서는 수많은 변화가 일어나지만, 하나인 본질은 바뀌지 않으므로, 아무리 바뀌어도 하나인 본질에서는 바뀌는 것이 없다. 본질을 잊어버리지 않으면 나와 너의 구별도 없고, 나와 만물의 구별도 없으며, 나와 천지의 구별도 없다. 모두 하나일 뿐이다. 인간의 움직임 중에서 최고의 움직임은 본질에서 벗어나지 않은 상태에서의 움직임이다. 본질에서 벗어나지 않은 상태에서의 정치가 최고의 정치이고, 교육이 최고의 교육이며, 경영이 최고의 경영이다.

제2항 불리불탈의 정치

배달 임금의 정치는 하나인 본질에서 벗어나지 않은 상태에서의 정치였다.

나중에 신인인 임금이 불함산 박달나무가 있는 곳에 내려왔다. 그 지극히 신통한 덕과 성인을 겸한 어진 마음으로 천신의 명을 받들고 하늘의 뜻을 이어 삶의 방도를 세우니 우뚝하고 왕성하며 공이 빛나는지라, 모든 환족의 백성들이 모두 기뻐하고 진심으로 복종하여 그를 추대하여 천제의 화신으로 여겨 임금으로 받들었으니, 그가 배달 임금이다. 신시의 옛 규모를 회복하고 아사달에 도읍을 정하여 나라를 열고 국호를 조선이라 했다. 배달 임금은 단정하고 공손하게 있으면서 무위(無爲)의 정치를 하여 가만히 앉아 세상을 안정시켰다. 심오하고 묘한 경지로 득도하고는 여러 생명을 접하여 참된 모습으로 바꾸었다.[70]

하나인 본질에서 이탈하지 않는 정치는 나무의 뿌리가 하는 일과 같다. 나무의 뿌리는 아무 하는 일이 없는 것처럼 보이지만, 줄기와 가지를 뻗게 하고, 잎이 움직이도록 한다. 뿌리의 움직임은 움직임으로 보이지 않는다. 배달 임금의 정치가 그랬다.

명하여 팽우에게는 토지를 개간하게 하고, 성조에게는 궁궐을 짓게 하고, 고시에게는 농사일을 맡게 하고, 신지에게는 서계를 짓게 하고, 기성에게는 의료와 약품을 베풀게 하고, 나을에게는 호적을 관장하게 하고, 희에게는 복점을 주관하게 하고, 우에게는 병사와 군마를 담당

---

70) 後 神人王儉 降到于不咸之山 檀木之墟 其至神之德 兼聖之仁 乃能承詔 繼天而建極 巍蕩惟烈 九桓之民 咸悅誠服 推爲天帝 化神而帝之 是爲檀君王儉 復神市舊規 設都阿斯達 開國 號朝鮮 檀君 端拱無爲 坐定世界 玄妙得道 接化群生(『三聖紀全』上篇,『桓檀古記』30쪽)

하게 했다. 비서갑 하백의 딸을 왕후로 삼고 누에를 치게 하니 크고 두
터운 치적이 세상에 널리 비추었다. 재위한 지 50년 되던 정사년(B.C.
2284) 큰물이 범람하여 백성이 고초를 겪었다. 배달 임금께서 풍백과
팽우에게 명을 내려 물을 다스리게 하여 높은 산과 큰 하천을 안정시키
니 그로써 백성을 편히 살 수 있게 하였다. 우수주에 그 비석이 있다.[71]

　　사람이 '나'라는 의식을 가지는 순간 본질에서 이탈한다. '나'라는 의
식에 따른 움직임은 본질에서 이탈한 움직임이다. 오직 '나'라는 의식
을 가지지 않은 상태에서의 움직임이라야 본질에서 이탈하지 않은 움
직임이다. 배달 임금이 행한 정치는 본질에서 이탈하지 않은 상태에서
의 정치였다. 나무의 뿌리가 줄기와 가지와 잎을 움직이는 것이 자연의
모습이듯이, 여러 신하를 움직이는 배달 임금의 움직임은 자연의 모습
이었다. 뿌리와 줄기와 가지와 잎이 하나가 되어 움직이듯이, 배달 임
금과 신하의 움직임은 하나가 되어서 움직였다. 줄기와 가지와 잎의 움
직임은 환하게 보이지만, 뿌리의 움직임은 보이지 않듯이, 신하들의 움
직임은 환하게 드러나지만, 배달 임금의 움직임은 보이지 않았다. 무위
(無爲)의 정치 바로 그것이었다.

---

71) 命 彭虞闢土地 成造起宮室 高矢主種稼 臣智造書契 奇省設醫藥 那乙管版籍 羲典
　　卦筮 尤掌兵馬 納斐西岬河伯女爲后 治蠶 淳厖之治 熙洽四表 丁巳五十年 洪水汎
　　濫 民不得息 帝命風伯彭虞 治水 定高山大川 以便民居 牛首州有碑(『三聖紀全』上
　　篇,『桓檀古記』32쪽)

제2절 본질에서의 이탈

본질에서 이탈하는 계기를 기독교에서는 뱀의 유혹에 넘어가 선악을 알게 하는 과일을 따 먹었기 때문이라고 했지만, 「삼일신고」에서는 사람이 망령되었기 때문이라고 했다. 「삼일신고」에는 사람이 망령된 원인에 관한 정확한 설명은 나와 있지 않으나, 감각기관에 의해 현혹되는 것을 한 이유로 들고 있다. 감각기관에 의해 외물에 끌려갈수록 나의 본질을 유지하기 어렵다. 말하자면 나와 만물은 구별되지 않은 하나이지만, 눈이 보이는 것에 현혹되고, 귀가 들리는 것에 현혹되어, 보고 듣는 '나'와 보이고 들리는 대상과의 구별이 생기면, '나'가 외물과 분리되어 나의 본질을 상실한다.

『태백일사』에서는 본질에서 이탈하게 되는 이유로 인구 증가를 예로 들기도 했다.

세월이 흘러 백성과 만물이 점차 늘어나더니 소박함은 점차 사라지고 절름발이가 힘들여 걷는 것처럼 수고로이 애써 일하지 않으면 먹고살기 힘들게 되어 생계마저 걱정하기 시작하였다. 그리하여 밭 가는 이는 밭을 두고 다투고 고기 잡는 이는 낚시터를 두고 다투니, 다투지 않고 얻으려고 하면 가난과 궁핍을 면할 수 없었다. 이렇게 된 뒤로 활과 쇠뇌를 만들자 새와 짐승이 도망가 버렸고 그물을 놓자 물고기와 새우가 숨어버렸다. 게다가 창칼과 갑옷으로 무장하여 너와 내가 서로 공격하고 이를 갈며 피를 흘리고 간과 뇌를 땅바닥에 쏟으니 이것 역시 하늘의 뜻이 참으로 그러했기 때문이다. 이렇게 되자 전쟁을 피할 수 없음을 알게 되었다. 이제

저 백성들의 근원을 탐구해 보면, 한 뿌리의 조상으로부터 갈라져 나왔을 터이다. 그러나 땅이 동서로 나뉘고 난 후 각기 한 쪽을 차지하고 앉아 멀찌감치 국경을 정하여 사람의 왕래마저 끊기자 백성들은 자기가 있음만 알고 남이 있음을 알지 못했다. 그러나 사냥하고 나무 베는 일 외에는 험하고 힘든 일은 없었다. 다시 세월이 흘러 수천 년이 지나 세상의 판도가 크게 바뀌어 서쪽 땅 중국은 그야말로 보고가 되었다. 기름진 땅이 천 리가 되었다. 기후가 넉넉하고 화창하여 우리 환족에서 갈라져 그 땅으로 간 자들은 탐을 내며 앞 다투어 나아갔고 토착민 역시 모여들었다. 비슷한 이들끼리 무리를 짓고 다른 무리를 원수로 여겨 창과 방패가 서로 뒤섞이니 이것이야말로 실로 만고에 걸친 전쟁의 시작이었다.[72]

사람이 본질에서 이탈하여 투쟁하는 길로 내달리면 가속도가 붙어 걷잡을 수 없이 타락하다가 결국 비극적인 전쟁으로 확대되어 인류가 멸절하는 위기에 처할 수 있다. 이는 하늘이 정해놓은 이치이다. 『환단고기』에서는 이를 예견하고 있다. 인류가 비극에서 벗어나는 유일한 길은 본질로의 회귀이다. 한국인들은 예로부터 본질로 회귀하려는 집념이 강했다. 이점이 한국철학의 특징이기도 하다.

---

72) 降及後世 民物益繁 素樸漸離 蹩躠踶跂 勞勞孜孜 始以生計爲慮 於是 耕者爭畝 漁者爭區 非爭而得之 則將不免窘乏矣 如是以後 弓弩作而鳥獸遁 網罟設而魚鼈藏 乃至刀戟甲兵 爾我相攻 磨牙流血 肝腦塗地 此亦天意固然 於是乎 知戰爭之不可免也 今夫究其源 則盖一源之祖也 然 地旣分東西 各據一方 土境逈殊 人煙不通 民知有我而不識有他 故狩獵採伐之外 曾無險陂 降至數千載之後 而世局已變 仲國者 西土之寶庫也 沃野千里 風氣恢暢 我桓族之分遷該域者 垂涎而轉進 土着之民 亦湊集而萃會於是焉 黨同讐異 而干戈胥動 此實萬古爭戰之始也(『太白逸史』,『桓檀古記』288쪽)

제3절 본질로의 회귀(回歸)

지구 환경이 파괴되고 무서운 전쟁이 발발하여 인류가 멸절하는 위기를 맞게 된 근본 원인은 인류의 잘못된 출발에서 기인한다. 근본 원인을 놓아두고 지구 환경을 보호하는 방법을 찾고, 전쟁을 방어하기 위한 평화조약을 맺는 등의 노력은 일시적인 미봉책에 불과하다. 근본 해결책은 근본 원인을 제거하는 데 있다. 인류가 저지른 최초의 실수는 본질에서 이탈한 것이다. 이는 인간이 저지른 가장 큰 실수이다. 급할수록 돌아가라는 말이 있다. 바늘에 실을 꿰는 사람이 급해서 바늘의 허리에 실을 묶으면 일을 그르쳐서 일이 더 커지고 만다. 일이 급하면 임시처방을 해야 하지만, 거기서 끝나지 말고, 근본 해결책을 세워야 한다. 인류를 구할 수 있는 근본 해결책은 본질로 회귀하는 데서 찾으면 된다. 한국인들은 예로부터 본질로 회귀하려는 집념이 강했다. 본질은 인류의 출발점에 있다. 인류의 출발점은 인류의 고향이다. 고향에서 떠나 타향으로 이주한 사람들은 많은 재물을 얻기 위해 먼 곳으로 달려가는 경쟁을 벌였지만, 한국인들은 고향에 대한 미련 때문에, 뒤처지고 말았다. 고향이란 본질을 비유해서 한 말이므로 몸이 태어난 고향을 말하는 것은 아니다.

한국인들은 본질에서 멀어질수록 본질로 돌아가려는 집념이 강해진다. 집념이 강할수록 본질로 돌아가지 못하면 한이 생기고, 한을 풀지 못하면 화병(火病)이 생긴다. 한국인들은 본질에서 벗어나도 멀리 벗어나지 못하고, 본질 가까이에서 멈추기 때문에, 한국에는 사람이 본질에서 벗어나 있지 않다는 사상이 이어져 왔다. 원효대사의 일심(一心) 사상이 그렇고, 목은 선생의 천인무간(天人無間) 사상이 그러하며, 퇴계 선생의 천아무간(天我無間) 사상이 그렇고, 동학의 인내천(人乃天) 사상이 그렇다. 일심이나 하늘은 본질을 말한다.

하늘과 사람이 떨어져 있지 않고 하나로 이어져 있으므로 내가 하늘이고, 하늘이 나이다. 그런데 현재의 내가 하늘처럼 살지 못하고, 하늘처럼 대접받지 못할 때, 안타까움이 생긴다. 현대의 상태가 안타까울수록 본래의 모습을 회복하지 않고는 견딜 수 없다. 본래의 모습을 회복하려는 한국인의 안타까움은 개인적 수련과 정치적 실천으로 나타난다.

제1항 수련

수련에는 개인적인 수련도 있고, 다수의 사람이 모여서 함께 하는 집중 수련도 있다.

1. 집중 수련

(1) 동굴수련

『삼국유사』에는 환웅이 동굴에 사는 곰과 범에게 쑥과 마늘을 주고 햇빛을 보지 않으면서 사람이 되는 노력을 하도록 하는 내용이 나온다. 범은 사람 되는 과정을 견디지 못하고 동굴에서 나갔지만, 곰은 사람 되는 과정을 견뎌내어서 21일 만에 사람이 되었다. 『삼국유사』에서 곰이 사람이 되었다는 것은 진짜 곰이 사람이 되었다는 뜻으로 한 말이 아니다. 곰을 동굴에 가두어놓고 쑥과 마늘을 먹게 해도 사람이 될 수는 없다. 곰이 사람이 되었다는 말은 본질을 잃고 짐승이 되어 헛된 삶

을 사는 사람이 동굴에서 수련하여 사람의 본래 모습을 회복했다는 것
을 뜻한다.

『환단고기』에는 21일 간의 수련에 대해 다음과 같이 기록하고 있다.

이때 곰 한 족속과 범 한 족속이 이웃하여 살고 있으면서 늘 신단수
아래에서 삼신의 계율을 따르는 백성이 되게 해달라고 빌었다. 환웅이
그 말을 듣고 말하기를, "가르칠 만하다." 하고서 주문과 도술로써 심기
일전하게 하고, 우선 삼신이 주신 정해(靜解)라는 수련교재와 영험하게
만든 쑥 한 다발과 마늘 스무 쪽을 주고 주의를 말하면서 말했다. "너희
들은 이것을 먹으며, 백일 동안 햇빛을 보지 않으면 바로 사람의 몸이
될 것이다." 곰과 범의 두 족속이 모두 그것을 받아서 먹으며 21일 간
을 지내는데, 곰은 춥고 배고픔을 견디며 계율을 지켜 인간의 참모습을
얻었지만, 범은 방종하고 게을러 참아내지 못했으므로 좋은 결과를 얻
지 못했다.[73]

『환단고기』를 보면, 21일 간의 수련은 아주 태고 때부터 행해졌고,
그 뒤로도 지속되었음을 알 수 있다. 『환단고기』에는 다음의 내용도 실
려 있다.

---

73) 時有一熊一虎 同隣而居 嘗祈于神壇樹 願化爲神戒之氓 雄聞之曰可敎也 乃以呪術
換骨移神 先以神遺靜解 靈其艾一炷 蒜二十枚 戒之曰爾輩食之 不見日光百日 便
得人形 熊虎二族 皆得而食之 忌三七日 熊能耐飢寒 遵戒而得儀容 虎則放慢不能
忌 而不得善業 (『三聖紀全』下篇, 『桓檀古記』44쪽)

신시에 수도를 세우고 나라 이름을 배달이라 했다. 21일 간 날을 잡아 천신에게 제사를 지내면서 외물을 피하고 근신했으며 문을 닫고 자기를 닦으며, 주문을 외워 성공을 기원했다.[74]

　21일을 단위로 기일을 정해 사람을 모아 온전한 사람이 되는 계율을 지키게 해야 합니다.[75]

　이때 곰 부족과 범 부족이 이웃하여 살았다. 항상 신단수에 기도하며 환웅에게 청하기를 '원하건대 하늘의 계율을 따르는 백성이 되고 싶습니다.' 하였다. 환웅이 이에 신성한 주문을 써서 심기일전하게 하고, 신기가 서린 물건으로써 영성의 삶을 증험할 수 있도록 하니 그것은 바로 쑥 한 단과 마늘 스무 개였다. 그러고는 계율을 내려 말하길 '너희가 이것을 먹고 백일 동안 햇빛을 보지 않으면, 스스로 행하여 참됨을 이루고 사물을 있는 그대로 받아들여 만물을 구제하는, 사람 모습을 지니고 사람 노릇을 하는 대인이 될 수 있을 것이다.' 하였다. 곰과 범 두 부족[家]이 모두 이를 받아먹으며 삼칠일[21일] 동안 삼가며 스스로 수련에 힘썼다. 곰족은 굶주림과 추위와 고통을 참아내고 하늘의 계율을 받들어 환웅과의 약속을 지킴으로써 건강한 여자의 모습을 얻을 수 있었으나 범족은 말을 지키지 못하고 태만하여 삼가지 못했으므로 하늘의 계

---

74) 立都神市 國稱培達 擇三七日 祭天神 忌愼外物 閉門自修 呪願有功(『三聖紀全』上篇,『桓檀古記』28쪽)

75) 三七計日 會全人執戒

율을 어겨 끝내 하늘의 업을 돕는 일에 함께할 수 없었다.[76]

위의 인용문을 보면 한국 고대에는 사람들이 수시로 함께 모여 21일 간 집중해서 수련했음을 알 수 있다. 여기서 말하는 곰은 동물 중의 곰을 말하는 것이 아니다. 곰의 의미는 크게 두 가지로 파악할 수 있다. 하나는 곰을 토템으로 하는 부족을 지칭하는 것이고, 다른 하나는 인간성을 상실한 사람을 지칭하는 것이다. 두 경우 모두 참된 인간성을 가지고 있지 않다는 점에서 공통된다.

『환단고기』에서는 수련의 내용을 간단명료하게 다음과 같이 설명해 놓았다.

밝은 사람들은 느낌을 멈추고, 숨을 고르게 하며, 접촉을 금하여 오로지 한뜻으로 본래의 모습을 회복하는 수행을 하여, 망령됨을 벗어나서 참됨으로 나아가 크게 신령한 자질을 발휘하여, 본성을 통하고 공을 다 이룬다.[77]

위의 인용문들을 통하여 대강 짐작할 수 있는 수련 내용은 다음의 것들이다.

---

76) 時 有一熊一虎 同隣而居 常祈于神壇樹 而又請於桓雄 願化爲天戒之氓 雄乃以神呪 換骨移神 又以神遺 得驗靈活 乃其艾一炷 蒜二十枚也 仍戒之曰 爾輩食之 不見日光百日 自由成眞 平等濟物 便得化人踐形之大人者也 熊與虎兩家 皆得而食之 忌三七日 務自修鍊 而熊耐飢寒痛苦 遵天戒 守雄約 而得健者之女容 虎則誣慢不能忌違天戒而終不得與之贊天業 (『太白逸史』 第3. 神市本紀)

77) 哲 止感調息禁觸 一意化行 改妄卽眞 發大神機 性通功完 (『三一神誥』)

우선 수련에 들어가기 전에 수련에 들어가는 사람들에게 세속에서의 모습을 완전히 바꾸도록 분위기를 쇄신시킨 것으로 보인다. 원문에서 말한 '환골이신(換骨移神)'은 글자 그대로 번역하면 '뼈를 바꾸고 정신을 옮긴다.'는 말이다.

수련에 임하는 사람들에게 수련에 들어가기 전에 몸의 태도와 마음의 자세를 완전히 바꾸게 한 뒤에 수련에 들어가게 한 것으로 짐작된다. 마늘과 쑥을 먹게 한 것은 수련할 때의 영양 관리를 위한 것일 것이다. 쑥과 마늘에는 신통한 약효가 있으므로 수련할 때 소홀하기 쉬운 영양 섭취에 대비해서 먹게 한 것일 것이다. 특히 쑥은 몸을 따뜻하게 하고 마늘은 마귀를 막아 정신을 집중하는 데 도움을 주는 것으로 알려져 있다.

정해법(靜解法)은 수련 방법일 것이다. 정해란 고요하게 벗어난다는 뜻이다. 아마도 마음을 고요하게 가라앉혀서 욕심의 굴레에서 벗어나는 것을 의미하는 것으로 볼 수 있다. 구체적인 방법은 삶의 바탕인 기억을 내려놓는 방법과 호흡을 고르게 하는 기 수련이 핵심이었을 것이다. 기억을 내려놓는 방법은 『주역』 박괘(剝卦)에 들어있고, 불교의 수련법에도 들어있다. 본질로 회귀하기 위해서는 '나'를 없애야 하므로, '나'의 기억을 없애면 '나'를 없애는 효과가 있다.

수련의 내용은 사람의 세 요소에 따라 정리했다. 마음에 들어있는 악한 마음을 제거하여 착한 마음을 회복하는 것, 몸 안에 있는 탁한 기운을 제거하여 맑은 기운을 회복하는 것, 경박한 몸을 정화하여 중후한 몸으로 바꾸는 것이다. 『삼일신고』에서는 다음과 같이 기록하고 있다.

느낌을 멈추고, 숨을 고르게 하며, 접촉을 금한다.[78]

느낌을 멈추는 것은 느낌이 일어나지 않도록 감각 작용을 멈추고, 고요히 마음을 응시하여, 잡념이 일어나기 이전의 마음 상태로 돌아가는 방법이고, 접촉을 금하는 것은 감각기관이 감각 대상에 끌려가지 않도록 감각 대상과의 접촉을 차단하는 방법이다.

21일은 마음과 기운과 몸을 바꿀 수 있는 최소한의 기간이다. 21일간 최선을 다해 노력하면 본질을 회복할 수 있다.

(2) 화랑의 단체수련

13세 흘달 임금 재위 20년 무술(B.C. 1763)년의 기록을 보면 청년들이 화랑이라는 수련단체를 조직하여 수련한 기록이 나온다.

소도를 많이 설치하고 천지화를 심었다. 결혼하지 않은 자제들에게 독서와 활쏘기를 익히게 하고, 국자랑이라 했다. 국자랑이 외출할 때는 머리에 천지화를 꽂았기 때문에 당시 사람들이 천지화랑이라 불렀다.[79]

화랑이라는 청년 수련단체는 신라에 이어져 통일의 밑거름이 되었다.

---

78) 止感調息禁觸
79) 戊戌二十年 多設蘇塗 植天指花 使未婚子弟 讀書習射 號爲國子郞 國子郞出行 頭
   插天指花 故 時人稱爲天指花郞(『檀君世紀』, 『桓檀古記』143쪽)

2. 생활 속에서의 수양

단군조선 시대에는 사람들이 모여 일정 기간 집중적으로 수련하는 집중 수련 외에 일상생활 속에서도 수련이 계속되었다.

(1) '어아가'의 합창을 통한 마음 수련

본질을 회복하는 노력은 21일 간의 집중 수련 기간 외에 일상생활에서도 꾸준히 해 왔다. 단군조선 시대에는 모임이 있을 때마다 '어아가'라는 노래를 부르며 악한 마음 제거를 다짐했다.

어아어아
우리의 큰할아버지 크나큰 은덕
배달나라 우리 모두
천년만년 영원토록 잊지를 말자

어아어아
착한 마음 큰활 되고 악한 마음 과녁 되네
백백천천 우리 모두 큰 활줄로 하나 되어
착한 마음 곧은 화살 한마음 한뜻

어아어아
백백천천 우리 모두 큰활처럼 하나 되어
수많은 과녁을 쏘아 부수자
끓고 있는 물 같은 착한 마음속
한 덩어리 눈 뭉치라 악한 마음은

어아어아

백백천천 우리 모두 큰 활이 되어

굳게 뭉친 한마음 배달나라 영광

천년만년 이어갈 크나큰 그 은덕

우리의 할아버지 큰할아버지.[80]

노래는 마음을 순화하는 좋은 방법이다. 노래를 부르면 사람의 마음이 저절로 순화된다. 노래를 부르는 것 외에 실생활을 통한 구도의 방법에는 여러 가지가 있다. 그 중에 많은 사람이 모여 한마음을 확인하는 방법이 있다.

(2) 한마음 찾는 한마당

16세 위나 임금 재위 28년 무술(B.C.1583)년에는 모든 제후와 백성이 영고탑에 모여 한마음을 회복하기 위한 화합의 한마당을 열었다.

재위 28년에 구환의 모든 제후를 영고탑에 불러 모아 삼신상제님께 제사 지내며 환인, 환웅, 치우와 배달 임금께 술을 올리고 배향했다. 닷새에 걸친 큰 연회 동안 흥이 오른 백성들은 불을 밝히고 밤을 새우며 경(經)을 읊으면서 뜰을 거닐었다. 한쪽에선 줄지어 횃불을 밝

---

80) 於阿於阿 我等大祖神 大恩德 倍達國我等皆 百百千千年勿忘 於阿於阿 善心大弓成 惡心矢的成 我等百百千千人皆 大弓絃同 善心直矢一心同 於阿於阿 我等百百千千 人皆 大弓一 衆多矢的貫破 沸湯同善心中 一塊雪惡心 於阿於阿我等百百千千人皆 大弓 堅勁同心 倍達國光榮 百百千千年大恩德 我等大祖神 我等大祖神

히고 다른 쪽에선 둥글게 돌며 춤을 추면서 '애환가(愛桓歌)'를 제창했다. '애환가'란 옛 신령스러운 노래 가운데 하나이다. 옛사람들은 환화를 가리켜 이름을 짓지 않고 그냥 꽃이라고 했다. '애환가'의 가사는 다음과 같다.[81]

山有花 山有花	산에는 꽃이 피네 꽃이 피네
去年種萬樹	지난해에 만 그루 심고
今年種萬樹	올해도 만 그루 심었어라.
春來不咸花萬紅	봄 찾아와 불함산 꽃 온통 붉으니
有事天神樂太平	하느님 섬기고 태평성대 즐겨보세

단군조선 시대에는 사람들이 함께 모여 한마음이 되어 화합을 다지는 행사를 했다. 그 행사는 단군조선 시대에만 일시적으로 행해지지 않고, 그 뒤로도 줄곧 지속되었다. 한국인들은 예로부터 본질에서 모두 하나라는 사실을 알고 있었으므로, 현실에서도 모두 하나가 되기를 열망하지만, 현실적으로 어려움이 있으므로, 특정한 날을 정해 모두 모여 하나임을 확인한다. 단군조선에서는 사람들이 모여 하늘에 제사 지낼 때 무천(舞天)이라는 음악이 있었다. 고구려에서도 많은 사람이 모여 하늘에 제사 지내며 춤추고 노래했는데, 그 이름을 동명(東明)이라 불렀다. 부여에서는 영고(迎鼓)라 불렀고, 동예(東濊), 읍루(挹婁), 옥저(沃沮) 등에서는 무천(舞天)이

---

81) 戊戌二十八年 會九桓諸汗于寧古塔 祭三神上帝 配桓因桓雄蚩尤 及檀君王儉而亨之 五日大宴 興衆明燈守夜 唱經踏 一邊列炬 一邊瓊舞 濟唱愛桓歌 愛桓卽古神歌之類也 先人指桓花而不名 直曰花 愛桓之歌有云「山有花 山有花 去年種萬樹 今年種萬樹 春來不咸花萬紅 有事天神樂太平『檀君世紀』,『桓檀古記』150쪽)

라 불렀고, 신라 때는 팔관회(八關會)라 불렀고, 고려 때도 역시 팔관회(八關會)라 불렀고, 조선에서는 환구제(圜丘祭)라 불렀다. 이처럼 한국에서는 예로부터 사람들이 함께 모여 모두 하나임을 확인하는 행사를 했다. 『환단고기』에는 한마음 찾는 한마당의 내용이 매우 자세하게 설명되어 있다.

삼한의 옛 풍속에 10월 초하루에는 나라에서 큰 잔치를 열었는데, 둥근 모양의 단을 쌓아 하늘에 제사 지낸다. 땅에 제사 지낼 때는 네모지게 흙을 돋우고, 선조에 제사 지낼 때는 삼각 모양의 나무를 이용하니 산상(山像)과 웅상(雄常)이 모두 전해 내려오는 법에서 유래했다. 하늘에 제사를 지낼 때는 한(韓)이 반드시 몸소 제사를 지냈다는 점만 봐도 그 예가 심히 성대했음을 알 수 있다. 이날에는 멀고 가까운 곳의 남녀가 모두 모여 생산한 것을 바치고 북과 피리를 불며 온갖 놀이를 함께 했다. 여러 작은 나라들이 모두 와서 특산품과 진귀한 보물을 바치니 둥글게 쌓아 올린 모습이 산더미 같았다. 백성을 위해 기도하니 이는 관경을 번영케 하려 함이요, 소도에서 하늘에 제사를 올리니 이는 구려 교화의 원천이다. 이로부터 책화 제도로 이웃과 잘 지내게 되었고 가진 이가 가지지 못한 이를 도우니 문화가 밝아져 치세를 이루었고 만물의 이치를 깨달아 (만물이) 본래 타고난 모습 그대로를 지니도록 했다. 온 나라 안에 제사의 전범(典範)을 숭상하여 따르지 않는 이가 없었다.[82]

---

82) 三韓古俗 皆十月上日 國中大會 築圓壇而祭天 祭地則方丘 祭先則角木 山像雄常皆其遺法也 祭天韓必自祭 其禮甚盛可知也 是日遠近男女 皆以所産薦供 鼓吹百□是俱 衆小諸國 皆來獻 方物珍寶 環積邱山 蓋爲民祈禳 乃所以繁殖管境 而蘇塗祭天乃九黎敎化之源也 自是責禍善隣 有無相資 文明成治 開化平等 四海之內 莫不崇飾祀典者也(『太白逸史』,『桓檀古記』260쪽)

그 외에도 옛 한국인들은 생활 속에서 한마음을 회복하는 여러 가지 방법을 추구했다.

(3) 효도

본질을 회복하면 남과 내가 하나가 된다. 모든 사람이 원래 나와 하나이지만, 사람이 본질을 잃어버리면서 그것을 모르게 되었다. 그러나 모두 남으로 느껴지는 사람 중에 남으로 느껴지지 않는 사람이 있으니 바로 부모다. 부모에게 효도하여 부모와 자녀가 하나 되면, 형제가 하나 되고, 삼촌과 조카가 하나 되며, 사촌이 하나 된다. 이처럼 퍼져나가면 모두가 하나인 관계로 확산한다. 이를 보면 효도가 본질을 회복하는 출발점임을 알 수 있다. 한국인들은 예로부터 효도를 중시해 왔다. 다음의 인용문은 한국에 효도가 중시되고 있었음을 알 수 있는 좋은 예가 된다.

재위 2년 임인년(B.C. 2239). 2세 배달 임금 부루(扶婁)가 소련(少連)과 대련(大連)을 불러 다스림의 도에 관해 물었다. 이에 앞서 소련과 대련은 상중에 있을 때 3일이 지나도, 3월이 지나도 게으르지 않았으며 1년 동안 비통한 슬픔에 젖어있었고 3년 동안 근심했다. 이로부터 세간의 풍속이 5월 상으로 정해졌고 상을 오래 치를수록 영예롭게 생각했다. 이들이 천하의 큰 성인이 아니라면 그 덕화의 퍼짐이 마치 역마가 달리는 것처럼 빠를 수 있었겠는가! 소련과 대련은 효행으로 소문이 나서 공자로부터도 칭송을 받았다. 효도라는 것이 사람

을 사랑하고 세상을 이롭게 하는 근본으로서 세상에 펼쳐져 기준이 되었다.[83]

(4) 남녀 간의 사랑

부모 이외에도 남 같지 않은 사람이 있으니, 바로 사랑하는 사람이다. 한국인들은 예로부터 사랑하는 사람을 남으로 여기지 않았다. 한국의 남녀들은 서로 사랑하면 하나가 된다. 하나가 된 관계에서는 사랑한다는 말을 잘 하지 않는다. 한국인들이 사랑한다는 표현을 잘 하지 않는 까닭은 내가 나에게 '사랑한다.'는 말을 하지 않는 것과 같은 이치이다. 나와 하나가 된 사람에게는 희생한다. 부모가 자녀에게 희생하는 까닭은 부모가 자녀를 남으로 생각하지 않기 때문이다. 한국인들이 사랑하는 사람을 위해 희생하는 까닭도 같은 이유이다. 둘이서 하나라는 사실이 확인되면 다른 사람과도 하나임을 알 수 있다. 이를 보면 남녀 간의 사랑 또한 본질을 회복하는 출발점이 될 수 있다.

(5) 순수함과 성실함

하늘은 하는 일을 잠시도 쉬지 않는다. 세월의 흐름이 잠시도 쉬지 않는 까닭은 그것이 하늘이 하는 일이기 때문이다. 하늘마음은 하나의 마음이고 하늘이 하는 일은 쉼이 없지만, 사람의 마음에는 욕심이 생겨

---

83) 壬寅二年 帝召少連大連 問治道 先是 少連大連善居喪 三日不怠 三月不懈 朞年悲哀 三年憂 自是 擧俗停喪五月 以久爲榮 此非天下之大聖 其能德化之流行 如是傳郵之速者乎 二連以孝聞 亦見稱於孔子 夫孝者 愛人益世之本 放諸四海而準焉(『檀君世紀』, 『桓檀古記』 105쪽)

마음이 천 갈래, 만 갈래로 갈라진다. 욕심은 몸속에 들어있는 작은 에너지이므로, 욕심으로 일하면 지쳐서 오래가기 어렵다. 오직 하늘마음으로 하는 일은 지치지 않는다. 자녀를 사랑하는 부모의 마음은 하늘마음이므로, 평생 사랑해도 지치지 않는다. 그러나 부모가 자녀와 다툰 뒤에 미워하는 마음이 생겼다면 그 마음은 욕심이다. 미워하는 마음은 오래갈 수 없다. 미워하는 마음이 지속되면 지쳐서 견디지 못한다.

하늘이 하는 일은 순수함과 성실함 그 자체이므로, 사람이 하는 일이 순수함과 성실함 그 자체처럼 되면, 하늘과 사람이 하나가 된다. 이를 보면 사람에게 순수함과 성실함이 얼마나 중요한지 알 수 있다. 단군 할아버지의 훈시를 다시 인용하여 그 의미를 새겨보기로 한다.

하늘의 법은 오직 하나일 뿐이다. 하늘 법을 따르는 문은 둘이 아니다. 너희들은 오직 순수하고 성실하여 너희들의 마음을 한결같이 해야 천국의 조정에 들어갈 수 있다. 하늘의 법은 언제나 하나이고 사람의 마음은 오직 같을 뿐이니 자기 속에 있는 마음을 잘 붙잡아서 다른 사람의 마음을 헤아리도록 하라. 다른 사람의 마음이 하늘마음으로 바뀌면 또한 하늘의 법에 합치되리니, 그렇게 되면 만방을 다스릴 수 있을 것이다.[84]

순수하고 성실한 삶을 지속하면 하늘과 하나가 될 수 있다.

---

[84] 天範惟一 弗二厥門 爾惟純誠 一爾心 乃朝天 天範恒一 人心惟同 推己秉心 以及人心 人心惟化 亦合天範 乃用御于萬邦(『檀君世紀』 초대 단군 조)

(6) 인류애와 만물 사랑

하늘과 하나 되면 만물과도 하나가 된다. 사랑은 가까운 데서 먼 데로 퍼져나간다. 먼저 부모와 하나가 되고, 사람을 사랑하며, 만물을 아끼는 마음이 퍼져나가면 하늘과 하나가 된다. 초대 단군의 훈시에서도 알 수 있듯이, 남의 아픔을 나의 아픔으로 여기면 차츰 하늘 마음이 회복된다. 사람을 사랑하는 마음이 무르익으면 만물에 대한 사랑으로 확산한다. 한국에서는 예로부터 생명을 존중하는 사상이 지극했다.

또한 살생에도 법이 있어서 위로 국왕으로부터 아래로 서민에 이르기까지 모름지기 스스로 때와 대상을 택해서 살생했으나 결코 함부로 죽이지는 않았다. 옛 부여 때부터 말이 있어도 타지 않고, 살생을 금하여 놓아준 까닭은 그런 뜻에서였다. 그러므로 잠들어 있는 것은 죽이지 않고, 알을 깨어 죽이지 않음은 때를 택함이요, 어린 것은 죽이지 않고 알이나 새끼를 품고 있는 것을 죽이지 않음은 대상을 택함이니 생명을 중히 여기는 뜻이 지극하다고 할 수 있다.[85]

제2항 정치

사람이 개인적인 노력을 통해 본래의 모습을 회복할 수도 있지만, 그보다 더 효과적인 방법은 정치를 통해서 모든 사람이 본래의 모습을 회

---

85) 又殺生有法 上自國王 下至庶民 須自擇時與物而行之 一不濫殺 自古夫餘 有馬不乘 禁殺放生者 亦其義也 故不殺宿 不殺卵 是擇時也 不殺幼 不殺蓋 是擇物也 重物之 義 可謂至矣(『太白逸史』,『桓檀古記』264쪽)

복할 수 있도록 유도하는 것이다. 정치의 목표는 사람과 세상을 본래의 모습으로 바꾸는 데 있다.

    나중에 환웅씨가 뒤를 이어 일어나 천신의 명을 받들어 백산과 흑수 사이에 내려왔다. 천평에 자정과 여정이라는 우물을 파고 청구에서 경작지를 정전법으로 정리했다. 천부인(天符印)을 가지고 다섯 일을 주관했다. 세상에 있으면서 사람들에게 본래의 모습을 회복하도록 감화시켜 널리 인간 세상에 도움이 되게 만들었다.[86]

    위의 인용문에서 보면, 정치란 하늘마음을 회복한 사람이 세상 사람들을 깨우쳐, 세상 사람들이 모두 하늘마음을 회복하여 참되고 행복하게 살도록 인도하는 것임을 알 수 있다. 사람이 행복하게 살 수 있으려면 먼저 경제적인 안정이 전제되어야 한다. 환웅이 우물을 파고 정전법을 써서 경제를 안정시키고 천부인의 정신으로 여러 가지 정책을 수립한 목적은 사람들을 참되고 행복하게 만들고, 세상을 천국으로 만들기 위함이었다. 『환단고기』에는 최고의 정치제도로 화백제도를 들고 있다. 오늘날의 정치제도로 가장 좋은 제도를 사람들은 민주주의라고 생각하지만, 민주주의 정치제도에는 심각한 병폐가 있다. 이제 화백제도를 신중하게 생각할 때가 되었다.

---

86) 後 桓雄氏 繼興 奉天神之詔 降于白山黑水之間 鑿子井女井 於天坪 劃井地 於靑丘 持天符印 主五事 在世理化 弘益人間 立都神市 國稱倍達(『三聖紀全』上篇, 『桓檀古記』 26쪽

태백의 참된 가르침은 하늘의 계시에 근원하고 땅의 성질에 합치하며, 사람의 일에 절실한 것이다. 그러므로 정치를 펴는 데는 화백보다 앞서는 것이 없고, 덕으로 다스리는 것은 책화보다 더 좋은 것이 없다. 세상에 있으면서 진리로 인도하는 방법은 모두 하늘의 원리를 본받으며 거짓되지 않고, 땅의 성질을 따르면서 게으르지 않으며, 사람의 실정에 맞추어 어기지 않는 것이다. 천하의 공론이 어찌 한 사람이라도 다를 수 있겠는가! [87]

사람의 참되고 행복한 삶은 하늘과 하나 되는 데 있다. 옛 한국인의 삶의 목표도 하늘과 하나 되는 데 있었다. 하늘과 분리된 삶을 추구하여 불행의 늪에 빠진 오늘날 사람들이 잘 살펴봐야 할 내용이다.

『환단고기』에는 정치의 핵심을 다음과 같이 설명하고 있다.

무릇 우리 함께 약속한 사람들은 환국의 오훈과 신시의 오사를 영구히 준수해야 할 법도로 삼는다. 하늘에 제사 지내는 의례는 사람을 근본으로 여겨야 하고, 나라를 다스리는 방도는 먹는 것을 우선한다. 농사는 만사의 근본이고 제사는 오교의 근원이다. 마땅히 백성들과 함께 다스려 산업을 일으키되, 먼저 여러 부족들과 강화하고 다음으로 포로와 죄수를 용서하며, 사형을 없앤다. 책화제도로 경계를 확보하고 화백회의로 공론을 정한다. 오로지 한결같이 다 함께 화합하는 마음을 가지

---

87) 盖太白眞教 源於天符而合於地轉 又切於人事者也 是以 發政 莫先於和白 治德 莫善於責禍 在世理化之道 悉準於天符而不僞 取於地轉而不怠 合於人情而不違也 則天下之公論 有何一人異哉(『太白逸史』, 『桓檀古記』 442쪽)

고, 겸양하고 낮추어 자기를 수양하는 것으로 어진 정치의 시작으로 삼는다.[88]

『환단고기』에서는 정치의 기본을 잘 요약해 놓았다. 정치의 핵심은 먼저 사람들에게 삶의 목표와 방향을 제시하는 것이다. 삶의 방향이 잘못되면 아무리 열심히 살아도 행복해질 수 없다. 삶의 목표는 하늘과 하나 되는 것이지만, 목표를 달성하기 위한 전제조건이 경제적 안정이다. 그렇지만 경제만 강조하면 사람들이 물질의 노예가 되어 참된 모습을 상실하기 쉬우므로 결코 경제가 삶의 목표가 되면 안 된다. 경제보다 더 중요한 것은 사람들의 화합이다. 사람들이 갈라져 다투면 경제적인 부유함이 오히려 불행의 요인이 된다. 사람들이 화합하기 위해서는 먼저 사람들이 모두 남이 아니라는 사실을 깨달아야 한다. 남과 하나가 되기 위해서 행하는 중요한 행사가 제사이다. 제사의 중요한 목적은 사람들의 화합에 있다. 정치는 경제, 교육 등을 통해 꽃피우는 종합예술이다. 『환단고기』에서는 정치의 완성된 모습을 다음과 같이 기록하고 있다.

신축년(B.C. 2240) 재위 원년, 단군께서 현명하고 복이 많더니 재물을 모아 큰 부를 쌓았다. 백성과 더불어 산업을 다스림에 굶주리

---

88) 凡我同約之人 以桓國五訓 神市五事 爲永久遵守之案 祭天之儀 以人爲本 爲邦之道 以食爲先 農者萬事之本 祭者五敎之源 宜與國人 共治爲産 先講重族 次有俘囚 竝 除死刑 責禍保境 和白爲公 專以一施共和之心 謙卑自養 以爲仁政之始也(『檀君世紀』, 『桓檀古記』127쪽)

거나 추위에 떠는 백성이 하나도 없었다. 매년 봄, 가을이면 나라 안을 순행하며 예로써 하늘에 제사를 올리고 여러 부족장의 선악을 살펴 신중하게 상벌을 주었다. 관개 사업을 하고 농업과 양잠을 권하며 학교를 세워 학문을 일으키니 문화가 크게 진흥하고 칭송하는 소리가 날로 떨쳤다.[89]

제3항 교육

정치와 교육은 하나로 통한다. 정치의 역할은 사람을 바르게 만들고 세상을 바르게 만드는 것이다. 바르게 만드는 것은 교육의 영역이다. 정치가 필요한 까닭은 교육을 제대로 하기 위해서이다. 교육을 제대로 하기 위해서 경제적 안정과 국방이 필요하다. 옛 단군조선 시대에는 제사 지내는 공간과 교육공간이 나란히 있었다.

소도를 세운 곳에는 모두 계율을 두었으니 충(忠), 효(孝), 신(信), 용(勇), 인(仁)의 오상의 도가 그것이다. 소도 옆에는 반드시 경당을 세워서 미혼 자제에게 사물을 익히게 하였는데 대개 독서, 활쏘기, 말 타기, 예절, 노래, 권술(검술 포함) 등 육예의 종류였다. 마을마다 모두 자체적으로 삼로(三老)를 두었는데 삼로는 삼사(三師)라고도 한다.[90]

---

89) 辛丑元年 帝賢而多福 居財大富 與民共治産業 無一民飢寒 每當春秋 巡省國中 祭天如禮 察諸汗善惡 克愼賞罰 浚渠洫 勸農桑 設寮興學 文化大進(『檀君世紀』, 『桓檀古記』101쪽)

90) 蘇塗之立 皆有戒 忠孝信勇仁五常之道也 蘇塗之側必立□堂 使未婚子弟 講習事物 蓋讀書 習射 馳馬 禮節 歌樂 拳博□劍術 六藝之類也 諸邑落皆自設三老 三老亦曰三師(『太白逸史』, 『桓檀古記』264쪽)

소도(蘇塗)는 하늘에 제사 지내는 공간이고, 경당은 교육공간이다. 제사의 기능은 사람들을 하나가 되게 하는 것이고, 교육의 기능은 사람들에게 하늘의 모습을 회복하게 하는 것이다. 작은 마을 단위에서는 소도를 둘 수 없어도 교육공간은 만들어 스승이 청소년들을 교육했다. 이두 기능이 정치의 핵심이다. 사람들을 본질로 회귀하게 하는 기능에는 문화예술, 풍속 등의 기능도 있다.

제4항 문화예술
신시시대부터 사람을 순화시키는 기능으로 음악이 활용되었다.

신시시대의 음악을 공수(貢壽), 또는 공수(供授)라 하고, 두열이라고도 했다. 뭇 사람들이 한 줄로 둘러서서 소리 내어 노래 불러 삼신이 크게 기뻐하도록 하고 삼신을 대신해서 읊기를, "나라에 복을 내려 길하고 창성하게 할 것이며, 백성들의 마음을 진실로 기쁘게 만들 것이다."라고 했다.[91]

문화예술의 내용도 두 가지로 분류할 수 있다. 하나는 인간의 본질로 회귀하기 위한 것이고, 다른 하나는 욕심을 추구하기 위한 것이다. 진정한 문화예술은 전자에 속하는 문화예술이다. 옛 한국인들은 환웅이 이끌던 신시시대부터 본질로 회귀하기 위한 내용으로 문화예술을 구가

---

91) 神市之樂曰 貢壽 或云供授 又曰 頭列 衆回列以唱聲 使三神大悅 代言國祚吉昌 民心允悅也 白虎通疏義曰 朝離 通典樂志曰 侏離 三國史記曰 兜率 盖有祈神歡康 知足循理之義也(『太白逸史』, 『桓檀古記』 445쪽)

했다. 사람들이 행복해지면 그 즐거움이 몸 밖으로 퍼져 나오는데, 그것을 정리한 것이 예술이고, 문화이다. 단군조선 시대에는 사람들이 모여 함께 기쁨을 표현하는 축제를 했다.

온 나라에 큰 잔치가 있었으니 10월에 하늘에 제사 지내는데 백성들이 모두 기뻐하며 스스로 즐겼다. 이로부터 단군의 교화가 구역에 널리 퍼져 멀리 탐랑에까지 미쳤다.[92]

문화는 정치 경제 교육 등이 바탕이 되어 펼쳐지는 종합예술이다. 단군조선 시대에는 문화가 꽃을 피웠다. 『환단고기』에는 문화국이 된 단군조선의 모습을 다음과 같이 표현되어 있다.

朝光先受地	아침 햇살 먼저 받는 이 땅에
三神赫世臨	삼신께서 밝게 세상에 임하셨고
桓因出象先	환인께서 진리 내어 솔선하시니
樹德宏且深	심으신 덕 크고도 깊사옵니다.
諸神議遣雄	여러 신들 의논하여 보내 주신 환웅님이
承詔始開天	환인의 뜻을 받아 비로소 여신 하늘
蚩尤起靑邱	치우천왕 일어난 청구국에는
萬古振武聲	만고에 들날리는 호반의 소리

---

92) 國中大會 上月祭天 民皆熙皞自樂 自此 皇化洽被九域 遠暨耽浪(『檀君世紀』, 『桓檀古記』98쪽)

淮岱皆歸王	회수와 태산 모두 왕에게 귀순하니
天下莫能侵	천하의 그 누구도 범하지 못했습니다.
王儉受大命	배달 임금께서 하늘 명을 받으시니
懽聲動九桓	기뻐하는 소리들이 온 세상에 진동하고
魚水民其蘇	물고기 물 만난 듯 백성들이 소생했습니다.
草風德化新	풀잎에 부는 바람처럼 덕화가 새롭습니다.
怨者先解怨	원한 맺힌 자에게는 먼저 한을 풀어주시고
病者先去病	병든 자에게는 먼저 병을 낫게 하시는
一心存仁孝	한마음에 들어있는 어질고 착한 마음에
四海盡光明	이 세상이 온통 빛이 나고 밝아졌습니다.[93]

여러 가지 방안을 통해서 본질로 회귀하면 본질에서의 삶이 드러난다. 본질에서의 삶은 하늘과 하나 된 삶이다. 『환단고기』를 읽어보면 다음과 같은 내용을 찾아볼 수 있다.

제4절 본질로서의 삶

제1항 사랑의 실현

하늘마음을 가진 사람은 사랑의 화신이다. 그의 몸에서는 사랑이 가득 넘쳐흐른다. 하늘마음을 가진 사람은 하늘이다. 하늘에게는 사람이

---

93) (『檀君世紀』, 『桓檀古記』 125쪽)

모두 하늘이고, 만물이 모두 하늘로 보인다. 그는 하늘을 받들 듯 사람을 받들고, 하늘을 존중하듯 만물을 존중한다. 그는 남의 의견을 자기의 의견인 것처럼 중시하며 경청한다. 그의 주위에 있는 사람들은 그에게 감화되어 하늘이 된다. 하늘과 하나 된 사람은 사람을 하늘로 만들어주고, 만물 역시 하늘로 만들어준다. 이보다 더 큰 사랑은 없다. 이러한 내용을 을보륵 선생은 다음의 말로 표현한다. 이미 한 번 인용한 문장이지만, 여기에서 다시 새겨본다.

  천신을 대신하는 왕이 사람을 다스릴 때는 도를 넓혀서 모든 사람에게 도움이 되게 하여, 한 사람도 본성을 상실함이 없게 하고, 왕을 대신하는 사람이 사람 사이에 있는 만물을 다스릴 때는 병을 없애고 원한을 풀어주어, 미물 하나도 생명을 손상함이 없게 합니다.[94]

사람이 하늘과 하나 되면 하늘을 대신하여 사람을 사랑하고, 왕을 대신하여 만물을 사랑한다.

  제2항 무위자연의 삶
하늘마음으로 하는 사랑은 의식을 가지고 분별하는 사랑이 아니다. 하늘마음으로 하는 사랑은 자연의 사랑과 합치된다. 자연은 생명력으로 충만하다. 자연이 만물을 살리는 방향으로 움직인다. 그 움직임은 만물을 살리려는 의지에 따른다. 『환단고기』에서는 하늘이 하는 일을

---

94) 代天神而王天下 弘道益衆 無一人失性 代萬王而主人間 去病解怨 無一物害命

다음과 같이 설명한다.

환하게 우주를 비추고, 자유자재로 움직여 남김없이 만물을 낳고 기른다. 영원히 존재하며 오래도록 살피면서도 언제나 흐뭇하고 즐겁다. 지극한 기운을 타고 움직이면서 절묘하게 자연의 움직임과 일치된다. 드러냄이 없으면서 드러나고, 의도한 움직임이 없이 저절로 움직이며, 말없이 모든 것을 이룬다.[95]

본질로 돌아간 사람은 하늘과 완전히 일치한다. 호수에 떠 있는 얼음덩어리는 자기가 얼음덩어리인 줄로만 알면 다른 얼음덩어리들도 모두 얼음덩어리로 판단하겠지만, 본질에서 물과 하나임을 아는 얼음덩어리는 모든 얼음덩어리가 모두 물임을 안다. 물과 하나임을 아는 얼음덩어리는 물과 하나가 되어 움직인다. 물 전체의 움직임이 곧 자기의 움직임이다. 사람도 그렇다. 자기가 우주와 하나임을 아는 사람은 만물 모두가 우주와 하나임을 안다. 세상을 비추는 밝은 태양의 움직임도 자기의 움직임과 다르지 않다. 우주 전체의 움직임은 생명력으로 충만한 자연의 움직임이다. 자연의 생명력이 만물에 작용할 때는 미물 하나라도 빠트림이 없다. 자연의 생명력이 만물 외부에서 만물에 작용하지 않고. 만물 내부에서 작용하기 때문에 그렇다. 본질로 돌아간 사람은 개체적 존재에서 벗어난다. 개체적 존재는 생로병사의 변화를 겪지만, 전체와 하나 된 사람에게는 자연의 움직임만 있을 뿐, 생로병사의 변화가 없

95) 光明照宇宙 權化生萬物 長生久視 恒得快樂 乘遊至氣 妙契自然 無形而見 無爲而作 無言而行(『三聖紀全』上篇『檀君世紀』20쪽)

다. 그는 생명력에 충만하여 언제나 흐뭇하고 즐겁다. 전체와 하나 된 사람은 호연지기로 움직이는 전체적 존재이다. 전체적 존재는 자연 그 자체이므로, 그의 움직임은 무위자연이다. 그의 움직임은 의식에 따르지 않고 느낌에 따른다.

제3항 창의력이 넘치는 삶

창의력은 하늘마음에서 나온다. 하늘마음은 삶을 향하는 마음이고, 창의력은 삶을 위해 새로운 것을 만드는 힘이므로, 하늘마음을 회복한 사람은 창의력이 넘친다. 옛 한국인들은 『주역』의 괘와 효의 획을 그어서 미래의 일을 예측했고, 오행의 치수법을 만들어 세상을 다스렸으며, 소리글자를 만들어 사용하기도 했고, 건강한 삶을 위해 각종의 발효음식을 개발하기도 했다. 한국인의 창의력은 오늘날까지 이어지고 있다.

제4항 안전하고 안락한 삶

하늘마음을 회복한 사람에게는 자연의 생명력이 충만하다. 초대 단군 할아버지는 훈시에서 '충성과 효도를 잘 체득하면 하늘이 무너져도 반드시 먼저 벗어날 수 있을 것이라'고 한 적이 있다. 충성과 효도의 도를 체득한다는 말은 하늘마음을 체득한다는 것을 의미한다. 하늘마음은 생명으로 향하는 마음이므로, 하늘마음을 회복한 사람은 위기에서 벗어나 안전한 삶의 방향으로 움직인다. 단군조선 시대의 옛 한국인들은 안전하고 안락한 삶을 구가했다.

한국철학의 난제들

제1절 한마음 회복의 어려움

한국인의 저력은 한마음에서 나온다. 한마음이 하늘마음이므로 한마음을 회복한 사람은 하늘 같은 능력을 발휘할 수 있다. 그러나 문제는 한마음을 회복하는 방법이 쉽지 않다는 데 있다. 한마음을 회복한 사람이 등장하여 다른 사람에게 한마음 회복 방법을 가르칠 수는 있어도, 직접 한마음을 회복하게 할 수는 없다. 남의 힘으로 한마음을 회복할 수 있는 사람은 없다. 자기 자신이 철저한 수양을 하지 않고는 결코 한마음을 회복할 수 없다.

참된 사람이란 착한 마음과 맑은 기와 중후한 몸으로 사는 사람이다. 중후한 몸과 맑은 기를 회복하기는 비교적 쉽지만, 착한 마음을 회복하기는 쉽지 않다.

하늘의 성은 사람의 마음에 깃들어있는 한마음이지만, 이미 한마음을 잃어버린 사람은 한마음을 이해하기 어렵고, 한마음을 느끼기도 어려우므로, 회복하기가 어렵다. 그렇지만, 한국인이 저력을 발휘하기 위해서는 한마음 회복 외에 다른 방도가 없다. 한마음 회복은 기필코 해내야 하는 한국인의 과제다.

한마음을 회복한 한국인이 정치를 하면 한국은 지상천국이 되지만, 한마음을 회복하지 못한 사람이 정치를 이어받으면, 한국은 지상천국에서 지옥으로 떨어질 수도 있다. 한국은 정치 담당자의 역량에 따라 천국과 지옥을 오간다. 한국이 무한한 능력을 계속 발휘하기 위해서는 한마음을 회복한 사람이 계속 등장할 수 있게 해야 한다. 그렇게 하기 위해서는 많은 사람이 한마음을 회복하는 대중적 방법을 찾아내야 한다. 이는 한국인이 풀어야 할 과제다.

제2절 외침에 대한 방비의 허술

하늘마음은 자연의 생명력이다. 하늘마음을 회복하여 한마음으로 사는 것을 중시하는 옛 한국인들은 자연의 생명력이 왕성하므로, 공기 좋고 물 좋으며, 좋은 먹거리가 자라는 곳에서 왕성한 자연치유 능력을 갖추고 살았고, 각종의 건강식을 개발해서 건강을 유지했다. 21일 간 동굴에서 먹었던 마늘과 쑥은 신비의 건강식품이다. 자연재해에서 벗어나는 능력 또한 탁월했다.

자연의 생명력에서만 보면 사람보다 동물들이 오히려 더 충만하다. 쥐나 고양이 등은 무너지는 집에서 피할 줄 알고, 코끼리는 해일을 피해 산으로 이동하기도 한다. 그러나 동물들은 사람이 만들어놓은 덫에서는 피하기 어렵다. 사람이 만든 덫은 자연재해가 아니라서 그렇다. 단군조선 시대의 옛 한국인들 역시 이런 약점을 가지고 있었다. 옛 한국인들에게는 자연의 생명력이 왕성했지만, 이웃 나라로부터의 침략에 대비하는 능력은 부족했다. 이웃 나라로부터의 침략은 자연재해가 아니기 때문이다.

한마음을 가진 사람은 남을 나처럼 사랑한다. 남을 사랑하는 사람은 남을 해치지 않는다. 한국은 예로부터 이웃 나라를 침략하지 않았다. 남을 침략하는 사람은 남도 자기를 침략할 것으로 판단하므로, 남의 침략에 대비하여 철저하게 방비하지만, 남을 침략하지 않는 사람은 남이 자기를 침략한다고 생각하지 않으므로, 침략에 대비하지 않는다.

한국인들은 예로부터 이웃 나라의 침략에 대한 방비가 허술했다. 한국의 성곽이나 양반 가옥의 구조를 보면 외부의 침입에 허술하기 짝이 없다. 지금 한국은 북한으로부터 핵 공격의 위험에 노출되어 있다. 북한은 수시로 미사일을 쏘면서 남한을 위협하지만, 한국인 중에는 북한의 공격을 두려워하는 사람이 별로 없는 듯하다. 북한의 침략에 대비하여 방어책을 마련하는 사람을 찾아보기 어렵다.

한마음을 회복한 사람이 지도자가 되면, 한국인은 한마음으로 단결한다. 한국인이 단결하면 외침을 막아낼 수 있다. 그러나 한마음을 잃어버린 사람이 지도자가 되면 분열하여 나라를 지키기 어려워진다. 이점이 한국이 가진 심각한 문제점이다.

제3절 자기중심주의에 빠지기 쉬움

제1항 의타심

한국인들은 한마음을 중시한다. 한마음은 모두가 다 같이 가지고 있는 하나의 마음이다. 한마음을 가진 사람은 사람들이 모두 연결되어 있음을 안다. 그러나 한국인에게 욕심이 많아지면 욕심이 한마음을 덮어버리므로, 사람들이 하나로 연결되어 있음을 모른다. 한국인들은 욕심을 극복하기 위한 노력은 해 왔지만, 욕심을 절제하는 교육은 받지 않았다. 따라서 한국인이 욕심을 채우기 위해 남과 다투면 절제하지 못하므로 다툼이 치열해진다.

한국인의 가장 큰 특징은 한마음을 가지고 있다는 것이다. 욕심 많은 사람에게도 한마음은 사라지지 않는다. 다만 욕심 많은 사람의 한마음은 욕심에 덮여 밖으로 나타나지 못하고 마음 밑바닥에 잠재해버린다.

한국인의 한마음은 '너 = 나'라는 등식을 성립시킨다. '너 = 나'라는 등식의 의미는 네가 나이고, 내가 너라는 뜻이다. '너 = 나'라는 등식은 장점으로 드러나기도 하고, 단점으로 드러나기도 한다. 한마음을 회복한 사람에게서는 '너 = 나'라는 등식이 장점으로 드러난다. 한마음을 회복한 사람은 너와 내가 하나라는 사실을 알기 때문에, 너를 나처럼 여긴다. 너를 나처럼 여기면 너의 아픔이 나의 아픔이 되고, 너의 고통이 나의 고통이 된다. 한마음을 회복한 사람은 남의 슬픔이나 고통을 해결하기 위해 헌신한다. 한국인에게 정이 많고, 희생정신이 많은 까닭은 그 때문이다.

그러나 욕심에 덮여 한마음이 잠재해 버린 사람에게서는 '너 = 나'라는 등식이 단점으로 드러난다. 욕심 많은 사람에게서도 '너 = 나'라는 등식이 있지만, 그 등식이 표면으로 드러나지 못하고 잠재해버린다. 욕심 많은 사람은 욕심을 채우기 위해 잠재해 있는 '너 = 나'라는 등식을 끄집어내어 악용한다. '너 = 나'의 등식은 욕심 많은 사람에게 자기중심적 사고를 하게 만든다. '너 = 나'라는 등식을 나 중심으로 적용하면, '네 것'은 '내 것'이고, '내 것'은 '내 것'이 된다. '너의 돈'은 '나의 돈'이고 '나의 돈'은 '나의 돈'이 되므로, 남의 돈을 자기 돈처럼 쓰고 싶은 공짜심리가 발달한다. 힘든 것은 네가 하고 챙기는 것은 내가 하려는 이기적인 자기중심주의에 빠질 수도 있다. 잘못한 것은 남의 탓으로 돌리고, 잘한 것은 나의 공으로 돌리는 경향도 나타날 수 있다. '남의 돈'이 '나의 돈'이므로, 돈 많은 사람의 돈을 내가 가져야 할 돈으로 착각하기도 한다. 욕심 많은 사람은 의타심이 많다. 위험한 곳에서는 힘센 친구에게 빌붙어 자기를 보호한다. 돈 많은 사람과 함께 식사할 때는 돈 많은 사람에게 자기의 밥값을 내게 한다. 돈 많은 집의 자녀들은 부모의 돈을 자기의 돈으로 착각한다. 아버지가 젊은 여인과 결혼하게 되면, 자녀들은 자기 몫의 돈을 젊은 여자에게 빼앗길까 봐 극렬하게 반대한다. 이런 의타심은 한국인에게 드러나는 큰 단점이다.

최근 한국에서는 한국인의 의타심에 따른 단점이 극렬하게 드러나고 있다. 지금 한국인들은 좌파와 우파로 나뉘어 첨예하고 대립하고 있다. 좌파들은 돈 많은 사람을 지나치게 미워하고, 우파들은 돈 없는 사람을 싫어한다. 한국인이 편을 갈라 싸우면 나라가 위험해진다.

한국인의 단점을 극복하는 근본 방법은 한마음을 회복하는 것뿐이다. 한마음을 회복한다는 것은 잠재해 있는 '너 = 나'란 등식을 의식 세계로 끌어올리는 것이다. 한마음을 회복한 사람은 남과 내가 하나라는 사실을 알므로 남을 위해 희생한다. 한국인이 장점을 드러내면 한국은 기적을 일으킬 수 있다.

제2항 획일주의

'너 = 나'라는 등식이 왜곡되면 남들이 자기와 같아야 한다는 자기중심주의에 빠질 수 있다. '너의 의견'은 '나의 의견'이라는 착각에 빠지면, 나와 다른 의견을 가진 사람을 용납하기 어렵다. '네가 먹는 것'은 '내가 먹는 것'이므로 너는 나와 같은 것을 먹어야 한다는 억지를 부릴 수도 있다. 자기의 의견과 다른 의견을 가진 사람을 용납하기 어렵고, 자기와 다른 방식으로 사는 사람을 이해하기 어렵다. 이러한 분위기로 인해 한국인들은 남과 다른 의견을 잘 말하지 않는다. 윗사람의 의견에 맹목적으로 동조하여 일이 획일적으로 처리되기도 한다. 한국에서 일이 획일적으로 처리되면 유연성을 상실하여 심각한 위기에 빠진다. 획일적인 분위기에서 벗어나는 근본 방법 또한 한마음을 회복하는 것뿐이다.

제3항 편협한 '우리 주의'

'너 = 나'라는 등식이 왜곡되면 너는 나와 같아야 한다는 편협한 '우리 주의'에 빠질 수 있다. 자기와 의견이 같은 사람만 용납하고, 의견이 다른 사람을 용납하지 못하므로, 의견이 같은 사람끼리 모여서 편협한 집단을 구성한다. 혈연·지연·학연 등으로 갈라지는 것도 그 때문이고, 파당을 만들어 내분을 일으키는 까닭도 그 때문이다. 한국인이 편협한 '우리

주의'에 빠지면 분열을 계속하다가 온 국민이 모래알처럼 흩어져 멸망한다. 이를 해결하는 근본 방법 역시 한마음을 회복하는 것밖에 없다.

제4항 분열로 인한 자멸

한국인의 천인일체 사상은 사람이 하늘과 하나라는 사상이다. 이 천인일체 사상을 제대로 소화한 사람은 자기가 하늘이면서 동시에 남들도 하늘이라는 것을 알고 남들을 하늘처럼 받들지만, 천인일체 사상이 욕심에 묻혀서 잠복해버리면, 자기가 하늘이라는 사실은 의식 속에 희미하게 남아 있지만, 남이 하늘이라는 사실은 사라진다. 그런 사람은 남을 무시한다. 그런 사람은 자기를 하늘로 착각하므로, 자기는 법을 지키지 않아도 된다고 생각하지만, 남이 법을 지키지 않는 것은 용납하지 못한다. 그런 사람은 자기의 이익을 위해서 나라도 팔아먹을 수 있다. 이완용은 나라를 팔아먹은 대가로 부귀영화를 누렸다. 한국 고대사 말살을 위한 〈조선사편수회〉의 고문도 맡았다. 그는 한국인이 어디까지 추락할 수 있는지를 잘 보여주었다. 문제는 아직도 제2, 제3의 이완용이 계속 이어지고 있다는 데 있다.

자기를 하늘로 착각하는 한국인은 늘 최고의 자리를 고집한다. 최고의 자리를 남에게 빼앗기면, 자기는 자기를 추종하는 사람을 데리고 나와 새로운 단체를 만들고 그 단체에서 최고의 자리를 차지한다. 이러한 방식이 되풀이되면 한국인은 분열을 계속하여 망국에 이른다. 한국이 내부분열을 일으킬 때 외국에서 침략을 받으면 맥없이 무너진다.

이러한 위기를 해결하는 근본 방법 역시 한마음을 회복하는 것밖에 없다.

제3장

한국철학의 전개

한국인들은 본질을 중시하므로, 본질에서 이탈한 뒤에도 본질로 회
귀하려는 본질 회귀의 의지가 강하다. 그래서 한국인들은 본질을 이탈
하는 방향으로 질주하지 못한다. 본질을 고향에 비유하면 본질에서 이
탈하는 길은 타향으로 가는 길이다. 한국인들은 고향에 대한 미련이 많
아서 타향을 향해 전속력으로 달려가지 못한다.

한국인들은 본질로 되돌아가는 길과 본질에서 이탈하려는 길 사이에
서 갈등한다. 이러한 갈등은 국가 단위에서도 나타난다. 한국철학의 역
사는 본질로 회귀하려는 회귀파와 본질에서 이탈하려는 이탈파로 나뉘
어 갈등하면서 흘러간다.

본질에서는 모두가 하나이다. 하나인 본질은 하나[一]로 표현되기도
하고, 하늘로 표현되기도 하며, 자연으로 표현되기도 한다. 본질에 머
물러 있는 사람에게는 '나'라는 주체가 없고, 욕심 또한 없다. 그러다가
어느 순간 '나'라는 주체가 생기고 욕심이 생기면 욕심을 채우기 위해
본질에서 이탈하기 시작한다. 본질에서 이탈한 뒤에는 본질로 회귀하

려는 의지와 계속 이탈하려는 의지가 생겨 갈등한다. 본질로 회귀하는 길은 온 길로 되돌아가는 길이고, 본질에서 이탈하는 길은 가던 길을 계속 가는 길이다. 본질로 회귀하는 길의 방향은 욕심을 버리는 방향이고, 본질에서 이탈하는 길의 방향은 욕심을 채우는 방향이다.

본질로 회귀하려는 의지와 이탈하려는 의지 사이에서 일어나는 갈등은 늘 일어나지만, 일반적으로는 사춘기 때 많이 일어난다. 갈등의 과정을 거쳐 본질로 회귀하는 길을 선택하는 사람은 회귀의 길로 가지만, 이탈하는 길을 선택하는 사람은 이탈의 길로 가게 된다. 한국인을 크게 분류하면 본질 회귀파와 본질 이탈파로 나눌 수 있다. 본질 회귀파는 진리를 추구하지만, 본질 이탈파는 세속적 가치를 추구한다. 한국철학의 역사는 본질 회귀파(回歸派)와 이탈파(離脫派)로 나뉘어 갈등하는 역사이다.

사람은 본질을 이탈하는 순간부터 경쟁하게 된다. 본질 회귀파는 욕심을 없애는 방향으로 가므로 이탈파를 이기기 어렵다. 그렇지만 회귀파가 성공하여 하늘마음을 회복하면 전지전능한 능력으로 위력을 발휘하여 지상천국을 건설한다.

지상천국이 건설되면 모든 사람이 하나가 되어 참되고 행복한 삶을 구가하지만, 하늘마음을 회복한 지도자가 계속 등장하기 어려우므로, 지상천국이 지속하기 어렵다. 회귀파가 침체하는 사이에 이탈파가 득세하면 지상천국이 급격히 붕괴하여 사람들이 불행의 늪에 빠지고 사회가 혼란해진다. 사회가 혼란한 뒤에는 다시 회귀파 중에서 하늘마음을 회복한 위대한 지도자가 나타나 다시 지상천국을 만든다.

한국의 역사는 이러한 방식으로 되풀이된다. 한국 역사의 흐름이 외부의 영향을 받으면 흐름에 변수가 생긴다. 한국에 회귀파가 득세할 때 외부로부터 정신주의 철학의 영향을 받으면 회귀에 가속도가 붙지만, 물질주의 철학의 영향을 받으면 회귀의 의지가 약해지고 회귀가 지지 부진하게 된다. 반대로 이탈파가 득세할 때 외부로부터 정신주의 철학의 영향을 받으면 회귀파가 득세하여 철학의 역사가 본질 회귀의 철학으로 전환할 수 있지만, 반대로 물질주의 철학의 영향을 받으면 본질 이탈의 방향에 가속도가 붙어 급격히 혼란에 빠진다.

제4장

단군조선의 쇠퇴

제1절 문화 중심국 단군조선

환인이 다스리던 환국에 어떤 이유가 있었는지 확실히 알기는 어렵지만, 문제가 생겨 환웅이 다스리던 배달국으로 바뀌었고, 배달국에 다시 문제가 생겨 단군이 다스리는 조선으로 바뀌었다. B.C. 2333년 무진년에 단군조선은 뛰어난 문화국으로 출발했다. 『단군세기』에는 초대 단군에 의한 조선의 시작을 다음과 같이 기록하고 있다.

신시의 세상이 시작되자 사방에서 백성이 찾아와 산골짜기마다 두루 퍼져 살았는데 풀로 옷을 해 입고 맨발로 다녔다. 나라를 세운 지 1565년 되던 해 10월 3일, 신인 왕검이라는 오가의 우두머리가 800여 명의 무리를 이끌고 단목 터에 와서 무리와 함께 삼신에게 제사를 올렸다. 지극히 신령스러운 덕과 성스러움을 겸한 어진 마음으로 하늘의 가르침을 받들고 하늘의 뜻을 이어 우뚝 솟아 위용을 떨치니 구환의 백성이 모두 기뻐하며 진심으로 복종하였다. 천제의 화신으로 여겨 임금으로 추대하니 그가 바로 단군왕검이다. 신시의 옛 법규를 회복하고 아사달에 도읍을 세워 나라를 세우니 국호를 조선이라 했다.[96]

단군왕검은 하늘의 뜻을 대행하는 하늘의 화신으로 등장한다. 단군왕검은 신시의 옛 모습을 회복했고, 그 뒤로도 뛰어난 치적이 계속되었다.

단군의 명으로 팽우는 토지를 개간하고, 성조는 궁궐을 짓고, 신지는 서계를 짓고, 기성은 의료와 약품을 베풀고, 나을은 호적을 관장하고, 희는 복점을 주관하고, 우는 병사와 군마를 담당했다. 비서갑 하백(河伯)의 딸을 왕후로 삼고 누에를 치게 하니 크고 두터운 치적이 세상에 널리 비추었다. 재위한 지 50년 되던 정사년(B.C. 2284) 큰물이 범람하여 백성이 고초를 겪었다. 단군께서 풍백과 팽우에게 명을 내려 물을 다스리게 하여 높은 산과 큰 하천을 안정시키니 그로써 백성을 편히 살 수 있게 하였다. 우수주에 그 비석이 있다.[97]

---

96) 大始神市之世 四來之民 遍居山谷 草衣跣足 至開天一千五百六十五年上月三日 有神人王儉者 五加之魁 率徒八百 來御于檀木之墟 與衆奉祭于三神 其至神之德 兼聖之仁 乃能奉詔繼天 巍蕩惟烈 九桓之民 咸悅誠服 推爲天帝化身而帝之 是爲檀君王儉 復神市舊規 立都阿斯達 建邦 號朝鮮(『檀君世紀』, 『桓檀古記』 86쪽)

97) 命彭虞闢土地 成造起宮室 臣智造書契 奇省設醫藥 那乙管版籍 羲典卦筮 尤掌兵馬 納斐西岬河伯女爲后 治蠶 淳厖之治 熙洽四表 丁巳五十年 洪水汎濫 民不得息 帝命風伯彭虞 治水 定高山大川 以便民居 牛首州有碑(『檀君世紀』, 『桓檀古記』 95쪽)

초대 단군 때 조선의 문화는 주변국의 문화를 압도했다. B.C. 2267 년 갑술년에는 단군이 주변국에 오행의 치수법을 전했고, 순임금을 제후로 삼아 주변의 나라를 감독했다. 『환단고기』에는 이런 사실을 다음과 같이 기록하고 있다.

태자 부루를 파견해 도산에서 우사공을 만나게 했다. 태자가 오행 치수의 법을 전하고 국경을 따져 확정하니 유주와 영주가 우리에게 귀속되었다. 회대(淮岱) 지역의 제후를 정하고 분조(分朝)를 두어 다스리되 우순에게 그 일을 감독하게 했다.[98]

단군조선의 정치 내용은 하늘의 뜻을 대행하는 것이었으므로, 수양을 통해 하늘과 하나가 된 훌륭한 왕이 등장하면 뛰어난 정치가 계속되어 뛰어난 문화국이 지속되지만, 훌륭한 임금이 등장하지 못하면 나라는 침체한다. 단군조선은 8세 임금과 9세 임금에 이르러 침체하기 시작했다. 9세 단군 때는 우착이 반란을 일으켜 대궐을 침범하여 단군이 피난하는 일도 일어났다. 11세 단군 때의 국자 사부 유위자의 건의 내용을 보면 이미 단군조선이 상당히 쇠퇴했음을 짐작할 수 있다. 『환단고기』에는 다음과 같이 기록하고 있다.

---

98) 甲戌六十七年 帝遣太子夫婁 與虞司空 會于塗山 太子傳五行治水之法 勘定國界 幽營二州屬我 定淮岱諸侯 置分朝以理之 使虞舜 監其事(『檀君世紀』, 『桓檀古記』 96쪽)

오직 우리 신시는 실로 환웅천왕이 나라를 열고 백성을 받아들여 '전의 도'로 계율을 세워 교화한 데서 비롯되었습니다. ⊠천부경⊠과 ⊠삼일신고⊠는 하늘의 계시로 윗사람들에게서 만들어졌고, 의관을 갖추고 칼을 차고 다니는 풍속은 아래에서 즐겁게 본받았기 때문입니다. 백성들은 어기는 일이 없이 한마음이 되어 잘 다스려졌습니다. 들에는 도적이 없으니 저절로 편안해졌고, 온 세상 사람들에게 병이 없으니 자연히 장수하게 되었습니다. 흉년이 들지 않아 저절로 넉넉해지니, 산에 올라 노래하고 달을 맞아 춤을 추었습니다. 아무리 먼 곳이라도 덕화가 미치지 않은 곳이 없었고, 어떤 곳이라도 흥하지 않은 곳이 없었습니다. 덕교가 만민에게 퍼지고 칭송하는 소리가 사해에 넘쳤습니다. 우리도 이렇게 되도록 간청합니다.[99]

　　지상천국을 건설하는 방법은 백성들에게 하늘의 뜻을 따르도록 깨우치는 것이고, 그 구체적인 방법은 『천부경』과 「삼일신고」의 내용을 잘 가르치는 것이었지만, 하늘과 하나 된 임금이 등장하지 않으면 지상천국을 지속하기 어렵다. 단군조선은 후대로 가면서 침체하다가 21세 단군 소태(蘇台) 때에 이르러 급격히 쇠퇴했다. 『환단고기』의 다음 기록을 보면 잘 알 수 있다.

---

99) 惟我神市 實自桓雄 開天納衆 以佺設戒而化之 天經神誥 詔述於上 衣冠帶□ 樂效
於下 民無犯而同治 野無盜而自安 擧世之人 無疾而自壽 無歉而自裕 登山而歌 迎
月而舞 無遠不至 無處不興 德教加於萬民 頌聲溢於四海 有是請(『檀君世紀』, 『桓
檀古記』 135쪽)

B.C. 1289년 고등이 대군을 손에 넣고 서북지역을 차지하여 다스리니 세력이 더욱 강성해졌다. 고등이 단군께 사람을 보내 우현왕(右賢王)이 되기를 청했다. 단군께서 꺼려서 허락하지 않다가 거듭 청해오자 결국 허락하고 두막루(豆莫婁)라 불렀다. …〈중략〉… 우현왕이 근위대와 사냥꾼 수천을 거느리고 난입하여 마침내 부여신궁에서 즉위하자, 단군께서는 부득이 옥책과 국보를 전하고 서우여를 폐하여 서인으로 만들었다. 단군께서는 아사달에 은거하면서 생을 마쳤다.[100]

21세 단군 이래로 단군조선은 상당히 쇠퇴했고, 그 후 옛 모습을 회복하지 못했다. 침체를 거듭하던 단군조선은 43세 단군 때에 크게 쇠퇴했고, 44세 단군 때에 국호를 대부여로 바꾸고 삼한을 삼조선으로 바꾸었으며, 47세 단군 때에 멸망했다. 『환단고기』에는 다음과 같이 단군조선의 멸망 사실을 기록하고 있다.

재위 58년 계해년(B.C. 238). 단군께서 인자하시나 우유부단하여 명령이 이행되지 않을 때가 많고 여러 장수도 자신의 용맹을 믿고 화란을 자주 일으키니 나라 살림은 넉넉하지 못하고 백성들의 기운도 더욱 쇠약해졌다. 3월 하늘에 제사 지낸 날 저녁에 오가와 함께 의논하면서 말했다.

"옛날 우리 성조들께서 처음으로 전통을 세워 후세에 전하였다. 덕

---

100) 高登 手握重兵 經略西北地 勢甚强盛 遣人請爲右賢王 帝憚之不允 屢請乃許 號爲 豆莫婁 …〈중략〉… 右賢王率左右及獵戶數千 遂卽位于夫餘新宮 帝不得已 傳玉 冊國寶 廢徐于餘 爲庶人 帝隱於阿斯達 以終(『檀君世紀』, 『桓檀古記』 160쪽)

을 넓고 멀리 전파하여 자손 대대로 법이 되었으나 지금에 와서 왕도가
쇠미하여 모든 왕[汗]이 세력을 다투고 있다. 짐이 덕이 부족하고 나약
하여 잘 다스릴 수도 없고 이들을 불러 무마시킬 방법도 없어 백성들은
서로 헤어져 흩어지고 있다. 너희 오가는 현인을 선택하여 천거하라.”

옥문을 크게 열어 사형수를 제외한 모든 포로를 석방하였다. 이튿날
마침내 제위를 버리고 산으로 들어가 도를 닦아 선인이 되었다. 그리하
여 오가가 6년(B.C. 238~232) 동안 국사를 함께 의논하여 다스렸다.
이보다 앞서 왕족인 대해모수가 은밀히 수유국과 약속을 하고 옛 도읍
지 백악산을 습격하여 점거하고 천왕랑이라 칭하니 사방에서 모두 그
의 명령을 들으며 따랐다. 이때부터 여러 장수를 봉하고 수유국 제후
기비의 등급을 올려 번조선 왕으로 삼으며 상하운장에 가서 지키도록
했다. 북부여가 일어난 것은 이때부터였고 고구려는 해모수가 태어난
고향이므로 그내로 고구려라 불렀다.[101]

단군조선이 완전히 멸망했다. 1세 단군이 아사달에 도읍하고 나라를
조선이라 하여 통치한 지 어언 2095년째 되던 해였다. 단군조선은 건
국한 지 1044년경부터 많이 쇠퇴했고, 그 뒤로도 침체를 거듭하다가

---

101) 癸亥五十八年 帝仁柔不斷 令多不行 諸將恃勇 禍亂頻起 國用不敷 民氣益衰 三月
　　祭天之夕 乃與五加 議曰 昔 我列聖 肇極垂統 種德宏遠 永世爲法 今 王道衰微 諸
　　汗爭强 惟朕涼德 懦不能理 無策招撫 百姓離散 惟爾五加 擇賢以薦 大開獄門 放
　　還死囚以下諸俘虜 翌日 遂棄位入山 修道登仙 於是 五加共治國事六年 先是 宗室
　　大解慕漱 密與須臾約 襲據故都白岳山 稱爲天王郎 四境之內 皆爲聽命 於是 封諸
　　將 陞須臾侯箕丕 爲番朝鮮王 徃守上下雲障 蓋北夫餘之興 始此 而高句麗 乃解慕
　　漱之生鄕也 故亦稱高句麗也(『檀君世紀』, 『桓檀古記』 195쪽)

문화의 중심이 중국으로 넘어갔고, 단군조선은 문화의 주변국이 되어 중국의 영향을 받게 되었다. 중국에서는 춘추전국시대 때 유가(儒家)를 중심으로 제자백가가 등장하여 철학사상을 크게 일으켰으므로, 춘추전국시대 이후에는 중국의 철학사상이 한국으로 수입되었다. 그 이후로 중국에서 발달하는 철학이 계속해서 한국으로 흘러들어와 단군조선 시대 때부터 내려오는 고유의 철학과 결합하면서 독특한 한국의 철학이 형성되어 후대로 이어지다가, 근세에 들어와 서양의 철학이 수입되어 재래의 한국 철학과 섞이면서 아직 한국철학으로 완전히 정착하지 못하고 복잡한 형태로 오늘에 이르고 있다.

제3편

한국철학의 미래 가치

제1장

남북통일의 철학적 바탕

지금 한국이 처한 상황에서 다급한 것이 많지만, 그 중에서도 가장 시급한 것이 남북통일이다. 한국의 고유 철학은 세계평화를 지향하지만, 아직 우리나라도 통일하지 못한 상황에서 한국인은 세계평화를 논할 자격이 없다. 통일이 시급한 문제로 인식될수록 사람들은 통일을 위해 성급해진다. 공자의 제자인 자로(子路)가 공자에게 군자에 대해 질문한 적이 있었다. 당시는 매우 혼란했으므로, 나라를 안정시키는 것이 무엇보다도 시급했다. 그런 시급한 문제를 앞에 두고 공자는 "경건한 마음으로 자기를 닦는다."라고 대답했다. 자로는 공자의 대답을 다급한 현실을 외면한 뜬구름 잡는 것 같은 내용으로 받아들였다. 혼란한 현실을 바로 해결할 수 있는 강력하고 직접적인 해결책을 기대했던 자로는 실망하여 다시 질문했다. "고작 그것밖에 안 됩니까?" 공자는 자로의 속마음을 모를 리 없다. 자로는 세상을 안정시키기 위해 서두르고 있지만, 아무리 바느질이 급해도 실을 바늘의 허리에 묶어서 쓸 수는 없다. 이에 공자는 약간 현실성을 가미해서 다시 대답했다. "자기를 닦아서 사람을 편안하게 한다." 성급한 자로는 공자의 대답에 만족할 수 없어서 다시 물었다. "고작 그 정도입니까?" 공자는 좀 더 현실성을 강화해서 대답하면서, 다시 묻지 못하도록 못을 박았다. "자기를 닦아서 백성을 편안하게 한다. 자기를 닦아 백성을 편안하게 하는 일은 요순도 어렵게 여겼다."[102] 모든 문제는 잘못된 정책에서 비롯하고, 잘못된 정책은 잘못된 마음에서 비롯한다.[103] 근본 해결책을 놓아두고 문제를 해결하는 미봉책을 놓아두고 성급하게 처방하면 성공할 수 없을 뿐만 아니라, 나중에 더 큰 문제가 터진다. 모든 문제는 원인을 찾아 근본적으로 해결해야 탈이 없다. 일이 다급할수록 더욱 그렇다.

　지금 사람들은 서구 근세사상을 바탕으로 해서 살고 있다. 서구 근세사상은 개인주의에서 출발한다. 개인주의를 바탕으로 하는 삶의 방식은 법 테두리 안에서 경쟁하고 투쟁하는 것이다. 지금의 사람들은 편을 갈라 싸운다. 보수와 진보로 나뉘고, 우파와 좌파로 나뉘어 무한 투쟁을 계속한다. 편을 갈라 싸우면 강자가 약자를 이긴다. 지금의 한국은 남한과 북한으로 분리되어 생존을 위한 투쟁을 계속하고 있다. 남한은 최신 무기로 무장했지만, 북한은 핵으로 무장하여 남한을 위협하고 있다. 만약 군사 대결을 통해 통일하려고 한다면 처참한 비극이 일어날 것이다. 어느 한쪽이 붕괴하여 갑자기 통일될 수도 있을 것이다. 그러나 그것을 바라고 마냥 기다릴 수는 없다. 한쪽의 붕괴로 인해 통일되었다 하더라도 많은 문제가 따른다.

---

102) 子路問君子 子曰 脩己以敬 曰 如斯而已乎 曰 脩己以安人 曰 如斯而已乎 曰 脩己以安百姓 脩己以安百姓 堯舜其猶病諸 (『論語』憲問篇)
103) 生於其心 害於其政 發於其政 害於其事 (『孟子』公孫丑章句 上)

그렇다면 가장 바람직한 통일방안은 무엇일까? 근본 방안은 마음에서 찾는 것이다. 지금 사람들은 하늘마음을 잃어버리고 욕심에 눈이 멀어 있다. 욕심에 눈먼 사람은 끝없이 욕심을 추구하다가 인간성이 파괴되고 만다. 이제 근본으로 돌아가야 한다. 공자가 말했듯이, 각 개인이 경건한 마음으로 각자의 마음과 몸을 바로잡아야 한다. 하늘마음을 회복한 사람에게는 무한한 포용력이 생긴다. 고려 태조 왕건은 하늘마음으로 포용하여 후삼국을 통일했다. 견훤을 포용했고, 경순왕을 포용했다. 고려가 통일하는 과정에서 후백제의 유민, 신라의 관리와 학자 및 백성이 반발하지 않았다. 지금 우리에게 필요한 것은 포용력이다. 포용력을 기르기 위해서는 한마음 회복해야 한다. 우리가 한마음을 회복하여 북한의 주민을 사랑하고 포용하면 통일은 다가온다. 나라는 국민이 결정한다. 나라는 대다수 국민이 원하는 방향으로 가기 마련이다.

한마음을 회복하기 위한 대중적인 노력은 단군조선 시대 때 가장 철저했으므로, 단군조선 시대 때의 철학은 오늘날의 문제를 해결하는 해결책을 찾는 데 큰 도움이 될 것이다.

단군조선 시대 때의 철학이 이처럼 중요한 데도 과거의 우리는 우리 고유의 철학에 관해 관심을 두지 않았다. 늦은 감이 있지만, 이제부터라도 한국 고대 철학의 중요성을 인식하고, 그것을 바탕으로 오늘날의 문제 해결 방안을 찾는 일에 매진해야 할 것이다. 한마음을 회복하는 일은 오늘날에 대두되는 많은 문제를 일시에 해결하는 근본 방안이 될 것이다.

세계평화와 홍익인간

세계평화는 전쟁이 없는 세상을 말하는 것이 아니다. 전쟁이 없어도 안도할 수 없이 긴장하면 평화가 아니다. 또 평화조약을 체결했다 하더라도 힘의 균형이 무너져 절대적인 강자가 등장하면 평화조약을 지키지 않을 것이므로, 평화조약을 체결하는 것으로는 평화를 보장할 수 없다. 진정한 평화는 모두가 한마음을 회복하여 하나가 되었을 때만 보장된다.

오늘날의 위기는 지나치게 발달한 물질주의의 폐해에 기인한다. 물질주의의 폐해를 극복하기 위해서는 정신주의가 나서야 한다. 과거의 정신주의 철학은 원형으로 남아 있지 않고, 종교의 형태로 포장되어 있다. 철학이 종교로 포장된 뒤에는 세력을 갖게 된다. 오늘날까지 전해져 오는 우수한 종교들에는 세계평화를 지향하는 순수한 철학이 내포되어 있지만, 그 철학이 세력으로 포장된 뒤에는 세력을 유지하기 위해 타 종교와 갈등을 일으키는 요인으로 해석되기 때문에, 세계평화를 지향하는 순수한 기능을 발휘하기 어렵다. 그러므로 지구 전체가 한 나라처럼 가까워진 지금은 하나의 종교가 다른 종교를 포함하기 어렵고, 그로 인해 세계평화를 추구하는 원래의 기능을 하기 어렵다.

그러므로 지금은 세계평화를 추구하는 새로운 철학은 종교의 형태로 등장하면 안 된다. 종교의 형태로 등장하면 다른 종교와 충돌하여 오히려 세계평화를 저해하는 요인이 된다. 각 종교에서 말하는 진리가 종교로 세력화하기 전에 순수한 철학의 형태로 등장했던 것처럼, 오늘날 필요한 정신주의 철학은 세계평화를 지향하는 순수한 철학의 형태로 등장해야 할 것이다. 오늘날에 필요한 철학은 각 종교에 내포된 순수한 철학을 포괄하는 형태로 등장해야 할 것이다. 따라서 오늘날에 필요한 철학은 오늘날 사람들이 입어야 하는 옷이어야 하고, 오늘날 사람들이 먹어야 하는 음식이어야 하며, 오늘날 사람들이 살 수 있는 집이어야 한다. 오늘날 사람들에게 필요한 옷과 음식과 집은 자연의 섭리를 재료로 하여 만들어져야 할 것이다. 단군조선 시대의 철학은 자연의 섭리를 정리한 철학의 원형이다. 단군조선 시대의 철학을 참고하면, 오늘날의 사람들이 함께 공감하는 삶의 방안들을 찾아낼 수 있을 것이다. 그런 방안들이 찾아질 때 세계평화는 달성될 수 있다.

세계평화가 시급하다고 해서 성급하게 평화를 추구하면 탈이 난다. 『대학』이란 책에서는 세계평화를 추구하는 방법을 다음과 같이 설명한다.

옛날 온 세상에 밝았던 덕을 다시 밝히려고 하면, 먼저 자기 나라를 잘 다스려야 하고, 자기 나라를 잘 다스리려고 하면, 먼저 자기 가족이 하나가 되어야 하고, 자기 가족을 하나가 되게 하려고 하면 먼저 자기 몸을 닦아야 하고, 자기 몸을 닦으려고 하면 먼저 자기 마음을 바르게 해야 하고, 자기 마음을 바르게 하려고 하면 먼저 자기의 뜻을 성실하게 해야 하고, 자기가 뜻을 성실하게 하려고 하면 먼저 본질을 알아야 한다. 본질을 알기 위해서는 만물에 다가가 만물을 궁리해야 한다. 만물을 궁리하면 본질을 알 수 있다. 본질을 알면 뜻하는 일에 성실해진다. 성실하게 실천하게 된 뒤에 모든 마음이 다 바르게 되고, 마음이 바르게 된 뒤에 몸이 닦이고, 몸이 닦인 뒤에 가족이 하나가 되고, 가족이 하나가 된 뒤에 나라가 다스려지고, 나라가 다스려진 뒤에 세계가 평화로워진다.[104]

　세상이 평화로워지기를 바라지 않는 사람은 드물 것이다. 그러나 성급하게 세계평화를 추구한다고 해서 세계평화가 오지는 않는다. 세계평화를 추구하기 전에 자기 나라부터 지상천국으로 만들어야 하고, 자기 나라를 지상천국으로 만들기 전에 먼저 자기 가족들과 하나가 되어야 하며, 먼저 자기 몸을 닦아야 하며, 먼저 자기의 마음을 바르게 해야 하며, 먼저 자기가 뜻하는 일에 성실해지도록 해야 하며, 먼저 지혜를 이루어야 하고, 먼저 만물의 본질을 알아야 한다. 만물을 궁리하면 하나인 본질을 알 수 있다. 하나인 본질을 알면 본질을 성실하게 실천하게 되고, 본질을 성실하게 실천하면 욕심이 차츰 없어져 마음속이 하

---

104) 古之欲明明德於天下者 先治其國 欲治其國者 先齊其家 欲齊其家者 先修其身 欲修其身者 先正其心 欲正其心者 先誠其意 欲誠其意者 先致其知 致知在格物 物格而后知至 知至而后意誠 意誠而后心正 心正而后身修 身修而后家齊 家齊而后國治 國治而后天下平(『大學』經1章)

늘마음으로 가득해진다. 마음이 하늘마음으로 가득해지면 저절로 몸이 닦이고, 몸이 닦이면 저절로 가족이 하나가 되고, 가족이 하나가 되면 나라가 지상천국이 되고, 나라가 지상천국이 되면 저절로 세계가 평화로워진다.

사람이 하늘마음을 회복하면 저절로 세상이 평화로워지지만, 하늘마음을 회복하지 못한 사람이 욕심으로 세상을 평화롭게 하려고 하면 오히려 세상을 어지럽게 만든다. 욕심이 많은 사람은 욕심을 채우기 위한 명분으로 세계평화를 이용한다. 오늘날 정치인들이 세계평화를 부르짖지만, 세상이 더 혼란해지는 이유는 바로 그 때문이다.

진정한 세계평화를 수립하기 위해서는 사람들이 본질을 알고 본질을 실천하는 데서 시작해야 하고, 본질을 알고 본질을 실천하기 위해서는 한국의 '하나 철학'을 참고하는 것이 매우 효과적이다.

맺는말

　단군조선이 멸망한 뒤에 한국의 철학은 독특한 흐름을 형성하면서 오늘날까지 이어져 왔다. 단군조선이 멸망하고, 문화의 중심이 중국으로 넘어간 뒤로 한국은 중국의 영향을 지대하게 받게 되었다. 중국에서 발달한 유학과 노장철학 그리고 불교 등이 한국으로 유입되었다. 그러나 중국에서 유입된 유학, 노장철학, 불교 등이 유입되었을 때의 모습으로 정착하지 않고, 한국 고대로부터 내려오는 단군조선 시대의 사상과 융합함으로써 한국철학의 독특한 성격을 형성하며 오늘날까지 이어져 왔다. 단군조선 시대의 철학과 사상은 뚜렷하게 정리된 형태로 후대에 전해진 것이 아니라, 한국인의 유전자 속에서 작용하고 있었으므로, 후대에 등장하는 한국철학의 표면으로 모습을 드러내지는 않았다. 언제나 한국철학의 밑바닥을 흐르는 저류가 되어 한국철학을 이끌고 가는 견인차 구실을 했다.

　그러므로 후대에 등장하는 한국철학의 표면만을 살피면 중국철학과 다르다는 사실은 분명하게 알 수 있지만, 그 다른 이유를 정확하게 찾아내기 어렵다. 단군조선 시대의 철학이 한국철학을 견인하는 저류임을 알고 보면 후대에 등장하는 한국철학을 제대로 간파할 수 있다. 이런 의미에서 보면 『한국철학사 (상)』은 후대에 등장하는 한국철학을 정리하는 발판이 될 수 있을 것이다.

최근에 출판된 한국철학사의 내용은 주로 중국에서 유입된 철학을 중심으로 서술되어 있으므로, 한국철학의 참모습이 제대로 드러나지 않는다. 이러한 문제점의 해결이 매우 시급하다. 왜냐하면 첫째는 한국철학의 참모습을 제대로 정리해야 하기 때문이고, 둘째는 그래야만 물질주의의 폐해로 인해 위기의 상황에 직면하고 있는 오늘날의 문제를 해결하는 데 도움이 되기 때문이다.

지금까지 출간된 한국철학사에서 다루어진 내용은 거의 삼국시대 이후에 중국에서 수입된 철학들을 정리한 내용이 대부분이다. 한국철학 연구자 중에 한국철학이 중국철학과 다르다는 사실을 지적하는 연구자는 많다. 그러나 그 다른 내용과 그 원인을 정확하게 정리한 연구는 찾아보기 어렵다. 한국철학의 특징이 정확하게 파악되지 않은 채, 중국철학을 중심으로 한국철학이 정리되면, 한국철학은 난해할 수밖에 없다. 단군조선 시대의 철학을 통해 한국철학의 특징을 정확하게 알고, 한국철학의 특징을 바탕으로 후대에 등장하는 한국철학을 정리하면 한국철학이 선명해질 것이다.

한국철학을 머리로 이해하는 것도 중요하지만, 그것만으로는 한국철학의 연구가 오늘날 사람들의 삶에 그다지 도움이 되지 않는다. 한국철학의 중요한 가치는 한국철학의 이론이 몸으로 소화되어 사람의 삶

으로 드러나는 데 있다. 다시 말하면, 한국철학을 아는 것보다 더 중요
한 사실은 한국철학을 통해서 사람이 진실해지고 행복해져야 한다는
것이다. 한국철학사는 한국철학의 이론을 정리하고 분석하는 방식으로
만 전개되지는 않는다. 한국철학사의 흐름을 여러 산들로 이어지는 산
맥으로 비유하면, 한국철학사의 산맥 속에 등장하는 우뚝한 산 중에는
철학의 이론을 치밀하게 분석해 놓지 않은 높은 산들이 다수 등장한다.
그들은 철학의 이론을 머리로 정리하기보다는 몸으로 실천한 철학자들
이다. 철학의 이론은 진리를 얻기 위한 이론이고, 진리란 사람이 원래
부터 가지고 있었던 착한 마음과 맑은 기와 중후한 몸을 회복하는 것이
다. 진리를 완전히 얻은 사람은 최고의 철학자다. 최고의 철학자가 사
람을 감화시키는 방법은 철학의 이론으로써가 아니라 몸에서 스며들어
나오는 사랑의 힘으로써 이다. 한국에서는 철학 이론을 많이 분석하고
많이 정리한 철학자가 반드시 위대한 철학자가 되는 것은 아니다. 한국
철학사의 산맥을 형성하는 우뚝한 산들은 사랑의 실천자들이다. 한국
철학사가 다시 제대로 정리되면 오늘날 사람들에게 참으로 도움이 되
는 연구서가 될 수 있을 것이다.

한국철학에서 강조하는 실천은 사회에 나가서 행동하는 실천을 말하
는 것이 아니다. 욕심 많은 사람이 섣불리 행동에 나서면 오히려 세상

을 어지럽게 한다. 한국철학에서 강조하는 실천은 머리로만 말하는 사랑이 아니라 몸에서 저절로 스며들어 나오는 사랑을 말한다.

철학 이론을 머리에서 이해한다고 해서 몸에서 사랑이 스며들어 나오지는 않는다. 욕심을 제거하는 수련의 과정을 거쳐야 몸에서 사랑이 스며들어 나온다. 단군조선 시대 때는 많은 사람이 수시로 21일 간 수련을 했다. 한국철학이 한국철학의 기능을 제대로 실현하기 위해서는 단군조선 시대의 수련 과정이 복원되어야 할 것이다. 한국철학의 이론 정립과 수련 내용의 복원은 새의 두 날개와 같고, 수레의 두 바퀴와 같다. 새의 두 날개가 온전해야 제대로 날 수 있고, 수레의 두 바퀴가 온전해야 수레가 제대로 달릴 수 있다. 한국철학사의 이론 정립과 21간의 수련 과정 복원은 한국철학 연구자에게 남겨진 최대의 과제이다.

『한국철학사 (상)』은 한국철학사 정립의 첫 단추에 불과하다. 『한국철학사 (상)』이 한국철학 연구자의 한국철학 이론 정립에 약간의 도움이라도 될 수 있기를 희망한다.

* 저자 **이기동** *

　1951년 경북 청도 출생으로, 성균관대학교 유학과와 동대학원 동양철학과를 졸업하고, 일본 츠쿠바대학에서 박사학위를 받았다.

　성균관대학교 유교문화연구소장과 대학원장을 역임했으며 2017년 여름 정년을 맞아 명예교수가 되었다.

　동양 철학 속에 담긴 삶과 지혜를 '강설'이라는 알기 쉬운 오늘날의 언어로 옮긴 끝에 '사서삼경강설 시리즈'(전 6권)를 상재했으며, 『동양 삼국 주자학』, 『이색 – 한국 성리학의 원천』, 『이또오 진사이』, 『공자』, 『노자』, 『장자』 등의 동양사상서와 『하늘의 뜻을 묻다- 이기동교수의 쉽게 풀어쓴 주역』, 『한마음의 나라 한국』, 『장자, 진리를 찾아 가는 길』, 『장자에서 얻는 지혜』, 『桓檀古記 譯解』, 『유학 오천년』(전 5권) 저 등의 교양서를 비롯해 다수의 저 · 역서가 있다.